Simone Rethel
Sag nie, du bist zu alt

PIPER

## Zu diesem Buch

Viele von uns haben mit sechzig noch rund ein Drittel ihres Erwachsenenlebens vor sich. Wer allerdings nur die Schreckgespenster des Alters sieht, versinkt schnell in Depressionen. Wer sich dagegen die Neugier auf das Leben bewahrt, ist bestens gerüstet für ein zufriedenes Alter.
Simone Rethel lässt verschiedene Menschen zu Wort kommen, die beispielhaft für ein befriedigendes Altern stehen und plädiert dafür, Menschen mit Mitte sechzig nicht aufs berufliche Abstellgleis zu verbannen. Denn Aktivität und die richtige Ernährung sind die besten Voraussetzungen für ein langes und glückliches Leben.

*Simone Rethel*, Jahrgang 1949, ist Schauspielerin, Malerin und Fotografin. Als Botschafterin für die Initiative »Altern in Würde« setzte sie sich besonders für die Verbesserung der Situation Demenzkranker ein.

Simone Rethel

# Sag nie, du bist zu alt

unter Mitarbeit von Beatrix Ross

Piper München Zürich

*Mehr über unsere Autoren und Bücher:*
*www.piper.de*

MIX
Papier aus verantwor-
tungsvollen Quellen
FSC® C083411

Ungekürzte Taschenbuchausgabe
Piper Verlag GmbH, München
Juli 2012
© 2010 Piper Verlag GmbH, München,
erschienen im Verlagsprogramm Westend
Umschlaggestaltung: Bauer + Möhring, Berlin
Satz: Fotosatz Amann, Aichstetten
Gesetzt aus der Charter ITC
Papier: Munken Print von Arctic Paper Munkedals AB, Schweden
Druck und Bindung: CPI – Clausen & Bosse, Leck
Printed in Germany    ISBN 978-3-492-27497-5

# Inhalt

## Es kommt nicht darauf an, wie alt man wird, sondern wie man alt wird

### Wer aktiv altert, altert glücklicher

# Vorwort

Der überraschende Brief vom Verlag schmeichelt mir: Ob ich mir vorstellen könne, ein Buch zu schreiben, ein Buch über das Altern. Erste euphorische Reaktion: Ja, kann ich! Yes, I can!

Ein Sachbuch über das Altern. Erste Zweifel am Horizont tauchen auf. Natürlich ein Sachbuch, wohl kaum einen Roman.

Kann ich das wirklich? Ich bin doch keine Wissenschaftlerin, keine Gerontologin. Und was ist überhaupt ein Sachbuch? Wodurch zeichnet es sich aus? Wie kommt der so sympathische Verleger auf die Idee, ich könnte ein Sachbuch schreiben?

Erste Recherchen. Bücher, Internet, Zeitungen, Zeitschriften, Studien, Vorträge, Diskussionsrunden im Fernsehen. Was für ein großes Thema! Unmöglich, das zu bewältigen. Ich glaube, mein Verlag irrt sich! Aber das sage ich natürlich nicht laut.

Ich arbeite weiter! Mein Kopf füllt sich mit Gedanken und Ideen. Es wird Zeit, sie ein bisschen zu sortieren und sich darüber klarzuwerden, welche Erwartungen an ein solches Buch es überhaupt gibt. Vielleicht rechnet man damit, dass ich als Frau eines 106-Jährigen Geheimrezepte auflifte, wie möglichst viele von uns ein solches Alter erreichen können. Doch das werde ich nicht. Erstens, weil es keine Geheimrezepte gibt, und zweitens, weil es – das wird mir dann recht schnell klar – um etwas ganz anderes gehen soll: Ich will dem Alter den Schrecken nehmen!

Die Demographie prognostiziert unserer Gesellschaft einen raschen und deutlichen Anstieg der Zahl alter Menschen in den kommenden Jahrzehnten. Diese Prognosen mit grellen Farben und schrillen Tönen zu einem Horrorszenario aufzubauen, ist zu einer Art Lieblingsbeschäftigung vieler Journalisten und Politiker geworden und in deren Gefolge vieler »normaler« Menschen.

Zu diesen Schwarzmalern zähle ich mich nicht. Und ich gehe davon aus, dass – von wenigen Ausnahmen abgesehen – die Menschen das Leben lieben und sich über ein langes Leben genauso freuen wie ich. Ich meine jetzt nicht die 25-Jährigen, von denen die Gesellschaft ja sprühende Lebensfreude ohnehin geradezu erwartet. Nein, ich meine Menschen über 60, über 70, über 80 …

Mir begegnen solche lebensfrohen Frauen und Männer tagtäglich. Und einige von ihnen sollen in diesem Buch zu Wort kommen. Ich habe sie interviewt und sie ihre Geschichte erzählen lassen; habe sie gefragt, wie sie den gesellschaftlichen Umgang mit alten Menschen sehen und wie sie ihn selbst erfahren. Und welchen Weg sie selbst eingeschlagen haben, um auch im Alter ein erfülltes Leben zu führen. Diese »Originaltöne« spiegeln nicht zuletzt auch die Vitalität der Befragten wider, ihre aktive Teilnahme am Leben.

Doch, das ist *mein* Thema!

# Sichtweisen des Alters

# Warum schreibe ich dieses Buch?

Ich möchte mit diesem Buch meiner und den nächsten Generationen vor allem die tiefsitzende Angst vor dem Alter nehmen. Alter muss nicht bedeuten: Demenz, Pflegeheim, Inkontinenz, Zucker und Einsamkeit.

Leider hören und lesen wir in den Medien meist nur von den schrecklichen Seiten des Alters. Man könnte meinen, der Begriff Alter bedeute Hässlichkeit, Behinderung und Krankheit.

Ich will mit diesem Buch auch keine Rechtfertigung liefern, warum mein Mann, Johannes Heesters, in solch hohem Alter noch arbeitet. Natürlich stoßen wir immer wieder auf enormen Widerstand – vor allem aus den Medien.

Aber ich lebe mit meinem Mann das Alter und denke, dass ich dadurch hautnah berichten kann und vielleicht auch einige Anstöße liefern kann. Dennoch wird dieses Buch beileibe kein Buch über Johannes Heesters.

In meiner Funktion als Botschafterin der »Initiative Altern in Würde« habe ich an einigen Diskussionen teilgenommen, bei denen ich immer wieder die Überlegung in den Raum geworfen habe, dass man den Verfall im Alter – körperlich wie auch geistig – verhindern beziehungsweise hinauszögern könne, wenn man im Alter aktiv bleibe. Meine Argumente trafen nicht immer auf Zustimmung. Doch nach den Diskussionen kamen nicht selten Professoren zu mir, drückten mir ihre Visitenkarte in die Hand und sagten: »Ich stimme Ihnen völlig zu.«

Aber offiziell war diese Meinung wohl noch nicht zu vertreten, und selbst die Professoren wagten nicht, öffentlich dahinterzustehen.

Das Thema hat mich jedoch nicht losgelassen. Ich war damals auch in diversen, meist natürlich gut geführten Pflegeheimen. Die Bewohner wirkten zufrieden, dennoch habe ich mir immer wieder gedacht: Muss das so sein? Wird unsere Zukunft wirklich unweigerlich Pflegeheim sein? Gibt es nicht auch andere Möglichkeiten, bei denen das Leben nicht nur aus »Warten« besteht? Warten auf Essen, Warten auf Besuch, Warten auf gemeinsames fröhliches Singen, Warten auf den Tod.

Als ich 1998 mein erstes Fotobuch herausgebracht habe – *Schönheit des Alters*[1] –, hatte ich schon versucht, nicht nur schöne Fotos eines alten Mannes zu zeigen, nein, es hatte auch die Aussage, man solle sich im Alter (damals war mein Mann 95 Jahre alt) die Neugier auf das Leben erhalten. Zitate meines Mannes aus dem Buch: »Natürlich denke ich über Krankheit und Tod nach, aber was eigentlich zählt, ist die Gegenwart.« – »Ich lebe heute. Was hinter mir liegt, ist vorbei. Ich arbeite.« – »Nachts an der Bar. Gespräche, Genuss und Glenfiddich.« – »Meine Bilanz ist auch im zehnten Jahrzehnt meines Lebens noch nicht fertig. Ich danke Gott, dass er mich bis jetzt richtig geführt hat. Ich sage: Das Leben ist schön.«

Schon damals passierte Folgendes:

Mein Mann und ich wurden zu der Talkshow von Biolek eingeladen. Ich schwärmte von den positiven Möglichkeiten im Alter, man müsse nicht im Ohrensessel sitzen, wenn man über 70, 80 oder älter ist, man könne weiterhin am Leben teilhaben. Nach meinen Ausführungen trat der Buchautor und Sozialpädagoge Claus Fussek in der Talkshow auf und, zum Thema Alter befragt, erzählte er von den grauenhaften, menschenunwürdigen Zuständen in Pflegeheimen. Von den Mängeln in der Organisation der Altenheime. Von Misshandlungen und Missständen.

All die positiven Aspekte des Alters, die ich zuvor vorgebracht hatte, waren vergessen. Ich will hier natürlich in keiner Weise die Arbeit von Herrn Fussek kritisieren: Es ist großartig, was er in Sachen Aufklärung über die Zustände in Pflegeheimen erreicht hat. Das musste und muss weiterhin in die Öffentlichkeit kommen, und wir sind alle dankbar dafür.

Dennoch hat mir diese Erfahrung gezeigt, dass auch die Redakteure der Biolek-Talkshow nicht den Mut hatten, das Thema Alter in der Öffentlichkeit positiv darzustellen und einmal so stehen zu lassen. Das schien ihnen vermutlich zu oberflächlich. Alter muss wohl in negativer Form thematisiert werden und wird deshalb in den Medien auch meist so behandelt.

Sicher werde ich mich mit meinen Thesen auf ein waghalsiges Terrain begeben, und man wird sagen: »Der Heesters, der hat ja Glück, der lebt bevorzugt.«

Gewiss hat man mit diesem Argument recht, aber mein Mann tut trotz großer Schwierigkeiten viel dafür, körperlich und geistig gesund zu bleiben und sich nicht gehenzulassen.

Wir alle werden älter werden als noch die Menschen vor 100 Jahren. Wenn wir uns unsere Alterszukunft nur als Horrorszenario ausmalen, werden wir krank, depressiv und unselbständig.

Nehmen wir einmal an, wir würden unsere Lebensspanne in vier Phasen einteilen: erstens die Jugend als Lern- und Vorbereitungszeit, zweitens die Arbeits- und Familiengründungszeit, drittens käme dann die Nachberufszeit, also die Renten- und Freizeit, und viertens die Hoch-Alter-Zeit.

Diese letzten beiden Phasen werden in unserer Gesellschaft bis heute viel zu wenig beachtet. Ja, man will sich damit nicht beschäftigen aus einer Angst heraus, dass das Alter nur Minderung, Einschränkung, Mangel bedeutet. Wir müssen umdenken, wir müssen eine neue Einstellung zum Alter entwickeln. Das Thema Alter sollte nicht mehr Widerwillen auslösen. Wir stoßen die Alten heute größtenteils aus unserer Gesellschaft aus. Wir wollen auch keine Alten in unserer Gesellschaft sehen. Wir wollen jung sein und jung aussehen.

Wenn ein Kind noch nicht laufen kann und »hinpurzelt«, finden wir das entzückend und süß. Wenn ein Alter nicht laufen kann und fällt, finden wir das erschreckend, traurig und auch abstoßend. (Natürlich ist es leider auch gefährlicher.) Am besten, man wendet den Blick ab, der Alte soll ja nicht beobachtet werden …

Aber die Tatsache, dass wir so unterschiedlich reagieren, sollte uns zum Nachdenken anregen.

Auch die dritte und die vierte Phase unseres Lebens haben Zukunft, wir müssen etwas daraus machen und an uns und unsere Kraft glauben.

# 1
# Was zählt eigentlich?

Manche Wissenschaftler meinen, eines Tages könne ein Menschenleben unendlich lange dauern ... Es wird nach dem Altersgen gesucht, an Fadenwürmern geforscht und an Taufliegen. Aber geht es wirklich nur um die Lebensdauer? Zählt allein die Zahl der Jahre? Ich meine, nein! Was wirklich zählt, ist die Qualität der Jahre.

## Das Leben – ein Kreislauf?

Wie alt können wir Menschen eines Tages werden? Könnte es sogar sein, dass wir ewig leben?

In der Tierwelt gibt es so manche Gattung, die ein sehr hohes Alter erreichen kann. Denken wir beispielsweise an Papageien, die 60, 70 Jahre alt werden. Schildkröten können sogar bis zu 250, Grönlandwale 200 Jahre alt werden. Interessant ist auch, dass ein Stör ein Alter von über 150 Jahren erreichen kann. Und ein Hummer kann sich schätzungsweise 60 bis 100 Jahre seines Lebens erfreuen, falls er nicht vorher von uns verspeist wird.

Auf der Suche in allen möglichen Medien zum Thema »Alter« stoße ich auf eine hochinteressante Sendung im ZDF: *abenteuer wissen*[2].

Darin wurde unter anderem von Forschern berichtet, die ein winzig kleines Tier entdeckt haben, welches in Sachen

Alter einen absoluten Rekord erreicht. Es handelt sich um Mittelmeerquallen, Turritopsis nutricula, die anscheinend nicht sterben. Dieses Wunder wurde nur durch Zufall entdeckt.

In einem Labor in Italien war eine Schale mit Quallen in einem kalten Raum vergessen worden. Die Tiere konnten keine Nahrung zu sich nehmen und hätten eigentlich sterben müssen. Als die Forscher die vergessene Schale entdeckten, konnten sie es kaum glauben: Die Quallen waren nicht gestorben, sie hatten sich zurückgebildet zu Polypen, aus denen sie ursprünglich auch entstanden waren, einem Keimling der Qualle sozusagen.

Durch diese im Tierreich einzigartige Fähigkeit wird der biologische Tod umgangen, und Turritopsis nutricula erlangt Unsterblichkeit. Unter schwierigen, gefährlichen Lebensumständen zieht die Qualle quasi die Notbremse: Statt zu sterben, entwickelt sie sich zurück in einen embryonalen Zustand. In dem Augenblick, da sich die Lebensumstände wieder verbessern, bildet sich aus dem embryonalen Zustand wieder ein Polyp und schließlich eine Qualle heraus.

Der gleiche Prozess vollzieht sich auch, wenn die Quallen gealtert sind: Sie sterben nicht, sondern werden wieder jung, dann werden sie erneut alt und wieder jung. Auch nach erfolgter Fortpflanzung sterben Medusen, wie Quallen auch genannt werden, normalerweise ab. Nicht so Turritopsis nutricula. Sie wird wieder jung. Solch eine Fähigkeit zur dauernden Wiederholung des Lebenszyklus, zur beständigen Wiedergeburt, stellt im wahrsten Sinne des Wortes einen »Kreislauf des Lebens« dar und ist bis dato noch niemals beobachtet worden.

# Was passiert beim Altern?

In der Fernsehsendung *Odysso*[3] des Südwestrundfunks wurde in einem Bericht von Jan Kerkhoff sehr plastisch und einleuchtend erklärt, was in unseren kleinsten Körpereinheiten, unseren Zellen, abläuft. Im Folgenden will ich diesen Prozess, der auch dem Altern zugrunde liegt, möglichst verständlich beschreiben.

In den Zellen des menschlichen Körpers wird aus Bestandteilen der Nahrung im Zusammenwirken mit Sauerstoff Energie erzeugt, und zwar die Energie, die wir zum Leben brauchen. Dabei gibt es aber eine gewaltige Schwierigkeit: Bei diesem chemischen Vorgang werden Sauerstoffmoleküle freigesetzt, sogenannte freie Radikale, die die Erbsubstanz angreifen. Jede Zelle erleidet täglich an die 50.000 solcher Angriffe. Im Laufe der Zeit vergrößern sich die Schäden an der sogenannten Desoxyribonukleinsäure (DNS – Biomolekül und Träger der Erbinformation, geläufiger ist die englische Abkürzung DNA = deoxyribonucleic acid). Die Zellen verlieren ihre Funktion.

Wir altern also im Grunde, weil unsere Zellen Energie erzeugen. Dabei entsteht gleichzeitig auch aggressiver Abfall, der die Zellen in zerstörerischer Weise angreift.

»Das Molekül, die DNS, zersetzt sich erst mal von selber«, sagt Professor Thomas Carell von der Fakultät für Chemie und Pharmazie an der Ludwig-Maximilians-Universität München. »So wie wenn man Plastik der Sonne aussetzt. Das sieht nach zwei bis drei Jahren auch nicht mehr hübsch aus. Es vergilbt genau wie Papier. Und das Gleiche passiert natürlich mit der DNS. Sie vergilbt und zersetzt sich mit der Zeit.«

Bedeutet das folglich, dass wir eigentlich abrupt altern müssten? Theoretisch ja, praktisch tun wir das bekanntlich nicht. Dass es manchmal sogar mehr als 100 Jahre dauert, liegt an den Reparaturenzymen. Sie reparieren ständig die Zellen und bessern defekte oder fehlende Stellen des Erbgutes wieder aus. Diese Enzyme sitzen an der DNS. Sie beheben Schäden an allen zehn Billiarden Zellen unseres Erbgutes. Ihnen haben wir es zu verdanken, dass wir nicht innerhalb kürzester Zeit, nämlich gleich nach unserer Geburt schon sterben.

## Der Fadenwurm, die Taufliege und das Hungern

Seit Urzeiten beschäftigen sich die Menschen mit Unsterblichkeit und dem Wunsch nach ewiger Jugend.

Wir können in den Medien immer wieder Schlagzeilen lesen wie:

Altersgen gefunden (1996)
Altersgen entdeckt: werden wir alle 450? (1998)
Ein Wurm zeigt, wie man älter werden kann (2004)
Methusalem-Gen bei Würmern entdeckt (2007)
Super-alt heißt nicht super-pflegebedürftig (2008)
Wege in die Ewigkeit, eine Spurensuche – 100 Jahre,
na und? (2008)
Den Sensenmann überlisten (2009)
Alter(n) was ist das? Genetischer Jungbrunnen – das
Geheimnis der Hochbetagten (2009)
Thema: Steigende Lebenserwartung. Lauter Jopis (2009)

Anfang Februar 2009 wurde von Kieler Wissenschaftlern bestätigt, was eigentlich schon einige Zeit vorher entdeckt worden war, nämlich dass es ein sogenanntes Langlebigkeitsgen gibt.

Dieses Gen wurde bei Untersuchungen an Fadenwürmern, die den schönen Namen Caenorhabditis elegans (kurz C. elegans) tragen, entdeckt. C. elegans ist circa einen Millimeter groß, lebt im Humus, und sein Leben ist relativ kurz, von der Eizelle bis zum erwachsenen Wurm dauert es nur 52 Stunden. Schon in den 60er Jahren führte der Entwicklungsbiologe Sydney Brenner den Fadenwurm C. elegans als Beobachtungsobjekt für die Zellbiologie in die Wissenschaft ein. Brenner erhielt im Jahr 2002 den Nobelpreis für Medizin und Physiologie.

2007 konnten wir bereits die Meldung lesen, US-amerikanischen Forschern sei nun ein Durchbruch gelungen: Bei Versuchen mit Fadenwürmern sei ein Gen entdeckt worden, das *die* entscheidende Rolle bei der Verlängerung des Lebens spiele.

Schon in den 80er Jahren züchtete der US-amerikanische Forscher Michael Rose genetisch veränderte Taufliegen, die doppelt so lange lebten wie ihre Artgenossen. Er behauptete, dass es biologisch möglich sei, den Alterungsprozess unendlich zu verlängern.

Und der Forscher Roy Lee Walford hatte sich in den 90er Jahren mit drei Männern und vier Frauen für 731 Tage in ein künstliches Ökosystem – »Biosphäre II« – einsperren lassen, um – drastisch ausgedrückt – zu hungern. Das Experiment sollte zeigen, dass die Einschränkung der Nahrungsaufnahme zu einer Lebensverlängerung führt. Auf Walford und seinen extravaganten Selbstversuch komme ich später im Buch noch zu sprechen (siehe Seite 123 ff).

Bei Forschungen mit dem Fadenwurm C. elegans wurde im Salk-Institute in San Diego, Kalifornien, das Gen PHA-4 entdeckt, das eine, wenn nicht *die* entscheidende Rolle für die Lebensdauer spielt.

Der Biologe Hugo Aguilaniu erklärt dazu: »Es gibt zwei Hauptwege, um das Leben zu verlängern.«

Aktiviert man erstens das Gen PHA-4 in besonderer Weise, steigt die Lebenserwartung des Fadenwurms um 20 bis 30 Prozent. Zweitens stellte man bei einem weiteren Experiment fest, dass die Fadenwürmer am längsten lebten, die in Verbindung mit einer »Fastenkur« ein aktiviertes PHA-4-Gen besaßen. Außerdem konnte beobachtet werden, dass diese hungernden Tiere dynamischer waren.

»Wenn Sie einem Tier nur noch 70 Prozent seines normalen Futters geben«, sagt Aguilaniu, »lebt es 20 bis 30 Prozent länger.« Auf den Menschen übertragen, würde das eine Lebensverlängerung von 15 bis 20 Jahre bedeuten.

Wissenschaftler weisen darauf hin, dass es zwischen dem PHA-4-Gen des Fadenwurms und der Gruppe der sogenannten FOX-Gene bei Säugetieren gewisse Ähnlichkeiten gebe.

Dr. Ralf Baumeister, Professor für Bioinformatik und Molekulargenetik von der Universität Freiburg sagt: »Jede der 959 Körperzellen des Fadenwurms ist nach Lage und Herkunft bekannt«[4], noch bedeutsamer für die Forschung aber sei, dass 60 bis 80 Prozent der Gene des Fadenwurms C. elegans mit den Genen der Menschen übereinstimmen und zwei Drittel der Gene von C. elegans auch im menschlichen Erbgut vorkommen würden. Oft hätten sie sogar die gleichen Aufgaben wie beim Menschen.

»Wenn wir das Wechselspiel der Zellen untereinander begreifen und untersuchen wollen, wie sich Veränderungen in Genen ausprägen, sind wir mit unseren Forschungen beim Fadenwurm wesentlich schneller am Ziel als beim Menschen«, erklärt Ralf Baumeister. Seine Forschergruppe an der Universität Freiburg nutzt die Experimente am Fadenwurm, um Krankheiten wie Morbus Parkinson oder Alzheimer zu erforschen. Mit Erfolg, wie er sagt: »Als wir das intakte menschliche Gen beim Wurm eingesetzt haben, funktionierte das Gedächtnis von C. elegans wieder normal.«

Der Genetiker stellt aber klar, dass sein Forschungsziel darin bestehe, die Lebensqualität im Alter zu verbessern. Es gehe ihm nicht darum, das Leben des Menschen zu verlängern.

## Jungbrunnen im Fadenwurm

Professor Stefan Schreiber, Leiter des Instituts für Klinische Molekularbiologie an der Universität Kiel, berichtet nun von einer speziellen Variante des Gens FOXO 3A, welches in der Lage sein soll, die Lebenserwartung des Menschen positiv zu beeinflussen.

In einem Fernsehinterview mit Sandra Maischberger erklärte Professor Schreiber: »Wir alle besitzen das Langlebigkeitsgen. Es gibt aber bestimmte Bausteine dieses Gens, die bei dem einen Menschen besser funktionieren als bei dem anderen.«[5]

Dann erläuterte er den komplexen Prozess, der in unseren Zellen abläuft. Ich versuche, das einmal halbwegs allgemeinverständlich wiederzugeben, was mir hoffentlich schon aus dem Grund, dass ich keine Wissenschaftlerin bin, gelingen wird.

Das Gen FOXO 3A hat auch die Aufgabe, vor Oxidation zu schützen. Was ist Oxidation? Oxidation ist ein chemischer Vorgang, eine Vereinigung von Sauerstoff und anderen Elementen, eine Art Zersetzungsprozess. Oxidation entsteht beispielsweise, wenn Feuer brennt.

Man muss sich das so vorstellen, dass wir in jeder unserer Zellen ein Kleinstkraftwerk haben, in dem durch Oxidationsprozesse Energie erzeugt wird, in dem quasi »Feuer« brennt, und dadurch sind auch die Eiweiße und unter anderem die DNS der Zelle gefährdet. Es kann zu Schädigungen beispielsweise von Zellkernen und Zellmembranen führen. Das Gen FOXO 3A stellt ein Eiweiß her, das vor solchen Schäden einen Schutz erzeugen kann.

Der Schutz vor Oxidation durch solche Gene wie FOXO 3A spielt eine ganz wichtige Rolle, wenn es um die Verlängerung des Lebens geht. Allerdings besitzt nicht jeder Mensch diese bestimmte Variante des Gens. Aber wenn man diese Variante in sich trägt, funktioniert das Gen besser. Dann wird man mit einer höheren Wahrscheinlichkeit 100 Jahre alt.

Im weiteren Verlauf des Interviews berichtete Professor Schreiber von einer demographischen Studie in Rostock, die gezeigt hat, »dass die Lebenserwartung jenseits der 88- bis 90-Jährigen wieder steigt. Unsere Forschungen bei 100-Jährigen haben ergeben, sie leben nicht nur sehr lange, sie sind gesund gealtert, sie sind fit, sie haben sehr viel von ihrem Leben, und sie sind körperlich gut beisammen. Diese Menschen haben offensichtlich eine Biologie, die sich vom Rest der Menschen unterscheidet.«

Es könnte auch sein, dass »Alter nur entsteht durch das Fehlen von Krankheitsgenen«, doch für den Kieler Forscher ist das Gen FOXO 3A der Beweis: »Es gibt richtig schützende Mechanismen, die dafür sorgen, dass Zellen einfach stabiler altern und damit der ganze Organismus länger funktioniert. Lange wurde diskutiert, ob es überhaupt so etwas wie ›Altersgene‹ gibt. Dieses Gen ist der Beweis dafür, dass es tatsächlich Altersgene gibt.«

Die Projektleiterin des Kieler Teams, Almut Nebel, sagte:

»FOXO 3A entscheidet wohl nur über extreme Langlebigkeit von 100 Jahren und mehr.« Im übrigen werde das Erbgut oft überschätzt. Gene würden nur zu 30 Prozent Einfluss auf das Alter haben, auf die Lebensführung käme es an.

## »In Zukunft werden die Menschen mindestens 1000 Jahre alt«

Warum werden wir Menschen heute immer älter?

Wir leben länger, weil wir länger gesund bleiben. Die Kindersterblichkeit und die Gefahr, an Infektionen zu sterben, sind erheblich zurückgegangen. Die Menschen achten mehr auf ihre Ernährung, auf Hygiene und ihre Gesundheit. Sport spielt natürlich auch eine wichtige Rolle.

Ob aber die provokanten Prophezeiungen des Wissenschaftlers Aubrey de Grey eintreten werden, ist zu bezweifeln. Der 1963 in London geborene Bio-Gerontologe kann sich vorstellen, dass die Menschen eines Tages 1000 Jahre alt werden.[6]

De Greys Auftreten ist charismatisch. Seine Markenzeichen sind eine bunte Mütze, die ihm seine Frau gestrickt hat, ein schlampiger Strickpulli, ein rotbrauner Zopf und ein roter Bart, der bis zur Brust hinabreicht. Die biologischen Grundlagen hat er in Gesprächen mit seiner 19 Jahre älteren Frau, einer Genetikprofessorin, gelernt.

Seine Thesen sind aufsehenerregend, fast könnte man sagen exzentrisch wie der Wissenschaftler selbst, und sie werden in aller Welt diskutiert. Unter Fachleuten sind sie natürlich umstritten, doch ignorieren will und kann man sie trotz alledem nicht. Eine ganze Reihe von Gerontologen hat Respekt vor ihm, und einige führende Wissenschaftler bestärken ihn sogar in seiner Arbeit. Stammzellenforscher, Altersforscher und weitere mit dem Thema befasste Wissenschaftler, sie alle kommen zu seinen Konferenzen nach Cambridge. An der renommierten Universität von Cambridge arbeitete er lange als Computerexperte am genetischen Institut. Dort begann auch sein Interesse an dem Thema Altersforschung. Seine technische Ausbildung verleiht dem brillanten Redner die entsprechende Kompetenz, und es fällt ihm leicht, seine Zuhörer zu fesseln.

Die Erneuerung des Körpers vergleicht de Grey mit der Wartung eines Autos: »Wer künftig immer topfit sein will, der schickt seinen Körper jedes Jahr in eine Werkstatt, Maschinen wie Autos oder Flugzeuge werden auch funktionstüchtig gehalten. Das ist genau das Gleiche mit unserem menschlichen Körper. Ablagerungen in den Blutgefäßen müssen entfernt werden – wie bei einem Ölwechsel.«

Auch zwischen alten Menschen und alten Häusern sieht er Parallelen. Wenn alte Häuser immer wieder teilsaniert werden, können sie gut mehrere 100 Jahre alt werden. Würde man diese Maßnahme auch bei Menschen anwenden, könnten auch sie mehrere 100 Jahre alt werden. De Greys Lösungsweg sieht folgendermaßen aus: Was für ein Haus Mörtel, Ziegel und Balken sind, sind für den Körper die Zellen. In den Zellen mutiert die DNS, so dass immer mehr Abfallprodukte des Stoffwechsels anfallen. Diese können – bis jetzt nur in der Theorie – aber wieder entfernt werden.

De Grey ist überzeugt, dass der medizinische Fortschritt dies eines Tages möglich machen wird: »Wenn wir Technologien erfinden, die diese Schäden reparieren, dann gibt es keine Grenzen mehr dafür, wie alt wir werden können. Es ist wie bei einem Auto: Wir können den Rost entfernen und das

Auto am Laufen halten, so lange wie wir wollen. Wir haben jetzt schon 100-jährige Autos, die für etwa 15 Jahre konzipiert wurden.«

Seine Lösungsvorschläge klingen simpel. Wenn ich ihm zuhöre, läuft es mir kalt den Rücken hinunter: Menschen reparieren – wie Maschinen. Sein Sieben-Punkte-Plan soll so etwas sein wie ein »Königsweg zum nicht enden wollenden Leben«. Hier ein Auszug daraus: [7]

- beispielsweise gegen den fortschreitenden Abbau der Zellen (Herzprobleme, Muskelschwund) – Stammzelltherapie, Spritzen von Wachstumsfaktoren zur Zellteilung zu geben
- gegen die Vermehrung unerwünschter Zellen (Gelenkprobleme, bei Diabetes oder Fettansammlung) – Spritzen zu geben, die die unerwünschten Zellen zum Selbstmord anregen
- bei Veränderungen des Erbguts (also beispielsweise Krebs) – körpereigene Stammzellen alle zehn Jahre zu ersetzen, Enzym zur Krebsentstehung auszuschalten
- bei Ablagerungen außerhalb der Zellen (bei Alzheimer, Ansammlungen von »Plaques«) – wiederum Impfungen durchzuführen, die das Immunsystem zur Plaquebeseitigung anregen.

Ohne diese Debatte hier führen zu wollen, möchte ich anmerken, dass die Stammzellforschung hierzulande auch noch eine ethische Dimension hat.

De Grey sagt: »Die Menschen sterben durch das Alter, ich will diese Leben retten. Wenn meine Arbeit das Alter auch nur ein Jahr zurückdrängen kann, habe ich 30 oder 35 Millionen Leben gerettet – das ist eine atemberaubende Zahl, und das motiviert mich.«[8]

Die große Vision des Wissenschaftlers ist eine Welt, in der es den natürlichen Tod nicht mehr gibt. Aber woran würden die Menschen dann sterben? Mord, Selbstmord, Massenhinrichtungen?

Wenn ich versuche, mir eine solche Welt vorzustellen, offenbart sich für mich ein Horrorszenario. Nicht eines, in dem sich mehrere 100 Jahre alte Personen massenhaft nur noch mit Gehhilfen, Rollstühlen oder Phantasiegefährten, die man aus Science-Fiction-Filmen kennt, fortbewegen können. Das wäre gar nicht nötig, denn die wandelnden Ersatzteillager, die früher einmal Menschen genannt wurden, hätten keine Beschwerden. Sie gehen ja regelmäßig zur Inspektion, zum TÜV, werden generalüberholt ...

Nein, was ich sehe, sind Verteilungskämpfe, Wasserknappheit, Hungersnöte, eine vollkommen ausgeweidete Natur, Massenunterkünfte, Kriege, Hass und soziale Katastrophen. Kurz: eine Überbevölkerung auf unserem Planeten, die überhaupt nicht mehr darstellbar ist – mit allen furchtbaren Folgen.

Doch de Grey sagt, das Problem der drohenden Überbevölkerung würde gelöst, wenn es akut werde. Denn jedes Problem könne gelöst werden, wenn es erst einmal erkannt sei.

Was will er mit den Menschen machen? Sie auf den Mond schießen?

## Warum wollen wir eigentlich länger leben?

Ganz einerlei, ob wir unser langes Leben in Zukunft dem Fadenwurm verdanken oder der Taufliege, dem Besuch in einer »biologischen Reparaturwerkstatt« oder unserer Lebensweise, die zentrale Frage bleibt doch bislang unbeantwortet: Warum wollen wir länger leben? Was ist unsere Triebkraft?

»Geld – Macht – Sex«, sagt ein Freund lachend. Mich erinnert das an den Titel einer Fernsehserie »Geld – Macht – Liebe«.

»Mein Weltbild ist es nicht«, fährt der gebildete Freund fort, »aber es ist eine ganz banale Wahrheit: Geld, Macht und Sex sind die drei großen Triebkräfte der Menschheit.« Wobei die Triebkraft Sex nach einer gewissen Zeit an Bedeutung verliere.

Aber Macht und Geld – die »Herrschaft des Geldes«.

»Lies mal bei Rousseau nach«, lautet der freundschaftliche Rat, und das tue ich: Als es noch kein Geld gab, produzierten die Menschen so viel, wie benötigt wurde. Es wurde getauscht und jeder brachte das in die Gemeinschaft ein, was er gut konnte.

Unser Freund erklärt mir das so: »Als alle Menschen zusammengelebt haben und es noch kein Geld gab, hat der eine gebacken, der andere hat geschneidert, der dritte hat die Kuh gemolken, da gab es das Tauschgeschäft, da musste man handeln, ich gebe dir jetzt ein bisschen Getreide, dafür gibst du mir mehr Milch. Deswegen hat man nah miteinander gelebt.«

Es gab eine Gemeinschaft, eine »gesamte Menschheit«. Doch das Geld brachte Ungleichheit und Ungerechtigkeit in die Gemeinschaft. Das Tauschgeschäft wurde abgelöst von der Herrschaft des Geldes. Die Interaktionen der Menschen wurden getrennt.

Geld dissoziiert – Geld trennt, löst auf, entfremdet.

Nicht nur im übertragenen Sinn, sondern ganz praktisch.

Wer Geld hat, kann alles haben. Möbel, Haus, Urlaub, Kleider, Erfolg, Schönheit. Arbeiten, um Geld zu haben, um alles haben zu können.

Was für eine Triebkraft!

Das Leben – ein Lustgewinn. Lust! Gewinn!

Der Lustgewinn ist die Triebkraft, warum man länger leben will.

Nun – …

Unsere Philosophie ist das nicht.

Mein Mann sagt: »Das Leben ist schön.«

Warum ist es schön? Weil er schöne Rollen spielen kann, weil er singen kann, weil er noch lernen kann, weil er die Wärme der Sonne empfindet, weil ich da bin, weil wir zusammen leben, weil wir etwas zusammen unternehmen können und weil er großartige Musik hört. Das ist sein Lustgewinn.

Was ist mein Lustgewinn?

Für meinen Mann da sein zu können, mit ihm zu leben, schöpferisch zu sein, zu malen, zu basteln, auch Neues zu lernen – aber sicher auch: einen Fotoapparat kaufen zu können, eine Bohrmaschine, einen PC, vielleicht auch ein neues Auto.

Trotzdem glaube ich nicht, dass Geld meine Triebkraft ist, leben zu wollen, vor allem »länger« leben zu wollen.

Geld, Macht, Liebe – Geld macht Liebe – Macht Geld Liebe?

Können das Glück und die Triebkraft des Lebens, der Sinn des Lebens tatsächlich nur im Besitz des Geldes liegen? Ist das nicht geradezu menschenunwürdig? Geld – Geld – Geld! Was für eine schreckliche, kranke Gesellschaft das wäre.

Sprachhistorisch lässt sich das Wort Geld auf das althochdeutsche Gelt zurückführen. Wir streben danach, als jemand zu »gelten«, Macht zu haben. Geld ermöglicht Luxus und Ansehen: Geld ist ein Machtmittel.

Aber eben nicht nur. Geld sorgt auch dafür, dass wir überleben können. Man kann auch Gutes tun mit seinem Geld, indem man etwa kulturelle und soziale Projekte unterstützt und Menschen hilft.

Damit wäre ich wieder bei den höheren Werten des Lebens: Nächstenliebe, Mitgefühl und Liebe.

Denn das ist für mich der Sinn des Lebens: Liebe.

Liebe geben zu können und das möglichst lange.

# 2
# Die Schreckgespenster des Alters

Woher kommen die angst- und schreckenerregenden Vorstellungen über das Altern eigentlich? Was können wir aus der Geschichte über das Alter und den Umgang mit den Alten lernen?

## Das entmenschlichte Alter

»Dass ein Mensch während der letzten 15 oder 20 Jahre seines Lebens nur noch Ausschuss ist, offenbart das Scheitern unserer Zivilisation. Dieser Sachverhalt würde uns die Kehle zusammenschnüren, wenn wir die Alten als Menschen, die ein Leben als Mensch hinter sich haben, ansähen, und nicht als wandernde Leichname«, schreibt Simone de Beauvoir in ihrem Buch *Das Alter*[9].

Und sie fährt fort: »Jene, die unser verstümmeltes System anprangern, müssten diesen Skandal aufdecken. Nur wenn man seine Anstrengungen auf das Schicksal der am meisten Benachteiligten konzentriert, vermag man eine Gesellschaft zu erschüttern.« Simone de Beauvoir sieht klar voraus, dass die Forderung, Menschen müssten auch im Alter Menschen bleiben, eine radikale gesellschaftliche Umwälzung bedeuten würde. Alles müsse von Anfang an neu geregelt werden, denn das System sei Schuld an diesem »entmenschlichten Alter«. Und sie kommt zu dem Schuss: »Deshalb wird dieses

Problem so beflissentlich mit Schweigen übergangen; deshalb ist es nötig, dieses Schweigen zu brechen: Ich bitte meine Leser, mir dabei zu helfen.«

## Zum Überleben des einen gehört oft das Sterben des anderen

Als Simone de Beauvoirs Buch *Das Alter* 1970 in Frankreich erschien, schrieb das Nachrichtenmagazin *L'Express*: »Ein einzigartiges Dokument. Die Fähigkeit der Autorin zum Staunen ist mit einer immensen Detailkenntnis verbunden. Ein schockierendes Werk, das sich mit nichts vergleichen lässt.«

In meinem Bücherschrank steht es schon lange, gelesen habe ich es natürlich auch und nehme es immer wieder mal zur Hand. Und jedes Mal bin ich beeindruckt von de Beauvoirs umfassendem Wissen, von ihrer Kompromisslosigkeit, ihrer Leidenschaft.

Für mich ist ihr Buch ein Grundlagenwerk zu dem Thema, das nun auch mein Thema ist: Alter. Mit einer wahren Fülle an Beispielen führt Simone de Beauvoir ihre Leser zurück zu den Wurzeln der Menschheit, ins Tierreich, zu den Naturvölkern und durch alle Epochen der Geschichte bis in ihre Gegenwart, die 60er Jahre des letzten Jahrhunderts. Dabei entlarvt sie den einen oder anderen Mythos, mit dem sich unsere Gesellschaft so bequem eingerichtet hat, als das, was er ist – ein Mythos. Ein paar Beispiele habe ich ausgewählt, die zum Teil erschreckend sind in ihrer Grausamkeit. Andere wieder ernüchtern uns, wenn wir Parallelen zur Gegenwart entdecken.

Betrachten wir zunächst, wie es sich in der Tierwelt verhält.

Bei den höher entwickelten Tierarten haben die alten Tiere größere Bedeutung, weil sie ihre Erfahrung an die Jüngeren weitergeben können. Sobald sie aber krank und schwach sind, werden sie aus der Gemeinschaft ausgeschlossen, siechen einsam dahin oder werden von Raubtieren aufgefressen.

Nur der Stärkere überlebt – »survival of the fittest«. Charles Darwin behauptete in seiner Evolutionslehre, dass nur die Fittesten überleben. Das sei der Grund für den ewigen Kampf ums Dasein.

Bei den Menschenaffen, den Tieren, die uns genetisch am nächsten sind, nimmt das männliche Tier die Rolle des Patriarchen ein und herrscht über Weib und Kinder. Wenn die jungen Affen stärker und erwachsener werden, beginnen sie, die Alten anzugreifen. Im Kampf mit den jungen kräftigen Konkurrenten ziehen die Alten irgendwann den Kürzeren, da sie ihre wichtigste Waffe, die Zähne, verloren haben. Meist werden die Alten getötet oder fliehen verletzt. Ihre Zukunft ist der Tod. Sie haben keine Kraft mehr, sich in der Wildnis zu verteidigen. Die jungen Sieger übernehmen nun die Herrschaft über die Gruppe.

Vergleichbares findet man bei manchen Naturvölkern. Man ließ die Alten sterben oder tötete sie, wenn sie nicht mehr arbeiten konnten. Sie waren nur nutzlose Esser und fielen zur Last.

Beim Stamm der Fang im Norden des Gabun in Zentralafrika setzte man die Witwen aus und ließ sie im Urwald hilflos zurück. Die Gebrechlichen und Altersschwachen wurden verachtet.

Bei den Korjaken im äußersten Osten Russlands wollten die Alten nicht weiterleben, denn die Wanderungen durch Sibirien während der harten Winter kosteten sie ihre letzten

Kräfte. Man brachte die Alten und auch die unheilbar Kranken um. Die Tötung wurde als gemeinschaftliche Zeremonie abgehalten und gefeiert.

Südafrikanische Buschmenschen brachten ihre Alten zu Hütten abseits ihrer Dörfer, um sie dann mit wenig Wasser und Essen ihrem Schicksal zu überlassen.

Die Alten bei den arktischen Inuit (so nennen sich die Eskimos selbst) wurden in den Schnee gelegt oder in ein Iglu gesperrt, um dort zu sterben. Inuit nahmen sich häufig auch das Leben, wenn sie das Gefühl hatten, der Gemeinschaft zur Last zu fallen.

Auch bei anderen Naturvölkern wurden alte Menschen oft nur so lange von der Gruppe anerkannt, wie sie körperlich und geistig intakt waren. Sobald aber ihre Kräfte nachließen, sie nicht mehr von Nutzen waren, wurden sie in abgelegene Hütten gebracht, wo sie schließlich meist von Raubtieren verschlungen wurden.

Die Wissenschaftler auf dem Gebiet der Völkerkunde, die Ethnologen, sprechen immer wieder davon, dass es üblich gewesen sei, in dieser Art mit den Alten umzugehen. Das heißt, die Tier und Pflanzenwelt kümmert sich nur um die Aufzucht der Jungen und die Erhaltung der Jugend – die Fürsorge und Pflege des Alters sind hingegen nicht vorgesehen.

Andererseits wurden die Alten auch geachtet und verehrt, zum Teil gar vergöttert. Es ist eine Mischung aus Abscheu und zugleich Faszination vor dem alten Menschen, die sich durch alle Gesellschaften zieht. Der weise Alte flößt Respekt ein, auch weil er dem Tod nahe ist. Er ist Bindeglied zwischen Leben und Ableben. Dadurch berührt er Urängste des Menschen.

In vielen Gemeinschaften, ob in der Antike oder bei sogenannten Naturvölkern oder auch in entwickelten bäuerlichen

Gesellschaften, wurde das Oberhaupt verehrt wie eine Gottheit. Nach dem Tod des Oberhaupts, so die Vorstellung, wechselt diese Gottheit in den Körper seines Nachfolgers, des nächsten Oberhaupts. Die Gottheit kann aber die Gemeinschaft nicht beschützen, wenn sie durch Alter, Krankheit oder Impotenz geschwächt wird. Deshalb musste das Oberhaupt bei noch voller Kraft und Gesundheit getötet werden, bevor der fortschreitende Alterungsprozess eingesetzt hatte. So hinterließ das Oberhaupt seinem Nachfolger seine starke Seele.

Von den alten Griechen erfahren wir nur durch mythische Erzählungen über ihre Einstellung zu den Alten. Der Dichter Homer, er lebte vermutlich gegen Ende des achten Jahrhunderts vor Christus, verbindet das Alter mit Weisheit. In einem seiner Hauptwerke, der *Ilias*, stellt er dem Oberbefehlshaber Agamemnon den alten, erfahrenen und weisen Ratgeber Nestor zur Seite. Der 80-Jährige schöpft aus der Weisheit seines Alters und gilt als »Wissensspeicher«. Niemand macht ihm seinen Platz in der Gemeinschaft streitig. Seine Gelassenheit macht ihn stark auch ohne Kriegsrüstung. Homer bezeichnet ihn als göttlich.

Ganz anders klingt das bei einem anderen griechischen Dichter, der etwa 600 vor Christus lebte: Mimnermos. Seine wichtigsten Gedichte waren eine Reihe Klagelieder über den Gegensatz von liebesfroher Jugend und leidvollem Alter. In einem heißt es: »Die Frucht der Jugend verfault nur allzu bald; sie dauert kaum so lang wie die Helligkeit des Tages. Und sobald dieser Punkt erreicht ist, wird das Leben schlimmer als der Tod.«

Mimnermos wünschte sich nicht, alt zu werden.

Auch der griechische Tragödiendichter Euripides – er lebte im fünften Jahrhundert vor Christus – fand nur triste Worte für das Alter. In seinen *Totengesprächen* geht es um einen hinfälligen Greis, der nur noch drei Zähne hat, der kaum noch lebt, sich zum Gehen auf vier Sklaven stützt, dessen Nase ständig einen Tropfen ausschwitzt, dessen Augen voller Schleim sind, der unempfänglich ist für alle Sinnesfreuden, ein lebendiges Grab, Gespött der Jugend. Euripides fragte sich verwundert, warum die Alten trotzdem am Leben hingen.

Dies war der Moment, als ich beim Lesen stockte – denn diese Sätze kamen mir bekannt vor. Nicht aus der Antike, nein: aus der Gegenwart. Das Internet macht es möglich, dass heutzutage jede und jeder zu allen erdenklichen Themen etwas kundtun kann. Vom Grundsatz her ist das sehr demokratisch und zu begrüßen. Es kann allerdings auch zur Folge haben, dass man, ob man will oder nicht, in menschliche Abgründe blickt.

Hier also ein paar Zitate über meinen Mann aus einem Internetforum:

»Es ist einfach Zeit, dass sich dieser alte Mann dahin zurückzieht, wo er schon lange hingehört. Am besten ins Altersheim.«

»Wir haben für Jopie schon eine schöne Kiste ausgesucht, dann ist endlich Ruhe im Karton!!«

»Schade, dass die Kamera nicht dabeigeblieben ist, wie er, sicher gestützt von vielen, sich von der Bühne gequält hat. Nein, diesen Mann brauchen wir nicht.«

»Es ist nur noch widerlich, diesen sabbernden Greis auf der Bühne zu sehen. Dement scheint er auch zu sein.«

Haben da welche bei Euripides abgeschrieben? Haben wir in über zweitausend Jahren wirklich gar nichts begriffen?

Oberflächlich betrachtet, scheint es so zu sein. Aber ich glaube viel eher, dass hier etwas zum Vorschein kommt, was ganz tief in uns Menschen sitzt: die Angst, die Abscheu vor dem Alter, auch vor dem eigenen.

## »Das Alter ist nur eine zweite Kindheit« – Alter und Altsein in der Geschichte

Während der Arbeit an diesem Buch holte ich des Öfteren – gerade wenn es um medizinische Aspekte ging – den Rat eines befreundeten Arztes ein. Als er meine Kapitelaufteilung las, schrieb er bei der Überschrift dieses Kapitels – »Das Alter ist nur eine zweite Kindheit« – einen kurzen Kommentar dazu: »Komplett falsch – aber oft benutzt«.

Bei allem Respekt vor seinem Urteil – in diesem Fall hat er mich wirklich missverstanden. Ich wäre sicherlich die Letzte, die ernsthaft den Standpunkt vertreten würde, »das Alter ist nur eine zweite Kindheit«. Vielmehr stammt dieser Satz von Aristophanes, einem der bedeutendsten griechischen Komödiendichter. Er lebte von circa 450 v. Chr. bis um 380 v. Chr. in Athen, und die Bedeutung seines Satzes ist möglicherweise vor dem Hintergrund zu erklären, dass die Kindheit im antiken Griechenland nicht als eigenständiger Lebensabschnitt angesehen wurde, sondern als Phase des Übergangs und der Unvollkommenheit.

Sind das also die Begriffe, mit denen man sich dem Altersbild im Altertum nähern sollte? Unvollkommenheit und Übergang – in diesem Falle wohl zum Tod?

## Alter in der Antike

Professor Ernst Baltrusch lehrt Alte Geschichte an der Freien Universität in Berlin und ist ausgewiesener Experte für die Zeit der Antike in Griechenland, Rom und Sparta. In seinem Beitrag für das Wissenschaftsmagazin *fundiert*[10], welches von der FU Berlin herausgegeben wird, fächert Professor Baltrusch ein uneinheitliches Altersbild der Antike auf, das von Ehrenerweisung bis Herabwürdigung reicht, von Achtung bis Ausgrenzung.

So wenig wie alte Menschen heute waren alte Menschen in antiken Gesellschaften eine homogene Gruppe. Je nachdem zu welcher sozialen Schicht sie gehörten, kamen sie in den Genuss bestimmter Bürgerrechte oder eben nicht. Und daraus leiteten sich dann die Möglichkeiten und Chancen ab, die sich ihnen auch im Alter boten. Wir alle wünschen uns wohl, dass das heute anders ist. Aber wir alle wissen ebenso, dass auch in der Gegenwart die soziale Herkunft und Zugehörigkeit die Lebenswirklichkeit bestimmen. Doch dazu mehr an anderer Stelle.

Dreh- und Angelpunkt der alten Menschen in der Antike, die vorwiegend auf dem Land lebten, da es so viele große Städte noch gar nicht gab, war die Familie. Das mag einerseits humane und emotionale Gründe gehabt haben, materielle und rechtliche Gründe hatte es auf jeden Fall auch. Denn die Familie war von Gesetzes wegen verpflichtet, für die Alten zu sorgen und sie zu versorgen. Da sich der antike Staat weder in Rom noch in Athen für die Altersvorsorge seiner Bürger zuständig fühlte, war jeder selbst dafür verantwortlich, wie er im Alter über die Runden kam.

Geld beiseitelegen und fürs Alter sparen war – wenn man so will – die eine Säule, die Versorgung durch die Familie die zweite. Die Verletzung dieser gesetzlichen Pflicht wurde sogar mit Haftstrafen geahndet. Wenn also erwachsene Kinder nicht für das Wohlergehen ihrer alten Eltern sorgten, drohte ihnen Gefängnis, in besonders schweren Fällen gar die Todesstrafe. Der griechische Philosoph Platon (428/427 bis 348/347 v. Chr.) verglich diesen Generationenvertrag mit einem Geldgeschäft: Die Kinder beglichen ihre Schulden bei den Eltern, die diese im Alter sogar einklagen konnten. Das wurde in Griechenland gesetzlich festgeschrieben, und so stand es auch im römischen Recht.

Nur Eltern, die ihren Kindern nicht ermöglichten, einen Beruf zu erlernen oder sie gar zur Prostitution zwangen, brauchten auf eine Versorgung im Alter nicht zu hoffen. Diese Kinder waren ihren Eltern nichts schuldig.

Bis auf wenige Ausnahmen – etwa Politiker, Witwen, Kriegsinvaliden und Veteranen sowie Eltern gefallener Soldaten – kümmerte sich der antike Staat also nicht direkt um die Altersversorgung seiner Bürger.

Und wie alt wurden nun die Alten vor über 2500 Jahren? In meinem Gedächtnis hatte sich eingeprägt, dass die Menschen in der Antike in der Regel eigentlich nicht älter als etwa Mitte 30 wurden. Doch Professor Baltrusch relativiert das ein wenig. Die hohe Kindersterblichkeit senkte das Durchschnittsalter. Doch wer das Säuglings- und Kleinkindalter überlebte, konnte – so belegen es Zeugnisse aus der Zeit – durchaus mit einer »normalen« Lebensdauer rechnen.

Diese normale Lebensdauer sah Athens erster großer Staatsmann Solon (circa 640 bis circa 560 v. Chr.) bei rund 70 Jahren. Den Beginn des Alters setzte man bei etwa Mitte 50 an. Darüber hinaus erwähnt Professor Baltrusch Aufzeichnungen, die Menschen auflisteten, die besonders lange lebten – 80, 90 oder 100 Jahre.

Ob ein langes Leben in der Antike ein Segen oder ein Fluch war, hing ganz davon ab, wo man lebte. Alte Menschen in Athen erfuhren gesellschaftliche Ausgrenzung: Da man ihnen nicht zutraute, eine von Neuerungen und Dynamik geprägte Welt noch mitgestalten zu können, nahmen sie am öffentlichen Leben nicht mehr teil. Dies fand natürlich auch seinen Niederschlag in den Werken der griechischen Tragödien- und Komödiendichter. Euripides zum Beispiel verlangte, alte Menschen sollten sich aus der Öffentlichkeit zurückziehen und ihre Bedürfnisse hintanstellen.

Platon hingegen übte Kritik an solchen Forderungen und an den Lebensumständen der an den Rand gedrängten alten Menschen. Mehr noch: In seiner Vision eines »Idealstaates« wollte er sie in die Gesellschaft integriert sehen.

Kommen wir zu dem römischen Philosophen und Politiker Cicero (106 bis 43 v. Chr.). Professor Baltrusch nennt Cicero Platons »größten Bewunderer«. Platons positive Darstellung des Alters, seine Absage an die landläufige Meinung, das Alter als Grund allen Übels zu sehen, hat Cicero in eine seiner Schriften übertragen und weiter ausgearbeitet.

Cicero benennt vier negative Altersstereotypen: »Das Alter mindert den Tatendrang, schwächt den Körper, hält von Vergnügungen ab und ist dem Tode nahe.« Allen vier gelte es, entschieden zu widersprechen, was er auch tat, indem er zum Beispiel »spezielle gymnastische Übungen gegen körperliche Beschwerden« empfahl. Vor allem aber indem er den »wahren Wert des Alters« hervorhob: Erfahrung, Weisheit und Gleichmut.

Anders als in Athen wurden alte Menschen in Rom schon lange vor Ciceros Zeit besonders wegen ihres umfangreichen Wissens hoch geachtet. Ebenso in Sparta, wo man sogar so weit ging, nur über 60-Jährige in den politisch einflussreichen Ältestenrat aufzunehmen. Ähnlich verhielt es sich in Rom mit dem Senat. Bei gemeinsamen Mahlzeiten bekamen alte Menschen Ehrenplätze und Ehrenportionen. Man suchte und schätzte ihren Rat.

Professor Baltrusch weist außerdem darauf hin, dass römische Kaiser im römischen Recht so etwas wie den »Prototypen eines Rentners« dargestellt hätten: »Mit 60 oder 70 konnte der öffentliche Dienst beendet werden. Eine Rente im heutigen Sinne erhielt man aber nicht, sondern war lediglich von gewissen Lasten, die als Bürger aufgebracht werden mussten, befreit.« Es war Kaiser Konstantin, der im Jahr 320 n. Chr. als erster das Recht auf einen gesicherten Lebensabend formulierte: »Senectus eorum post labores quiete perfruatur.« Sinngemäß heißt das: Nach der Arbeit soll das Alter in Ruhe genossen werden.

Von Ruhestand als einer Lebensphase ohne Berufstätigkeit hätte der römische Arzt Galen (um 129 bis 216) womöglich nicht viel gehalten. Er empfahl, unbedingt einen Beruf zu wählen, den man auch im Alter noch ausüben kann. Professor Baltrusch bezeichnet Galen (oder Galenos) als berühmtesten Arzt römischer Zeit. Er war es, der die – unter anderem von Hippokrates (circa 460 bis circa 370 v. Chr.) begründete – »Viersäftelehre« in ihrer endgültigen Form niederschrieb. Sie besagt, dass im menschlichen Organismus vier Säfte zirkulieren: Blut, gelbe Galle, schwarze Galle und Schleim. Je nach Jahreszeit, Ort oder Lebensalter ändere sich das Mischungsverhältnis, so die Lehre. Das Verschwinden eines der vier Säfte bedeute den Tod, eine Veränderung in Qualität oder Quantität Schmerzen und Krankheit.

Gerade frage ich mich, ob die Redewendung »Der steht aber noch gut im Saft« aus dieser »Viersäftelehre« entstanden ist. Man sagt das ja manchmal zu Menschen, die ein hohes Alter erreicht haben und körperlich topfit sind.

Galen jedenfalls schwor auf die »Lebenssäfte«, wie ich sie jetzt nennen möchte – und auf die untrennbare Verbundenheit von Körper und Seele. Er beschäftigte sich mit der Erforschung des Alterungsprozesses und war davon überzeugt, dass Vergesslichkeit, Halluzinationen und Geschwätzigkeit darauf zurückzuführen seien, dass der Mensch im Alter im Ungleichgewicht und das Alter selbst ein Mangel an Vollkommenheit sei. Professor Baltrusch zitiert Galen mit dem Satz: »Was alle Menschen Alter nennen, ist die kalte und trockene Säftemischung im Körper, die als Folge der langen Reihe von Jahren entsteht.« Um dem entgegenzuwirken, empfahl Galen, Wärme und Feuchtigkeit zuzuführen durch Nahrung, Massagen, Gymnastik – und Wein. Diese Dinge im richtigen Maß zur richtigen Zeit, das stellte für den römischen Arzt die ideale auf das Alter abgestimmte Lebensweise dar.

Hinzu kommt ein Faktor, den ich bereits erwähnt habe: die Berufstätigkeit. Professor Baltrusch schreibt dazu: »Nach antiker Vorstellung gab es zwei Arten von Berufen – die ehrenhaften und die verächtlichen. Verächtlich waren die körperlich anstrengenden Berufe, mit Ausnahme der Landwirtschaft, die man im Alter nicht mehr ausüben könne. Ehrenwert hingegen waren Politik, Musik, Jurisprudenz (Jura) und als Gipfelpunkt (jedenfalls im Urteil der Ärzte selbst): die Medizin – ideal auch als Alterstätigkeit.«

In diesem Zusammenhang freue ich mich über zwei Dinge: erstens dass wir heutzutage unsere Berufe nicht mehr in verächtlich und ehrenhaft einteilen. Und zweitens freue ich mich darüber, dass meine Aufforderung, auch im Alter weiterhin (berufs-)tätig zu sein und zu bleiben – und zwar nicht aus ökonomischen Gründen, sondern jeder um seiner selbst willen –, schon in der Antike Gültigkeit hatte. Nur scheint uns dieses Wissen im Lauf der Jahrhunderte abhanden gekommen zu sein.

Als Fazit seiner Ausführungen über das Altersbild der Antike schreibt Professor Baltrusch: »Die Auseinandersetzung der Antike mit dem Alterungsprozess und den alten Menschen war geprägt von den beiden entgegengesetzten Typen von Altersbildern: Verlust und Lernprozess.« Genauso wie heute habe es auch in der Antike kein einheitliches Altersbild gegeben, »da das Alter an sich weder Leistung noch Krankheit ist und die Einstellung der Menschen gegenüber dem Altern stark mit den persönlichen Altersvorstellungen zusammenhing«.

Vorstellungen, die auch heute noch aktuell sind.

## Alter im Mittelalter

Wenn man heutzutage etwas als »mittelalterlich« bezeichnet, meint man damit, es sei rückschrittlich, rückwärtsgewandt, überkommen. Und auch mir würden nur diese Worte einfallen, wenn ich das Altersbild des Mittelalters beschreiben wollte. Dem muss man natürlich vorausschicken, dass nach den Zahlen des amerikanischen Forschers Josiah Cox Russell im Mittelalter nur etwa 14 Prozent der Bevölkerung das Alter von 40 bis 60 Jahre erreichten und nur zehn Prozent über 60 wurden, was zur damaligen Zeit schon das Greisenalter darstellte. Die hohe Kindersterblichkeit spielte seit jeher eine Rolle, und es gab Mangel- und Fehlernährung, harte Arbeit und Krankheiten. Die Pest, der »schwarze Tod«, raffte die Bevölkerung in großer Zahl dahin, so dass die durchschnittliche Lebenserwartung bei etwa 35 Jahren lag. Bemerkenswert ist, dass – anders als heute – die Lebenserwartung der Frauen niedriger war als die der Männer, was mit den hohen gesundheitlichen Risiken bei Geburten erklärt wird sowie mit übermäßiger Arbeitsbelastung.

In kaum einem der Bücher oder Artikel, die ich zum Thema Altersbild im Mittelalter gelesen habe, fand ich positive Äußerungen oder Beschreibungen. Fast durchgängig wurde das Alter als Elend dargestellt, als geistiger und körperlicher Verfall. Ich will nur ein paar Beispiele zitieren, unter anderem aus dem Sammelband *Lehre und Unterweisung*, verfasst von dem Augsburger Johann Bämler etwa um die Mitte des 15. Jahrhunderts: »Denn der alte Mensch ist voller Klage und leer aller Freuden. Denn das Haupt schwindet, das Hirn sinkt, das Gedächtnis entgeht, das Herz siecht, die Brust krachet, die Länge beugt sich, die Größe schwindet, die Stärke krankt, das Antlitz dunkelt, der Atem schmeckt, die Augen rinnen, die Nase läuft, die Zähn erfaulen, die Ohren schwellen, die Zung stammlet, die Händ erzittern, die Füße sifflen (schleifen), und der Alte erzürnet bald.«

Die menschliche Lebensspanne wurde im Mittelalter in verschiedener Weise eingeteilt. Es gab zum Beispiel die Einteilung in drei »Lebensalter«, symbolisiert durch das ungestüme Ross, den schaffensstarken Stier und zuletzt (wie kann es anders sein) durch den mürrischen Hund hinter dem Ofen.

Die Benediktinerin Hildegard von Bingen (1098–1179) verband die Lebensphasen mit den vier Jahreszeiten und den zwölf Monaten eines Jahres. Nachdem der Mensch erst im Monat Mai zur vollen Mündigkeit gelangt sei, beginne zwar im Herbst die Zeit der Weisheit und inneren Reife, aber auch der Eigenbrötelei und Erstarrung. Und es wird noch besser (beziehungsweise schlechter): Der November bringt Kälte und Schwermut, und im letzten Monat schließlich bleiben nur noch Hinfälligkeit, Kälte und Unfruchtbarkeit – »gleich einem Kamel beladen mit dem Gestank seiner Laster, und er befleckt sich immerfort«.[11]

»Oh weh, wohin sind alle meine Jahre verschwunden!«, klagte der mittelalterliche Minnesänger Walther von der Vogelweide (1170 bis circa 1230) in seiner »Alterselegie«. Und weiter: »Die, die meine Gespielen waren, sind träge und alt. Bereitet ist das Feld, gerodet der Wald.«

Und auch der Satz des Theologen Hugo von Sankt Viktor, der mit etwa 44 Jahren im zwölften Jahrhundert verstarb, ist wohl eher als Klage zu verstehen: »Während alles übrige im Leben uns einfach davonschwimmt, wächst einzig und allein noch die Weisheit.«[12]

Ich vermag nicht zu sagen, ob man sich damals schon darüber Gedanken gemacht hat, dass der Umgang der Gesellschaft mit den Alten auch die Selbstwahrnehmung der alten Menschen beeinflusst. Und umgekehrt natürlich auch. Doch nach allem, was ich gelesen habe, war das wohl nicht der Fall. Alte Menschen wurden herausgedrängt aus der Gesellschaft, sogar aus ihren Häusern, indem man sie nämlich – was allem Anschein nach häufig geschah – auf eine möglichst lange Pilgerfahrt schickte. In der Hoffnung, sie würden eine solche anstrengende Reise nicht überleben.

Zur mittelalterlichen Alten-»Versorgung« zählten auch Armen- und Siechenhäuser. Dies waren kirchliche Einrichtungen. Zu den Hilfsbedürftigen, die dort aufgenommen wurden, zählten Alte, Kranke, Obdachlose, Sterbende und geistig Behinderte. Die Unterkunft war frei, ebenso die Pflege bei Krankheit. Ansonsten mussten sich die dort Untergebrachten jedoch aus eigenen Mitteln versorgen, sei es durch

Arbeit innerhalb der Einrichtung oder durch Almosen. Erst zum Ende des 19 Jahrhunderts hin – so viel sei vorausgeschickt – gab es hier graduelle Verbesserungen.

## Alter von der Frühen Neuzeit bis in unsere Zeit

Und bis in die zweite Hälfte des 18. Jahrhunderts sollte es dauern, bis ein Wandel des Altersbildes hin zum Positiven wenigstens im Ansatz erkennbar wird. Während man in der Neuzeit, also im 16. und 17. Jahrhundert, das Alter nach wie vor nur als Bürde und Makel betrachtete und es in der Malerei zum Beispiel als Vorstufe des Todes oder gar als Tod selbst darstellte, setzte Ende des 18. Jahrhunderts, im Zeitalter der Aufklärung, das Bestreben ein, sich von starren Vorurteilen und überholten Ideologien zu befreien. Die Vernunft hielt Einzug und öffnete Augen und Ohren für neues Wissen – welches manchmal so neu gar nicht war.

Die Makrobiotik beispielsweise ist so ein Fall. Der Begriff stammt aus der Antike und wird Hippokrates von Kós (circa 460 bis circa 370 v. Chr.) zugeschrieben, der in einer Abhandlung über Menschen schrieb, die bei guter Gesundheit sehr alt wurden. Auch Aristoteles (384 bis 322 v. Chr.) beschäftigte sich mit dem Thema. Für ihn stand Makrobiotik für eine einfache Ernährungsweise und ein gesundes langes Leben. Im deutschsprachigen Raum dauerte es noch über zwei Jahrtausende, bis der deutsche Arzt Christoph Wilhelm Hufeland im Jahr 1796 sein Hauptwerk *Makrobiotik oder Die Kunst, das menschliche Leben zu verlängern* veröffentlichte.

Zu Nutzen oder Schädlichkeit der makrobiotischen Lebensweise möchte ich mich gar nicht äußern. Das sollen die tun, die etwas davon verstehen. Um was es mir in diesem Zusammenhang geht, ist der Sinneswandel im Hinblick auf das Alter. Ein langes Leben erschien »plötzlich« erstrebenswert. Das Alter wurde geachtet, und es wurden nicht die Leiden beklagt, sondern die Weisheit des Alters wurde gerühmt.

In der Anfangsphase der Industrialisierung war von einer sozialen Absicherung noch keine Rede. Wer krank wurde und nicht arbeiten konnte, war verloren. Als gegen Ende des 19. Jahrhunderts die ersten institutionalisierten Alters- und Pflegeheime entstanden, entspannte sich die Lage zwar etwas. Wer dort Aufnahme begehrte (wobei dieses »Begehren« nur der Not entstammte), musste mindestens 70 Jahre alt, alleinstehend, siech sein – und auf seine Rente verzichten.

Noch im 20. Jahrhundert war die Altenpflege nach der Krankenpflege ausgerichtet. Alter war eine Krankheit, alte Menschen wurden wie Kranke behandelt.

Nach dem Ersten Weltkrieg etablierten sich in den Städten verschiedene Arten von Alters- und Wohnheimen. Auf dem Land wurden die alten Menschen in Armenhäusern untergebracht, ihre persönliche Freiheit mussten sie am Eingang dieser Massenunterkünfte »abgeben«. Die Würde der alten Menschen spielte offenkundig gar keine Rolle.

Dass dies besonders in der Zeit des Nationalsozialismus nicht besser wurde, liegt auf der Hand. Der Reichspressechef der NSDAP, Otto Dietrich, verlautbarte 1934: »Jugend ist Ringen nach fortschreitender Lebensgestaltung. Nationalsozialismus ist organisierter Jugendwille.«

Die nachfolgenden Jahrzehnte des 20. Jahrhunderts, vor allem natürlich ab Ende der 60er Jahre, »segelten unter der Flagge« des Jugendwahns. So groß mein Verständnis und meine Sympathie dafür auch sind, dass sich die Jugend gegen alles wandte und auflehnte, was sie mit nationalsozialistischer Ideologie und Mitläufertum in Verbindung brachte – was in der Folge hieß: Auflehnung gegen die gesamte damalige Elterngeneration. So sehr bedaure ich, dass wir dabei in den Jahren und Jahrzehnten danach zugesehen und zugelassen haben, dass die Generationen immer weiter auseinanderdrifteten.

# 3
# Alt werden, ja! – Alt sein, nein danke?

Und welche Altersbilder manifestieren sich heute in unserer Gesellschaft? Welche Stereotypen bestimmen unser Denken und Handeln?

## Was ist Alter?

Alter ist weder eine Krankheit noch eine Todesursache.

Im Gegensatz zu der Aussage des umstrittenen Bio-Gerontologen Dr. Aubrey de Grey, der sagte: »Die Menschen sterben durch das Alter«, vertreten immer mehr Wissenschaftler die These, dass es das Alter als Zustand nicht gibt, sondern nur das Altern als Prozess.

Wann beginnt Alter?

Schon bei der Geburt, sagte einmal der Mediziner Max Bürger (1895–1966).

Beginnt man, sich etwas umfassender mit dem Thema Alter zu beschäftigen, kommt man mit so vielen Wissens- beziehungsweise Noch-nicht-Wissensgebieten in Berührung, dass einem nur so der Kopf schwirrt: Geschichte, Medizin, Psychologie, Bildung gehören dazu, gesellschaftliche und kulturelle Aspekte ebenso wie die Frage nach Partnerschaft und Sexualität im Alter.

Was bislang in diesem Buch schon sichtbar wurde und sich im weiteren auch fortsetzen wird: Ich habe keine große Mühe darauf verwendet, die einzelnen Gebiete scharf voneinander abzugrenzen, und zwar aus dem einfachen Grund, weil ich der Überzeugung bin, dass sich nichts in unserem Leben (und dazu gehört das Alter ebenso wie die Kindheit) nur unter einem Aspekt beleuchten, nur aus einem Blickwinkel betrachten lässt. Die einzelnen »Disziplinen« beeinflussen sich gegenseitig, wirken mit- und gegeneinander.

Nur ein Beispiel: Über die (zeitliche) Gliederung unseres Lebenslaufs können die meisten von uns nicht selbst entscheiden. In unserer Gesellschaft ist bereits festgelegt, wann wir in die Schule kommen und wann wir sie idealerweise abschließen sollten. Auch wann unsere Berufstätigkeit spätestens zu beginnen hat, damit wir auf dem modernen Arbeitsmarkt eine Chance haben, unterliegt Zwängen und Entscheidungen, die andere schon für uns getroffen haben. Wir gründen eine Familie, wir etablieren uns im Beruf – bis zu diesem Zeitpunkt kann man sagen, dass der in seinen Umrissen vorgegebene Lebenslauf sich ungefähr an unserer biologischen, psychologischen und sozialen Entwicklung ausrichtet. Nähert sich aber das Ende unserer Berufstätigkeit, beginnen die Diskrepanzen. Mit 65 Jahren ist Schluss, theoretisch. Von der Realität zu dieser Theorie wird im Verlauf des Buches noch die Rede sein. An dieser Stelle geht es mir jetzt um den tiefen Einschnitt zwischen »erwerbstätig« und »nicht mehr erwerbstätig«. Eine Zäsur fast mitten im Leben, möchte man sagen. Denn während in der gesellschaftlichen Wahrnehmung nach dieser Zäsur das »Alter« folgt, werden Gerontologen nicht müde zu betonen, dass es sowohl biologisch als auch psychisch noch lange nicht so weit ist.

Wenn Sie also gefragt werden: »Was ist Alter?« Dann sagen Sie am besten: »Die einen sagen so, die anderen so …!«

Die unterschiedlichen historischen Vorstellungen über das

Alter habe ich ja schon beschrieben und werde sicher auch immer wieder darauf Bezug nehmen.

Eines ist und war zu allen Zeiten gleich: Zum biologischen Lebensprozess gehören die Geburt, das Erwachsenwerden, die Fortpflanzung, das Altern und der Tod. In Anlehnung an Max Bürger könnte man statt »biologischer Lebensprozess« auch »biologischer Alternsprozess« sagen.

Wie wird man alt?

Alt wird man natürlich biologisch, man wird geistig alt, man wird körperlich alt, man wird gesellschaftlich alt. Von unserer »alternden Gesellschaft« haben wir ja alle schon gehört. Oder von dem Begriff »Überalterung«. Ich halte diese Bezeichnung für problematisch und ärgerlich. Der Begriff wertet eine ganze Phase unseres Lebens ab. Er steht für eine Entwicklung in unserer Gesellschaft, die gekennzeichnet ist durch ein gestiegenes Durchschnittsalter in der Bevölkerung und eine gleichzeitige abnehmende Zahl von Kindern. Im Internet stieß ich für dieses Phänomen sogar auf den Begriff »Unterjüngung«.

Müssen wir denn wirklich für alles ein Schlagwort haben?

Die Frage ist doch: Würden denn mehr Kinder auf die Welt kommen, wenn weniger Alte da wären? Oder wenn die Alten jünger sterben?

Ich bin nicht alt – ich lebe nur etwas länger.

Ist man heute mit 60 alt? Gehört man da schon zu den Senioren?

Nicht mit 60, nicht mehr mit 70, ich wage zu sagen, zum Teil auch nicht mal mit 80 Jahren. Alt ist man erst, wenn man keine Lust mehr hat, am Leben teilzunehmen.

Je aktiver und bewusster man das Alter lebt, desto länger und gesünder wird man es genießen können.

Wenn aber keine Perspektive für die Zukunft da ist, wenn die Vorhersagbarkeit fehlt, werden die Hoffnung und der Sinn des Lebens genommen, und man hat kein Interesse mehr am Leben. Der österreichische Neurologe und Psychiater Viktor Frankl sagt: »Das Wissen um eine Lebensaufgabe hat einen eminent psychotherapeutischen und psychohygienischen Wert. Wer um einen Sinn seines Lebens weiß, dem verhilft dieses Bewusstsein mehr als alles andere dazu, äußere Schwierigkeiten und innere Beschwerden zu überwinden.«[13] Natürlich macht mir das Altwerden auch Angst, etwa vor geistigem und körperlichem Abbau, Hilflosigkeit, Einsamkeit oder nicht mehr gebraucht zu werden. Aber die Angst wird mich nicht besiegen. Ich will mir die Neugier und die Freuden auf das Leben erhalten.

Ich wage sogar zu sagen: Mit einer gewissen Illusion – das Leben ist schön! – kann man besser leben! Wenn man keine Neugierde aufs Leben hat, wird man alt.

Wo beginnt Alter? – Im Kopf!

In unserer Gesellschaft definieren sich die Menschen durch den Beruf. Wenn man keinen Beruf mehr hat, gilt man schnell als alt. Man ist Senior. Wer als alt gilt, fügt sich oft schnell in diese Rolle und wird tatsächlich alt.

Für einen Fünfjährigen ist ein 13-Jähriger uralt. Alles, was wir nicht kennen, erscheint uns viel größer. Rückblickend empfindet man den Unterschied zwischen fünf und 13 oder zwischen 28 und 36 lange nicht mehr so erheblich, wie wenn alles noch vor einem liegt.

Mein Mann mit seinen 106 Jahren nennt einen 85-Jährigen: »Ein Kind!« Es ist eben eine Sache des Blickwinkels.

Bestimmt hat jeder das schon einmal erlebt: Man kommt zu einem Haus zurück, das man aus seiner Kindheit in Erinnerung hatte, und ist ganz erstaunt, wie klein das Haus in

Wirklichkeit ist. Oder das alte Kinderzimmer, das einem früher riesengroß vorkam …

Auch das Phänomen, dass einem die Tage immer kürzer vorkommen, je älter man wird, hat wohl damit zu tun, dass man so vieles schon einmal erlebt hat.

## Wann bin ich alt?

Ja, ich schreibe über das Thema, in das ich gerade hineinwachse. Als ich anfing, mich mit dem Thema »Alter« zu beschäftigen, war es noch weit weg.

In meiner Jugend gab es keinen krassen Unterschied zwischen Jung und Alt. Also zumindest nicht in unserer Familie. Meine Eltern waren in ihren Ansichten jung, tolerant und fortschrittlich. Sie waren befreundet mit meinen Freunden und Freundinnen, da gab es nie einen Generationsunterschied. Meine Eltern waren nie alt. Ich wäre nie auf die Idee gekommen, von ihnen als den »Alten« zu sprechen.

»Man ist so alt, wie man sich fühlt«, ist ein Allgemeinplatz, aber in gewisser Hinsicht stimmt das einfach.

Mit 93 Jahren sagte mein Mann eines Morgens, und zwar das erste Mal (er spricht meist von sich in der dritten Person): »Jopie wird alt!«

Allen Ernstes – das erste Mal mit 93. Ich glaube, er konnte nur deshalb so alt werden, weil er sich einfach nicht alt fühlt. Er ließ und lässt den Gedanken daran, dass er alt sein könnte, gar nicht in sich aufkommen. Sicher, er klagt sehr darüber, dass er blind ist. Aber das ist eine Krankheit, nicht das Alter, sagt er.

Ich bin jetzt 60 und gehöre laut Statistik schon zu den Senioren. Sicher, die Haut ist nicht mehr so glatt, Tränensäcke, auch die Oberarme gefallen mir nicht mehr und fangen an zu schlabbern – na ja, da trägt man eben keine kurzärmligen Blusen mehr (die kann ich sowieso nicht ausstehen), die Augen werden mit einer schicken Brille oder Sonnenbrille verdeckt, und schon hört man Komplimente, wie: »Du siehst aber wirklich nicht aus wie 60!« Lüge! Aber das macht nichts – bis jetzt kann ich gut damit leben.

Vor 60 Jahren war man mit 60 Jahren eben 60 Jahre alt.

Gott sei Dank leben wir jetzt in einer anderen Zeit. Falls ich also gesund bleibe und einigermaßen finanziell abgesichert bin, könnte die Chance bestehen, noch 40 Prozent meiner Lebensspanne vor mir zu haben. Und diese Lebensspanne will ich ebenso positiv angehen wie die bisherigen 60 Prozent. Und ich will mir auch meine – manchmal kindliche – Freude am Leben nicht nehmen lassen. Man sieht, ich habe ein gutes Beispiel in meiner näheren Umgebung.

Wer bestimmt eigentlich, dass man in einem gewissen Alter dies oder jenes nicht mehr tut, sich so nicht mehr kleidet, nicht mehr verspielt sein darf, nicht mehr in die Disco geht, nicht mehr Motorrad fährt (das habe ich übrigens noch nie getan), sich nicht mehr in der Öffentlichkeit küsst, sich nicht mehr schminkt, sich nicht mehr verliebt, sich nicht so benimmt und so weiter …? Warum ist das plötzlich abstoßend? Warum tut man das nicht mehr?

Das sind Fragen, nein, das ist eine Frage, die ich nicht wirklich beantworten kann. Ich glaube, es sind die Altersbilder, die wir durch unsere Erziehung »geerbt« haben. Und es ist höchste Zeit, sie gründlich zu überdenken!

Ich weigere mich, zu sagen, dass das Alter die Vorstufe des Todes ist. Nicht das Alter ist die Vorstufe des Todes, das gesamte Leben ist die Vorstufe des Todes.

## Warum werden wir immer älter – warum leben manche Menschen länger?

Es gibt drei »Orte der Langlebigkeit« in China, in denen besonders viele 100-Jährige leben. In Orten, die diesen Titel tragen dürfen, müssen nach UN-Standard auf 100.000 Menschen siebeneinhalb (!) Einwohner älter als 100 Jahre sein. Bama in Guangxi, Rugao in Jiangsu und Zhongxiang in Hubei sind solche Orte, in denen die meisten 100-Jährigen leben. Auffallend ist, dass die Umweltbedingungen hier gesund und vorteilhaft sind.

Wang Yungui, der Leiter des Forschungsinstituts für Langlebigkeit in Zhongxiang, glaubt, die Ursachen für das lange Leben dieser Menschen zu kennen: Unter anderem liegt es am Respekt und der Liebe, die diesen alten Menschen entgegengebracht werden. Die Alten haben eine gesunde Lebenseinstellung, ein fröhliches Gemüt, sie ernähren sich gesund, die Familien sind harmonisch, und zum Teil arbeiten sogar die 100-Jährigen noch auf dem Feld.

Ein weiterer Ort ist die Pazifikinsel Okinawa mit 3500 Einwohnern, die zu Japan gehört. So viele 100-Jährige wie auf dieser Insel gibt es wohl nirgends. Die durchschnittliche Lebenserwartung beträgt dort 86 Jahre für Frauen und 78 für Männer. Eine Bewohnerin ist 106 Jahre alt, sie hat Probleme mit dem Gehen, deshalb bekommt sie regelmäßig Besuch von ihren Nachbarn und Freunden, die sich dann mit ihr unterhalten. Ihre Tochter ist 80 Jahre alt.

Unsere Zivilisationskrankheiten wie Krebs und Herz-Kreislauf-Erkrankungen kommen dort sehr selten vor. Wissenschaftler glauben einen Grund dafür gefunden zu haben: viel grünes Gemüse (Broccoli), wenig Fett, wenig Salz und vor allem wenig Einsamkeit.

Ein weiterer Ort liegt in Italien: das Dorf Mores auf Sardinien.[14] Dort leben die meisten Bewohner auch länger als im übrigen Europa. 135 100-Jährige kommen dort auf eine Million Einwohner. Die alten Einwohner schwören auf ihr gesundes Essen und ihren Rotwein. Sie glauben aber auch an ihr von schwerer Arbeit erfülltes Leben. Der sardische Professor für Biochemie, Luca Deiana, glaubt nicht, dass es nur an gesundem Essen und Rotwein liegen kann, dass die Sarden aus dieser Gegend erfolgreicher altern als anderswo. Er glaubt, in den Genen die Antwort zu finden. Luca Deiana hat ein riesiges Labor an der Universität Sassari eingerichtet. In Gefriertruhen lagert er in Ampullen das Blut der Hundertjährigen, um mit diesem Blut das Geheimnis des gesunden Alterns zu erforschen.

### Warum werden wir immer älter?

Im Mittelalter und auch noch im 19. Jahrhundert lag die durchschnittliche Lebenserwartung zwischen 33 und 40 Jahren. Dieser relativ niedrige Durchschnittswert war, wie schon beschrieben, natürlich der hohen Säuglings- und Kindersterblichkeit geschuldet – was heißt, dass es sehr wohl auch sehr viel ältere Menschen gab.

Im Jahr 2060 werden wir im Schnitt 100 Jahre alt werden. Die Gründe sind hinlänglich bekannt: der Rückgang der Kindersterblichkeit, das Ausbleiben der Kriege, der medizinische Fortschritt, gute hygienische Verhältnisse, die bessere, vor allem bewusstere Ernährung, der gestiegene Lebensstandard, die längere Selbständigkeit im Alter.

Doch Langlebigkeit und Gesundheit im Alter sind nicht die obersten Ziele der Natur. Altern, Krankheit und Tod sind ein

natürliches Nebenprodukt unseres Körpers, der für die Fortpflanzung und Aufzucht des Nachwuchses optimiert wurde.
Gerontologen wie Dr. Christoph Rott oder Professor Paul Baltes sind sich einig: »Die menschliche Architektur ist auf das
hohe und sehr hohe Alter schlecht vorbereitet.«

Da wir nun alle älter werden, sollten wir in unserem ur-
eigenen Interesse versuchen, dies möglichst gesund zu tun.

### »Warum mache ich weiter? Weil ich mich gut fühle.«
Gespräch mit Dr. Rüdiger Kuntz

Fast 25 Jahre lang war er unser Hausarzt. Als er vor zwei Jahren seine Praxis abgeben musste, gab es für ihn keine Alternative zum Weiterarbeiten. Die Frage war nur, in welcher Form.
Alle seine Patienten, auch ich, haben es sehr bewundert, wie
Dr. Kuntz es geschafft hat, ohne Missstimmung sein Arbeits-
terrain, sein jahrelanges berufliches Zuhause an einen Jüngeren abzugeben. Dass dieser sofort mit Renovierungen und
Veränderungen anfing, ist ganz normal. Dass Dr. Kuntz dies
alles aber auch als »normalen« Vorgang behandelte und seinen jungen Nachfolger als Chef akzeptiert, finde ich beispiel-
gebend.

*Die erste Frage, die ich dir stellen will, ist: Wie alt bist du?*
Ich bin 71, um Gottes willen, nein, ich bin ja 70. Ich hab mich
ja schon ein Jahr älter gemacht. Ich musste mit 68 die Praxis
abgeben.

*Also nicht mit 65?*
Nein, nein, die Kassenzulassung musste man mit 68 abgeben.
Privatpatienten können aber weiter behandelt werden.

*Aber das ist natürlich das Problem, dass keiner eine Praxis übernehmen will ohne Privatpatienten?*

Natürlich, ich kann nicht die Privatpatienten entnehmen und die Praxis in der reduzierten Form weitergeben. Das ist natürlich nicht so einfach.

*Und das hat sich in deinem Fall doch sehr gut gelöst, dass du trotzdem noch weiter arbeitest?*

Ich mach noch einen Teil der Privatpatienten, und ich assistiere und vertrete im Bedarfsfall.

*Wenn das jetzt nicht so gekommen wäre, was hättest du dann gemacht? Hattest du da irgendeine Vorstellung, was du dann gemacht hättest?*

Wenn das so nicht gekommen wäre, hätte ich selbstverständlich eine Privatpraxis aufgemacht in dem Rahmen, der mir gestattet ist. Ich darf natürlich, wenn ich eine Praxis übergeben habe, in einem definierten Umkreis keine neue Praxis aufmachen, weil sonst eine Anzahl der Patienten wieder zu mir abwandern würde. Ich hätte dann eben andernorts in der Gegend, wo ich wohne, mit einer kleinen Privatpraxis weitergemacht.

*Also, für dich wäre es nicht in Frage gekommen, einfach aufzuhören?*

Nein, das hätte ich ganz sicher nicht gemacht

*Und aus welchem Grund?*

Ich finde, es ist für einen selbst nicht gut. Und dann ist es auch so, der Arztberuf ist ein Beruf, bei dem man nie wirklich aufhören kann. Es ist ja nicht irgendeine Tätigkeit, bei der man zum hundertsten Mal die gleiche Tätigkeit durchführen muss.

Warum mache ich weiter? Weil ich mich gut fühle, und solange ich mich so fühle, würde ich den Beruf auch weiter ausüben. Und weil eben der Arztberuf sehr viel beinhaltet, es ist ja nicht nur das Tägliche mit den Patienten, es ist sehr viel Wissenschaft dahinter, sehr viel Geschichte, sehr viel Philosophie auch, also man kann sich da in einem breiten Rahmen beschäftigen, deswegen kann man diesen Beruf nach meinem Dafürhalten so lang, wie es möglich ist, weitermachen, und das sollte man auch. Ja, und wenn man eine Wirkung nach außen erzielen kann und wenn man sich nicht nur mit sich beschäftigt, sondern wirklich noch Dinge tut, die Konsequenzen haben für andere, ich will es nicht zu hochstecken, aber auch anderen helfen kann mit seinem Wissen, dann sollte man nicht aufhören, nicht wahr?

*Du hast mir mal erzählt, dass es manchmal Patienten gibt, die beruflich aufhören und von dem Zeitpunkt an rasend schnell altern …*

Ja, das ist ein sehr, sehr häufiges Phänomen, und ich denke, da müssten die Menschen schon rechtzeitig ein bisschen der Sache entgegenarbeiten. Es gibt natürlich Berufe, bei denen ich wirklich verstehen kann, dass man aufhören muss beziehungsweise aufhört. Ich meine, das sind die körperlich anstrengenden Berufe, aber dazu gehören natürlich auch viele gleichförmige Tätigkeiten mit hohem Anspruch an Aufmerksamkeit und Konzentration. Überspitzt gesagt, wenn jemand eine gleichförmige Tätigkeit am Band macht, wo die Arbeitsabläufe zum Teil derart rationalisiert sind, dass für den einzelnen nur noch ein geringer Spielraum bleibt, dass diese Leute aufhören wollen, sobald sie können, das ist mir auch klar und verständlich. Aber sie müssen natürlich sehen, dass sie sich anderweitig beschäftigen, weil sie sich nicht über ihre Arbeit definieren können.

*Ja eben, man sollte noch andere Interessen haben?*

So ist es, wobei man natürlich sagen muss, es gibt natürlich handwerkliche Berufe, bei denen man sehr gut hinterher noch vieles tun und machen kann. Also, ich will jetzt nicht der Schwarzarbeit das Wort reden (lacht!), aber Menschen, die manuell sehr geschickt sind, die können sich auch hinterher mit Dingen beschäftigen.

Oder man kann sich auch mit sozialen Hilfen beschäftigen. Also, ein persönlicher Freund von mir, der hatte eine Firma, eine Buchdruckerei. Der ging plötzlich wirklich nach Afrika und hat dort Entwicklungshilfe gemacht bei der Einrichtung kleiner Betriebe. Nachdem er sich zur Ruhe gesetzt und seinen Betrieb übergeben hatte. Da gibt es den Entwicklungsdienst, der solche Dinge fördert, wo auch Leute nach der Pensionierung tätig sein können. Teils ehrenamtlich, teils mit einer kleinen Kompensation. Die meisten machen es ja ehrenamtlich.

*Manche sagen, man wird anders behandelt, wenn man auch was dafür kriegt?*

Das ist natürlich die typische Einstellung eines Kaufmanns, der sagt, die Sache ist nur dann etwas wert, wenn sie auch ihren Preis hat. Also, da möchte ich mich nicht zu äußern, ich glaube, das muss nicht unbedingt sein.

*Das eigentliche Problem ist doch, dass wir nun sehr viel älter werden als früher, dass wir mit 65 medizinisch, geistig und körperlich eigentlich noch sehr gut beieinander sind und uns plötzlich zur Ruhe setzen sollen. Man ist noch gut im Saft, und man muss aufhören! Das Problem ist eben, dass das Gesetz gemacht wurde, als man mit 65 wirklich schon alt war.*

Ja, das ist ein unglaublicher Unsinn, dass man Leute permanent in Frührente schickt, wirklich aus Erwägungen, die eigentlich nur mit der Wirtschaft zu tun haben, aber nicht mit der Realität. Also, man glaubt, damit Arbeitsplätze zu schaffen für die Nachkommenden, aber das ist, glaube ich, ein bisschen zu kurz gegriffen. Viele Betriebe gehen jetzt wieder dazu über, wie ich in der Zeitung lese, ältere Arbeitnehmer wieder einzubringen, weil deren Erfahrung ja nun wirklich eine große Bedeutung hat. Eine Gesellschaft muss lernen, mit allen Generationen zu leben, und das sollte eigentlich eine Selbstverständlichkeit sein.

*Wir müssen wohl auch bewusst lernen, dass wir das Alter als einen Teil des Lebens ansehen, genauso wie wir die Jugend als einen Teil des Lebens ansehen. Das Alter ist in unserer Gesellschaft mit einer negativen Färbung behaftet.*

Man muss aber auch sagen, dass leider Gottes sehr viele alte Menschen, die vielleicht gar nicht mal so alt sind, eben durch diese Gesetzgebung des frühzeitigen Aufhörens sehr schnell resignieren. Und *das* ist eigentlich das Problem. Man kann einfach gewisse Ziele, wenn man alt ist, nicht mehr erreichen, das ist natürlich klar. Aber man hat die Möglichkeit, sich zu sagen, in diesem Rahmen bin ich noch imstande, etwas zu tun beziehungsweise etwas zu erreichen, ich habe noch Wünsche, ich habe noch Vorstellungen, aber die können natürlich nicht die gleichen sein, die ein ganz junger Mensch hat.

*Ich glaube, das Problem für die Leute, die einen geregelten Arbeitstag hatten, ist vor allem, sich den Tag selbst einzuteilen, die Kraft aufzubringen, sich selbst zu sagen: So jetzt gehe ich dahin, ich will etwas für mich tun, ich will etwas Neues lernen.*

Ja, das ist schwierig, aber man muss eben lernen, wenn man nicht mehr berufstätig ist, seinen Alltag zu strukturieren.

*Wie ist das bei Ärzten, dürfen die jetzt länger arbeiten, wenn sie wollen?*

Ja, die Sache hat sich geändert, aber in bis jetzt noch überversorgten Gebieten ist es nach wie vor so, dass man die weitere Zulassung verweigert. Also, wenn ich in die neuen Bundesländer gehen würde, hätte ich da kein Problem.

*Meinst du, man sollte in allen Berufen die Möglichkeit haben, weiterzuarbeiten, wenn man will? Wer gerne weiterarbeiten möchte, soll's tun, wer nicht, soll aufhören?*

Ich würde gerne haben, dass die Lebensarbeitszeit verlängert wird. Was ja auch öfter diskutiert wird. Es ist einfach nicht einzusehen, warum man in der heutigen Arbeitswelt stur bei 65 bleibt und eben die meisten ja sogar früher aufhören. Das ist nicht akzeptabel. Da gibt es natürlich bestimmte Berufe, wo das wirklich zwingend notwendig ist, aufzuhören, das erwähnte ich ja schon. Aber viele Leute, die heute körperlich leichte Tätigkeiten verrichten, die können selbstverständlich länger arbeiten und können wirtschaftlich relevante Leistungen erbringen. Darum geht's ja.

*Ja, einerseits sagt man, sie nehmen den Jungen die Arbeit weg, aber andererseits, wenn sie aufhören und nichts mehr tun, besteht doch die Gefahr, dass sie leichter krank werden – wer rastet, der rostet – und so für den Staat auch wieder finanziell zur Belastung werden.*

*Eine andere Frage: Arbeitest du heute weniger?*

Ich arbeite heute weniger und fühle mich ausgefüllt, weil ich jetzt natürlich in meiner freien Zeit Möglichkeiten habe, Dinge zu vertiefen. Man kann Fachzeitungen intensiver lesen, man kann wieder Bücher lesen, die nicht unbedingt auf ein Problem abzielen, das man nun gerade zu bearbeiten hat. Man kann seine Freundschaften besser pflegen, wobei ich gleich einfügen möchte, auch das gehört zu einem erfüllten Leben dazu, dass man seine Freundschaften pflegt. Das ist ja auch ein gewisser Spiegel, da kriegt man ja auch einiges zurück und wird ein bisschen auf dem rechten Weg gehalten.

*Ich bin ja immer der Meinung, dass es keine so gute Lösung ist, dass alte Menschen in einem Pflege- beziehungsweise Seniorenheim nur mit alten Menschen zusammen sind. Frage an dich, denn du erlebst es ja sehr viel in Pflege- beziehungsweise Seniorenheimen: Wäre es nicht besser, wenn Jung und Alt und Alt und Jung zusammen wären?*

Na gut, das wäre natürlich der Idealfall, solche Modelle gibt es ja. Beispielsweise in Italien gibt es Modelle, dass ein Teil der Zimmer in Altenheimen auch von Studenten bewohnt wird und die Jungen dort mit den Alten zusammenleben, und das scheint sehr gut zu laufen und sich gut zu entwickeln.

*Henning Scherf, der ehemalige Bremer Bürgermeister, lebt schon lange in einem Mehrgenerationenhaus. Hast du davon gehört?*

Ich habe davon gehört und es auch im Fernsehen gesehen. Ich meine, das ist natürlich eine gute Sache, wenn da genug eigene Initiative dabei ist. Diesen Leuten fällt es natürlich leichter, weil sie finanziell bessergestellt sind. Aber der weitaus größte Teil der alten Menschen ist ja nicht dazu imstande, und die können auch nicht sagen, wenn wir so weit sind, dann mieten wir uns dieses oder jenes Domizil. Viele haben auch gar nicht die Fähigkeit dazu. Das betrifft wirklich nur eine besondere soziale Schicht, die so etwas ernsthaft in Erwägung ziehen kann. Die Masse wird das nicht können.

*Da gibt es noch ein Problem: Viele sagen, ich will mich damit noch nicht beschäftigen, dafür bin ich noch zu jung, und plötzlich ist es zu spät.*

Ja, das ist zwar verständlich, aber natürlich unrealistisch. In meinem Beruf fällt es einem natürlich leichter, darüber nachzudenken, weil man ja ohnehin mit diesen Dingen konfrontiert ist.

Es gibt da ein schönes Gedicht, ich hab den Wortlaut vergessen, aber der Inhalt ist der: Die Gesellschaft sitzt fröhlich am Tafeln, es klopft an der Tür. Kein Mensch sagt herein, und es klopft immer wieder, und dann irgendwann, als immer noch niemand herein sagt, geht die Tür auf, und das Alter tritt herein. Und alle sagen: dieser Flegel, der hätte sich doch auch vorher ankündigen können.

Das betrifft schon viele Menschen, und es trifft auch die Realität.

*Da kursierte übrigens im Karneval ein Witz, der ein bisschen ähnlich ist: Da klingelte es, und Jopie Heesters geht an die Tür, draußen steht der Tod und sagt mit ernster Miene: Du weißt, warum ich hier bin? Heesters dreht sich um und ruft in die Wohnung: »Simone, da ist jemand für dich!«*

(Dr. Kuntz lacht.)

*Das ist auf jeden Fall die Lebenseinstellung von Jopie!*

*Ja, noch eine ganz andere Frage: Arbeitest du eigentlich am Computer?*

Ja, selbstverständlich, das mussten wir ja auch, den brauchten wir schon seit Jahren in der Praxis, und zu Hause habe ich auch einen. Ich surfe zwar nicht stundenlang im Internet, aber ich arbeite mit dem Computer.

*Übrigens, gestern war eine Sendung im Fernsehen, abenteuer wissen, und da wurde von einer ganz kleinen Qualle berichtet, die sich, wenn sie in schwierigen Lebensumständen ist, wieder zurück zum Embryo entwickelt, dann wieder altert. Diesen Prozess kann sie sogar mehrmals durchleben.*

Also, dem Wahn der ewigen Jugend würde ich nicht anhängen. Ich denke, es ist unser Schicksal, es ist unsere Aufgabe, eine begrenzte Zeit auf der Welt zu leben, und dann kommt die Jugend mit neuen Vorstellungen und neuen Veränderungen. Die Jungen können die notwendigen Entscheidungen treffen und haben vielleicht auch ein besseres Gefühl, was die Zukunft von ihnen eigentlich erwartet.

*Bist du neugierig?*
Wie meinst du das?

*Ich meine damit: sich die Neugierde aufs Leben zu erhalten. Also, dass man zum Beispiel nicht sagt, ach, das hab ich alles schon erlebt ...*
Ja, in diesem Sinne bin ich sehr wohl neugierig. Einen gewissen Wissensdurst zu erfahren, wie andere Menschen leben, wie Verhältnisse woanders sind, oder hinter die Kulissen zu gucken, das habe ich schon. Auch deshalb machen wir hin und wieder Reisen in weniger bekannte Länder. Dieses Jahr fahren wir nach Armenien. Ich gehöre aber nicht zu denen, die ständig auf der Flucht vor sich selbst sind und habe auch nicht das Gefühl, Versäumtes nachholen zu müssen.

*Noch eine Frage zum Schluss, du sagst, du bist 70, wie alt fühlst du dich?*
Also, (Kuntz lacht) es ist unverschämt zu sagen, ich fühle mich mindestens, *mindestens* zehn Jahre jünger!

## Der Tag, als Michael Jackson starb

Was hat Michael Jackson in einem Buch über das Altern zu suchen?

Eigentlich nichts – und vielleicht doch. Denn seit seinem – zumindest für die Weltöffentlichkeit – plötzlichen und unerwarteten Tod geht mir immer wieder eine Frage durch den Kopf: Kann man sich Michael Jackson als alten Menschen vorstellen?

Seit diesem Tag, als sich die Nachricht, der »King of Pop« sei gestorben, wie ein Lauffeuer über die Kontinente verbreitete, denke ich über diesen Mann nach, der nicht erwachsen werden wollte, der offenbar regelrecht Angst davor hatte. Ich habe eine BBC-Dokumentation gesehen. Da wurde Jackson nach seinem Anwesen Neverland gefragt und dass das doch alles sehr an die weltberühmte Kindergeschichte *Peter Pan* erinnerte. Die Phantasiegeschichte über den Jungen Peter Pan, der im Traumland Nimmerland lebt und der für immer und ewig nur spielen und keinesfalls erwachsen werden will.

»Natürlich«, antwortete Michael Jackson in dem Interview, »ich bin Peter Pan.«

Der Reporter widersprach: »Aber Sie sind doch Michael Jackson!«

Und er: »Ja. Aber im Herzen bin ich Peter Pan.«

Was er hier meinte, ist sicherlich viel existentieller als das, was wir so gerne »das Kind im Mann« nennen. Für mein Empfinden wollte sich hier ein Mensch mit aller Macht und Kraft gegen den Lauf des Lebens stemmen. Wollte sich etwas holen, was er vielleicht nie hatte, nämlich eine Kindheit. Und etwas nicht zulassen, wovor er sich vermutlich fürchtete – älter zu werden, erwachsen zu sein, vielleicht alt zu sein. Grotesk wird der eine oder andere das finden. Ich finde es tragisch, weil es so vergeblich ist, das Leben aufzuhalten oder anzuhalten.

Das Leben bahnt sich seinen Weg, und wir tun gut daran, das zuzulassen und anzunehmen. Das *ganze* Leben. Nicht nur Teile davon, nicht nur die Jugend. Auch und gerade das Alter. Bei uns selbst und bei anderen. Oft offenbaren sich in unserem Umgang mit den Alten – in unserer ablehnenden Haltung alten Menschen gegenüber, in unserer Ungeduld und Respektlosigkeit – unsere eigenen Ängste vor dem Alter. Und wir neigen dazu, es einfach auszublenden, abzukoppeln von unserem »eigentlichen« Leben. Und weil das so gut funktioniert, machen wir es mit den Alten genauso: ausblenden, abkoppeln.

Natürlich hoffe ich, dass mir jetzt sehr viele Leute widersprechen. Und sie hätten gar nicht so unrecht! Denn in der Tat beginnen wir langsam, ganz langsam unseren Blick zu weiten. Wir merken, dass der Jugendwahn uns an der Nase herumgeführt hat. Vielleicht liegt es ja daran, dass diejenigen, die ihn so lautstark propagierten, nun selbst älter geworden sind und feststellen, dass die Schreckensszenarien, die sie entworfen haben, gar nicht eintreten. Die Geister, die sie riefen, sind gar nicht erst erschienen.

## Von fehlenden Worten und falschen Bildern

Mit der Sprache fängt es schon an. Arglos schlage ich in einem Synonymwörterbuch nach. Ich suche sinnverwandte Ausdrücke für das Wort altern. Ich finde: erlöschen, austönen, verdämmern, vergehen, ergrauen, reifen, schrumpfen, verfallen, vergreisen, verkalken, verknöchern, welken, nachlassen. Und als Gegenbegriff: heranwachsen. Ich bin entsetzt.

Ich habe das Gefühl, als müsste ich gegen unsere eigene Sprache anschreiben. Wie kann man ein Buch über das Thema Altern schreiben, das Mut machen soll, Anreize bieten, neue oder andere Denkansätze sowie eine positive Einstellung vermitteln will – wie soll das gehen, wenn einem buchstäblich die Worte fehlen?

Der 2006 leider verstorbene renommierte Berliner Altersforscher Professor Paul Baltes zitierte in einem Vortrag, den er am Züricher Schauspielhaus hielt, aus dem *ZEIT*-Lexikon[15] die Definition von Altern. Sie lautet: »Ein komplexer … Prozess, der charakterisiert ist durch irreversible Veränderungen im Bereich der Lebensfunktionen … (und) die Abnahme der Leistungsfähigkeit aller Organe einschließt.«

Ich hatte nie das Glück, Professor Baltes zu begegnen, aber ich schätze, dass er ein sehr höflicher Mann gewesen sein muss, denn er nannte diese Definition sehr milde »unzeitgemäß«, so »pessimistisch biologisierend« sei die Definition vor 100 Jahren gewesen. Ich bin weniger höflich und nenne sie ignorant, einseitig und – Verzeihung – dumm.

Der Vortrag von Professor Baltes hatte den Titel »Die Zukunft ist Alter«, scheinbar ein Gegensatz, wie er gleich zu Beginn einräumte. Aber eben nur scheinbar. Denn unser aller Zukunft ist das Alter. Jeder einzelne von uns wird früher oder später alt sein, jedenfalls wünsche ich es allen von Herzen. Und dass unsere Gesellschaft als solche altert und das auch in Zukunft tun wird, ist mittlerweile ja weitestgehend bekannt.

Und was tun wir? Wir verdrängen. Wir stigmatisieren. Wir diskriminieren. Wir grenzen einen Teil unserer Gesellschaft einfach aus. Wir halten an Stereotypen fest, die in unser kollektives Bewusstsein eingebrannt zu sein scheinen. Und wir verstellen und verbauen uns selbst einen ganzen Abschnitt unseres Lebens. Wieso tun wir das?

Im Frühjahr 2009 war ich bei einer Veranstaltung der Arbeitsgemeinschaft Sozialer Dienste im Landratsamt Starnberg. An der Podiumsdiskussion nahmen Elisabeth Scharfenberg, MdB, politische Sprecherin der Grünen, Pflegekräfte und alte Menschen teil, die in Pflege- oder Altenheimen wohnen. Auf dem Podium saß auch eine kleine, sehr agile, weißhaarige Dame, Hildegard Lenz, 94, die so wunderbare Sätze in den Raum stellte wie: »Der Geist wird trockener, der Geist muss gepflegt werden, nicht nur der Körper – die Menschen müssen selber etwas für sich tun – Ich will haben, dass es mir gutgeht, diese Lebenseinstellung sollte man haben – Hilfe sollte man nicht immer nur von außen erwarten, man soll sich selber helfen – Krankheit ist die Abwesenheit von Gesundheit …«

Im Zuschauerraum wie auf dem Podium waren alle entzückt und begeistert von dieser feinen, alten Dame und der Schnelligkeit ihrer Gedanken. Frau Lenz war zweifellos an diesem Nachmittag der Star. Schließlich stellte sie aber die These auf (und wagte sogar, sie laut auszusprechen), sie habe sich vorgenommen, nicht dement zu werden.

Oh, das hätte sie nicht sagen dürfen! Ein ärgerliches Raunen ging durchs Publikum. Eine Pflegeleiterin meldete sich erbost zu Wort, das sei ja völliger Unsinn, so liebenswert Frau Lenz auch sei, aber da habe sie wohl überhaupt keine Ahnung!

In diesem Moment hatte ich den Eindruck, dass diese Veranstaltung, die eigentlich wohlwollend mit dem Thema Alter umgehen wollte, ein Irrtum war. Die Meinung des Publikums könnte ich vielleicht noch entschuldigen, aber die Empörung, die da plötzlich zu spüren war, war erschreckend. In den Köpfen der Menschen scheint verankert zu sein: Alter heißt unabänderlich Demenz!

Von einem verblüffend ähnlichen Erlebnis schreibt Betty Friedan in ihrem Buch *Mythos Alter*[16]: »... als Robert Butler mich einlud, im Sommer 1983 als Referentin am Salzburg-Seminar über Gesundheit, Produktivität und Alter teilzunehmen, war ich selbst kurz davor, mich vom Altersmythos erschlagen zu lassen (...) Doch mir war dabei klargeworden, dass gerade die Sicht des Alters als ›Problem‹ oder als ›Zustand der Pflegebedürftigkeit‹ entscheidend zum Mythos vom unausweichlichen Verfall beiträgt (...) doch die Experten und Organisatoren, die sich aus einem Dutzend Länder zu diesem Seminar zusammengefunden hatten, wollten ältere Menschen nicht in Kategorien wie ›Arbeit‹ oder ›Produktivität‹ betrachten. (...) Die Experten bestanden darauf, über Heimunterbringung und Pflege zu diskutieren. (...) Natürlich waren die meisten dieser Experten selbst noch ›jung‹ – in den Dreißigern und Vierzigern. Da ihre Karriere auf der Betreuungs- und Pflegebedürftigkeit älterer Menschen gründete, sträubten sie sich vielleicht deshalb dagegen, das Alter aus einer anderen Perspektive zu sehen ...«

Als die amerikanische Autorin, Psychologin und Sozialwissenschaftlerin Betty Friedan ihr Buch 1993 in den USA veröffentlichte, lagen zehn Jahre Arbeit hinter ihr. Zehn Jahre intensiver Beschäftigung mit einem komplexen Thema.

Gleich im Vorwort gesteht sie ein: »Meine eigene Altersangst und der Impuls, alles zu verdrängen, steigerten sich anfangs durch die Beschäftigung mit der gerontologischen Forschung ...« Doch je mehr sie erfuhr und je mehr sie verstand, umso mehr wich die Angst einer staunenden Begeisterung darüber, dass sie in vielen Studien »Hinweise auf eine neue Wahrheit entdeckte, die der Definition vom Alter als Verfall und als Verlust der Jugend widersprachen«. Nur dass die Verfasser dieser Studien diese Hinweise schlicht übersahen, weil sie nicht ins Bild passten.

Nun sind seit dem Erscheinen von Betty Friedans Buch gut 16 Jahre vergangen, und ich kann sagen: Meine persönliche Erfahrung mit Gerontologen ist eine andere. Ich hatte das wirklich große Vergnügen, in Heidelberg Dr. Christoph Rott vom dortigen Institut für Gerontologie kennenzulernen und seine junge Kollegin Dr. Daniela Jopp. Auch sie war zunächst am Heidelberger Institut tätig, ist inzwischen jedoch als Assistant Professor an der Fordham University in New York tätig. Wir führten lange intensive, interessante und aufschlussreiche Gespräche, die später in diesem Buch ausführlich wiedergegeben werden. Diese beiden – ich denke und hoffe nicht, dass sie Ausnahmen sind – setzen sich wirklich mit ihrem gesamten Wissen, ihrer Kraft und viel Zeit dafür ein, unser aller »kollektives Altersbild« auf den Stand der heutigen Lebenswirklichkeit zu bringen.

»Für die gute Ausbildung von Gerontologen wird in Deutschland viel getan«, lobt Dr. Daniela Jopp, »aber danach gibt es tatsächlich wenige Möglichkeiten, eine Stelle zu finden.« Und so ist nicht nur Dr. Jopp ins Ausland gegangen, sondern auch viele ihrer damaligen Studienkollegen, die jetzt in den USA oder in Australien ihr Wissen weitergeben. Würde mich jemand fragen: Ich würde eine Armada von guten Gerontologen »ausschwärmen« lassen, damit sie möglichst viele Menschen mit ihren guten Nachrichten erreichen.

Doch bevor jetzt von positiven und negativen Altersbildern die Rede sein soll, hier erst einmal eine ganz offizielle Definition dessen, was ein Altersbild überhaupt ist, entnommen dem »Dritten Bericht zur Lage der älteren Generation in der Bundesrepublik Deutschland«[17]:

»Unter Altersbildern versteht die Kommission allgemeinere Vorstellungen über das Alter, über die im Alternsprozess zu erwartenden Veränderungen und über die für ältere Menschen mutmaßlich charakteristischen Eigenschaften. Altersbilder umfassen Ansichten von Gesundheit und Krankheit im Alter, Vorstellungen über Autonomie und Abhängigkeiten, Kompetenzen und Defizite, über Freiräume, Gelassenheit und Weisheit, aber auch Befürchtungen über materielle Einbußen und Gedanken über Sterben und Tod. Nicht zuletzt enthalten sie auch normative Vorstellungen über Rechte und Pflichten alter Menschen. Altersbilder umfassen demnach nicht allein beschreibende und erklärende Aussagen über das Alter(n), sondern enthalten auch wertende und normative Elemente.«

Ich glaube, jeder, der das gelesen hat, merkt sofort, dass diese Definition nicht dazu angetan ist, ein irgendwie geartetes Echo bei den Menschen zu erzeugen, um die es geht. Junge, Alte und alles, was dazwischen liegt.

Ich versuche es einmal anders. Eine Situation, die jeder von uns schon erlebt hat. Sie treffen auf der Straße einen alten Bekannten, den Sie viele Jahre nicht gesehen haben. Freundliche Begrüßung.

»Mensch, du hast dich überhaupt nicht verändert.«

Doch hinter Ihrer Stirn tänzeln andere Worte: »Der ist aber alt geworden.«

Seien Sie versichert, Ihr Bekannter denkt dasselbe. Aber keiner von Ihnen beiden spricht es aus, denn man will den anderen ja nicht beleidigen oder verletzen. Jemandem also ins Gesicht zu sagen, dass er nicht mehr jung aussieht, ist eine Beleidigung. Dann lieber lügen.

Das ist in unserem kollektiven Bewusstsein so verankert. Jung ist gut. Alt ist schlecht.

Das spiegelt sich auch in einem Satz wider, den wir so häufig benutzen und bei dem wir wahrscheinlich nur ganz selten überlegen, wie sehr er Ausdruck für unser eigenes Altersbild ist: Die/der sieht aber noch gut aus – Pause – für ihr/sein Alter.

Das gilt auch für eine Reihe weiterer Eigenschaften, die wir mit Vorliebe dem Alter zuschreiben. Demnach sind alte Menschen meist langsam und gebrechlich, unflexibel, misstrauisch und vergesslich.

Altersbilder speisen sich aus dem, was wir täglich wahrnehmen, aus unseren Erfahrungen, aus dem, was wir schon als Kinder gelernt haben, aus persönlichen Begegnungen mit alten Menschen, aus deren Selbstdarstellung, aus Vorurteilen und vorgefassten Meinungen. Dies alles, gepaart mit der eigenen Situation, lässt in unseren Köpfen Bilder entstehen, nach denen wir uns die Welt einteilen. Wir erschaffen uns Kategorien, damit wir alles zuordnen können. Jung und alt sind solche Kategorien – mit den entsprechenden Vorstellungen und Stereotypen, die wir ihnen zuschreiben. Diese Vorstellungen sind meist festgefügt, schwer zu durchbrechen und ausgesprochen langlebig. Und was das Alter angeht, kann man sagen, sind sie überwiegend negativ. Sie beschreiben den alten Menschen, wie er von seiner Umwelt gesehen und dargestellt wird. Sehr oft ist dieses Fremdbild ein Defizitbild.

Doch dieses eintönige Altersbild bekommt allmählich den einen oder anderen Farbtupfer. Die sogenannten neuen Alten treten in Erscheinung. Sie gelten als aktiv und interessiert, kaufkräftig und reiselustig. Der Haken an der Sache ist, dass sie altersmäßig zwischen 55 und 70 eingeordnet werden. Schon allein dass auf Menschen von Mitte 50 ein Altersbild angewendet wird, finde ich fragwürdig und führe das einzig und allein auf die viel zu frühe Verrentung zurück. Hat man dann den 70. Geburtstag hinter sich, landet man schneller als man denkt in der Defizitschublade.

Ich halte das für einen Ausdruck der Hilflosigkeit. Wir wissen nicht, wie wir damit umgehen sollen, dass wir bei guter Gesundheit (physisch und psychisch) zunehmend länger leben. Um also im Bild zu bleiben: Wir brauchen Vorbilder für neue Altersbilder.

Neben dem Fremdbild gibt es das Selbstbild der alten Menschen. Die Altersforscherin Ursula Lehr nennt es das »personale Altersbild«. Es bezeichnet die Art und Weise, wie alte Menschen sich selbst sehen, und hängt eng mit dem Altersbild der Gesellschaft zusammen. Die Wechselwirkungen sind bemerkenswert.

Die meisten Menschen behaupten von sich, sie würden sich bedeutend jünger fühlen, als sie tatsächlich sind. Hubertus Meyer-Burckhardt, Moderator der *NDR-Talkshow*, sagte in einer Sendung: »Das kalendarische Alter ist vom gefühlten Alter entkoppelt.«

Das ist übrigens ein Phänomen, dem ich laufend begegne. Keiner der Menschen, die ich für dieses Buch interviewt habe, und auch niemand in meinem Bekanntenkreis fühlt sich seinem wirklichen Alter entsprechend. Befragungen haben ergeben, dass nur sechs Prozent der 60- bis 65-Jährigen sich alt fühlen und nur 23 Prozent der 70- bis 75-Jährigen.

Ich kann Ihnen sagen: Ich kenne diese Menschen natürlich nicht, aber ich bin stolz auf sie, weil sie sich so wenig davon beeindrucken lassen, wie ihre Umwelt sie einschätzt.

Es stünde uns allen gut zu Gesicht, immer mal wieder unsere Altersbilder zu überprüfen, sie an der Wirklichkeit zu messen und sie – bei Bedarf »in die Tonne zu treten«. Je früher wir damit anfangen, umso eher werden wir unser eigenes Altsein ohne gesellschaftliche Vorurteile und veraltete Stereotypen leben können.

## »Man muss positiv sein«

Gespräch mit Dr. Günther Reiß, 69, ehemaliger Richter am Amtsgericht Starnberg, zuvor Staatsanwalt

Als ich Dr. Reiß anrief, um ihn um ein Gespräch zu bitten über das Thema »aktiv im Alter«, war seine erste Antwort: »Ich weiß gar nicht, ob ich in Ihre Zielgruppe passe, die Sie interviewen möchten. Ich bin doch erst 69!«

Als ich dann zum Termin fahre, steht da ein wirklich sehr jung wirkender Mann und erwartet mich schon auf der Straße. Er nimmt mir meine Tonanlage ab und führt mich in eine helle, gemütliche Villa. Dr. Reiß hatte entschieden, das Interview bei ihm zu Hause zu machen, denn er meinte, ich würde ihn in seiner Umgebung besser kennenlernen als in irgendeinem Café.

Wir setzen uns an einen massiven Holztisch und beginnen sofort mit dem Gespräch. Dr. Reiß wirkt sehr sportlich, dabei bescheiden und fast zurückhaltend, und je mehr er von seinen Aktivitäten spricht, desto offener und lebendiger wird er.

*Bis wann haben Sie als Richter am Amtsgericht Starnberg gearbeitet?*
Bis zum Jahr 2004. Da war ich 65. Und kraft Gesetzes muss man dann aufhören.

*Haben Sie gerne aufgehört?*
Nein, nein. Ich habe versucht, das zu verlängern, weil ich mich noch frisch gefühlt habe. Aber das geht nicht. Die Dienstzeit endet mit Ablauf des Monats, in dem man 65 wird.

*Und da gibt es keine Ausnahmen?*
Keine Ausnahmen, nein.

*Sind Sie seit dem Zeitpunkt, an dem Sie aufhören mussten, aktiv? Was machen Sie?*

Eigentlich sollte ich bei einer großen Kanzlei in München mitarbeiten. Aber das hat mir nicht zugesagt. Wenn man so lange Zeit Richter war, dann kann man nicht …

*… Befehlsempfänger werden?*

Ja, genau. Wenn man so lange Zeit selbst entscheiden konnte, und dann soll man nur noch Zuträger sein. Das hat sich dann zerschlagen.

*Haben Sie noch während Ihrer Zeit als aktiver Richter darüber nachgedacht, was Sie machen könnten, wenn Sie aufhören müssen?*

Ich habe relativ viele Hobbys. Deshalb musste ich mir nicht so viele Gedanken machen. Ich habe zeit meines Lebens Sport getrieben, wettkampfmäßig. Einige Jahre sogar leistungsmäßig. Ich lese viel, höre Musik. Und ich reise viel. Fotografiere und filme gerne.

*Aber einen Beruf nach dem Beruf auszuüben, das hatten Sie nicht vor?*

Ach so, das entwickelt sich jetzt. Ich habe zwei Bücher geschrieben und versuche, Schriftsteller zu werden.

*Der Punkt, der mich immer interessiert: In dem Moment, wo der Beruf aufhört, bis zu dem Punkt, wo man wieder etwas Neues gefunden hat: Fällt man da in ein Loch, oder?*

Das war bei mir nicht der Fall. Ich habe erst mal drei Wochen Urlaub mit meiner Frau und meinem Sohn gemacht. Anschließend kam dann die Geschichte mit der Anwaltskanzlei – was sich ja zerschlagen hatte. Im Dezember dann – im Juni hatte ich aufgehört – hatte ich einen schweren Skiunfall, der tödlich hätte enden können.

*Ich denke, wenn man aufhört, spürt man eine gewisse Leere.*
Es war eine gewisse Leere insoweit, weil ich mir sagte, du solltest noch etwas Sinnvolles machen. Und mit dem Schreiben hatte ich das gefunden. Und seit vier Jahren mache ich das jetzt. Mit dem ersten Buch hatte ich mich an einem Autorenwettbewerb beteiligt und bin jetzt unter den letzten sechs. Also in der Endausscheidung.

*Und was ist das für eine Geschichte, wenn ich fragen darf?*
Es geht um den Mord an einem Richter am Starnberger See. Und um den letzten Fall eines Kommissars, der dann aufhört. Die Auseinandersetzung um Gerechtigkeit. Und natürlich auch die Aufklärung.

*Hat sich denn Ihr Leben zu Hause geändert? Mir hat ein anderer Befragter erzählt, dass das so schwierig wurde, denn plötzlich saß er eben zu Hause, und seine Frau war das nicht gewohnt ...*
... nein, nein. Das war problemlos. Meine Frau ist Zahnärztin und arbeitet nach wie vor. Wir frühstücken zusammen und sehen uns wieder beim Abendessen. Das war im Prinzip wie vorher.

*Finden Sie es denn richtig, dass man mit 65 aufhören muss als Richter?*
Ich finde es nicht richtig, denn die Erfahrung hat gezeigt, dass ich eigentlich in dem Alter noch so fit war, dass ich mehr leisten konnte als die Jüngeren. Ich konnte also mehr Urteile machen als jüngere Kollegen.

*Und man hat eben auch mehr Erfahrung.*
Ja, klar.

*Henning Scherf schreibt in seinem Buch: Man hat noch die glei-*
*chen Kräfte, man ist erfahren und wird mit dem Renteneintritt*
*in ein Nichts gestoßen.*
Richtig. Viel Erfahrung wird einfach weggeworfen.

*Glauben Sie, dass sich das in der nächsten Zeit mal ändern wird?*
Na ja, die Anhebung des Rentenalters auf 67 gilt auch für die
Richter. So wie für die Beamten.

*Also, sind Sie für die Rente mit 67 oder noch später?*
Da bin ich der Meinung, muss man sehr differenzieren. Leute,
die auf dem Bau arbeiten, zum Beispiel, die können das nicht
mehr. Die sind mit 60 kaputt.

*Aber gerade diesen Menschen muss man irgendwie eine neue Per-*
*spektive geben. Denen muss man eigentlich sagen: Ihr müsst*
*euch überlegen, was könnt ihr noch, für was interessiert ihr*
*euch, was macht ihr, wenn der Beruf mit 60 vorbei ist oder noch*
*früher. Und damit meine ich nicht nur, Ferien machen.*
Ja, ja. Man kann nicht dauernd Ferien machen. Das wird
auch langweilig. Bisher gab es eben diese krasse Unterschei-
dung: Arbeitszeit – Rentenzeit. Und dann muss sich alles abrupt ändern.

*Es zeigt sich ja deutlich, dass Nichtstun nicht gut ist. »Die Seele*
*baumeln lassen«, wie man so schön sagt, im Urlaub einfach nur*
*am Strand liegen – da hat man festgestellt, dass sich schon nach*
*einigen Tagen die Gehirnzellen abbauen. Sie regenerieren dann*
*auch wieder, aber der Abbau setzt schnell ein.*
Das ist wie bei den Muskeln. Wenn man sie nicht bewegt,
werden sie abgebaut.

*Und ich befürchte, dass es in den Seniorenheimen eben auch*
*dazu führt. Weil die Menschen nicht wirklich angemessen gefor-*

dert und angeregt werden. Oft denke ich, dass die Älteren früher in den Großfamilien besser aufgehoben waren, weil sie Aufgaben hatten und gebraucht wurden.

Früher gab es keine Altersheime, da lebte man zusammen, ob man wollte oder nicht.

*Ja, aber die Generationen haben voneinander gelernt und sich gegenseitig geholfen. Und heute? Ältere und alte Menschen, die noch arbeiten, werden nicht etwa bestärkt und unterstützt, sondern angegriffen. Ich spreche jetzt gar nicht von meinem Mann, sondern beispielsweise von einem Arzt, bei dem ich war. Er ist 80 und arbeitet noch. Aber er erzählte mir, dass seine Kollegen ihm vorwerfen, er könne nicht loslassen, und dauernd müsse er sich dafür rechtfertigen, dass er einfach gerne noch arbeitet.*

*Eine ganz andere Frage: Ist es für Sie vorstellbar, irgendwann in ein Seniorenheim zu gehen?*

Nein, momentan nicht. Meine Mutter hat immer zu uns drei Buben gesagt: Wenn einer davon spricht, dass ich ins Altersheim muss, den enterb ich. Und als es ihr mal nicht gutging, hat mein Bruder davon gesprochen, dass wir sie ins Altersheim bringen. Da habe ich gesagt: Nein, das kommt nicht in Betracht. Sie wohnt in ihrem Haus, sie kommt gut zurecht, und solange das geht, bleibt sie drin. Und wenn es gar nicht mehr geht, dann holen wir jemand, der sie pflegt und erst … Da will ich gar nicht dran denken. Und sie hat auch niemand gebraucht, sondern ist dann plötzlich gestorben. So hat sie noch zehn schöne Jahre gehabt. Im Altersheim wäre sie eingegangen.

*Also, Sie wirken so, als seien Sie eigentlich glücklich. Nicht unzufrieden, seit Sie nicht mehr arbeiten. Neue Ziele? Wenn Sie dieses Buch fertig haben, gibt es da schon andere Pläne?*

Also, wenn ich einen Verlag finde, schreibe ich weiter. Und es schaut nicht schlecht aus. Aber ich war ein bisschen zu naiv anfangs. Ich dachte, ich habe ein gutes Thema und man wird mir schon ein bisschen helfen. Aber mit helfen ist da nichts. Und wenn man neu ist … Manchmal habe ich das Gefühl, da kommt das Thema wieder: Wenn ich mein Alter erwähne, heißt es schon »Oh …« Man bekommt das Gefühl vermittelt, keine Zukunft mehr zu haben. Obwohl das keiner so sagt. Da habe ich das Gefühl der Benachteiligung.

*Haben Sie eigentlich Ihre Bücher am Computer geschrieben?*
Das konnte ich damals noch nicht. Ich habe sie mit der Hand geschrieben und dann abschreiben lassen. Aber jetzt kann ich auch den Computer benutzen.

*Haben Sie das erst nach dem Beruf gelernt?*
Ja. Und vor einigen Wochen war ich das erste Mal im Internet. Was in unserer Gesellschaft fehlt, ist die Anerkennung der relativen Leistung. Man kann im Alter nicht mehr die Leistung bringen wie ein ganz junger Mensch, aber die relative Leistung ist oft weit besser als die absolute. Das kann ich auch im Sport beobachten. Ich mache seit 60 Jahren Sport. Früher war ein Mensch, der mit 40 Sport gemacht hat, uralt. Und heute, wenn man sieht, wie 40-, 50-, 60-Jährige Tennis spielen – das ist eine unvergleichbare Entwicklung, die da im Seniorensport eingetreten ist.

*Auch da muss sich aber noch etwas ändern. Als 50-Jähriger wird man als Senior bezeichnet?*
Ja, die werberelevante Gruppe geht ja auch nur bis 50. Dabei sind es doch grade die über 50-Jährigen, die Geld haben und es ausgeben könnten. Obwohl einige auch sparen – für die Kinder. Fälschlicherweise, finde ich. Seinen Kindern schuldet man eine gute Ausbildung und sonst nichts. In der Zei-

tung habe ich vor kurzem etwas Interessantes gelesen: Das Geld, das man hat, soll man im letzten Viertel seines Lebens ausgeben. Das ist für mich einleuchtend, denn aufgrund der nachlassenden Kräfte hat man nicht mehr so die Möglichkeiten, etwas zu gestalten. Wenn man aber das Geld dann einsetzt, kann man vieles kompensieren.

*Abschließend: Gibt es etwas, was Sie sozusagen als des »Pudels Kern« bezeichnen würden?*
Ja. Man muss positiv sein. Und nicht sagen: Dafür bin ich zu alt. Was ich von meiner Mutter gelernt habe, ist der Wille zu leben. Sie war 94, als sie starb. Aber sie wollte eigentlich immer nur eins: 100 werden.

## Schönheit des Alters – Betrachtungsweisen

Kann man mental die eigene, instinktive Einstellung zum Alter verändern? Können wir nicht endlich Abschied nehmen von diesem Negativbild »Alter ist ein Makel«?

In ihrem kleinen, wunderbaren, feinen Buch *Älter werden* schreibt Silvia Bovenschen: »›Es ist irgendwie nicht in Ordnung, dass eine so alte Frau Turnen lehrt.‹ Das sagte ich im Alter von, na sagen wir, zwölf Jahren zu einer Klassenkameradin. Die Äußerung zielte auf eine sanfte, sehr fromme Lehrerin … Sie war mir nicht unsympathisch, und ich sagte das ohne Bosheit, mit der Kälte der Jugend. Eine Tatsachenfeststellung eben.«[18]

Ich selbst hatte von klein auf nie einen Unterschied gemacht zwischen jung und alt. Wenn Klassenkameraden fragten: »Wie alt sind deine Eltern?«, antwortete ich: »Das weiß ich nicht!«

Meine Mutter war neun Jahre älter als mein Vater, und ich fand das überhaupt nicht wichtig – meine Mutter schämte sich zeitlebens dafür, obgleich sie mir beibrachte, anders, vernünftiger zu denken. Meine Eltern waren in ihrer Lebenseinstellung modern und fortschrittlich. Sie haben mich schon zu einer Zeit antiautoritär erzogen, als es diesen Begriff noch gar nicht gab. Man hatte mir beigebracht, keine Unterschiede zu machen zwischen Schwarz und Weiß, Arm und Reich, Alt und Jung. Auf die Art, wie man sich gibt, was man aus seinem Leben macht, darauf komme es an.

Das Alter gehört zum Leben ebenso wie die Jugend.

Natürlich ist es nicht einfach zu begreifen, dass man »plötzlich« zu den Älteren gehört, wenn zum Beispiel die ersten Haare grau werden oder gar ausfallen, in der S-Bahn ein junger Mensch höflich aufsteht, um einem seinen Platz anzubieten, oder wenn man beim Ticketkauf gefragt wird, ob man schon Rentner/in sei.

Die anderen scheinen alt geworden zu sein – selbst fühlt man sich doch noch nicht alt! Man hält sich sogar noch für jung in einem Alter, das man früher als schon »sehr alt« empfunden hat, als man selbst tatsächlich noch sehr jung war.

Das Alter gehört zum Leben, nicht zum Tod.


## Endlich gut altern

Sicher muss man sich der Endlichkeit seines eigenen Lebens bewusst sein, sich von Zeit zu Zeit die Frage stellen, ob man sich bemüht hat, den Weg gerade zu gehen. Aber müssen wir ständig daran denken und erinnert werden, wie endlich der Weg ist und wie viel Zeit wir noch vor uns haben, wie viel Zeit uns noch bleibt?

Wenn wir uns immer wieder nur vor Augen halten und uns sagen: Altsein bedeutet: Ich habe keine Zukunft mehr. Ich habe bloß noch kurze, begrenzte Lebenszeit. Vor mir liegen Krankheit, Altersarmut, geistiger und körperlicher Abbau. Lähmen wir uns damit nicht selbst? Nehmen wir uns nicht unsere Lebenslust und die Kraft, neue Pläne zu machen, neue Aufgaben zu übernehmen und das Leben aktiv zu gestalten?

Sicher, das Älterwerden hat mit Verlust und Verzicht zu tun. Aber es kommt ja nicht von heute auf morgen. Man wird nicht überrascht. Man wacht nicht auf und ist plötzlich über Nacht alt geworden. Wenn man bewusst älter wird, kann man lernen, damit umzugehen. Man kann lernen, dass man in seinem Umfeld, aber auch in Bezug auf sich selbst mit Einschränkungen leben muss. Und man kann lernen, dass das auch möglich ist.

Älterwerden hat, wenn man nicht eine schwerwiegende Krankheit bekommt, natürlich mit Einschränkungen zu tun. Die Gelenke werden steifer, die Augen und die Ohren schwächer, die Haut wird runzlig und schlaff, die Haare werden grau, oder sie fallen ganz aus, kurz: Der gesamte Körper verliert an Spannkraft. Das sind Einschränkungen – aber keine Krankheiten.

Ich würde mir wünschen, dass sich unsere Betrachtungsweise ändert. Ein alter Mensch ist schön – wir müssen nur endlich lernen, es zu sehen! Für mich als Fotografin ist das immer wieder aufregend! Ein altes Gesicht erzählt Geschichten, es hat Charakter, zeigt Spuren eines gelebten Lebens.

Da gibt es unzählige Beispiele: die Maler Pablo Picasso und Georges Braque gehören dazu. Und ich finde, selbst Prinz Charles sieht heute besser aus als früher. Barbara Rütting, Yves Montand, Hildegard Hamm-Brücher; die leider viel zu früh verstorbene Monica Bleibtreu, Sean Connery, Clint Eastwood, Juliette Greco, das Ehepaar Helmut und Loki Schmidt, Hardy Krüger, Blacky Fuchsberger, Ingrid van Bergen, Peter Scholl-Latour, Rosemarie Fendel, Gottfried John, Inge Keller, Vicco von Bülow, Mario Adorf, Maximilian Schell ... Ich könnte diese Aufzählung noch fortsetzen, dann würde eine Tatsache noch deutlicher hervorstechen, als sie es ohnehin schon tut: Trotz intensiven Nachdenkens fallen mir mehr Männer ein als Frauen. Geht es Ihnen auch so?

Warum ist das so? Vielleicht weil Frauen – besonders wenn sie im Mittelpunkt des öffentlichen Interesses stehen –, die äußerliche Anzeichen des Alterns zeigen, dem Blick der Öffentlichkeit entzogen werden, im wahrsten Sinne des Wortes von der Bildfläche verschwinden? Das ist eine Möglichkeit. Eine andere wäre: Sie entziehen sich selbst dem Blick der Öffentlichkeit – man denke an die berühmtesten Beispiele Marlene Dietrich und Greta Garbo.

Man sagt viel eher, der alte Mann hat einen schönen, ausdrucksstarken Kopf. Das Bild des schönen, alten Mannes ist geläufig, das der schönen, alten Frau gehört noch nicht zu unserem Schönheitsbegriff.

Oder geben Frauen vielleicht dem Druck schneller nach und laufen zum Schönheitschirurgen? Obwohl die mittlerweile auch von Männern frequentiert werden.

Jeder entscheidet selbst, was er tut. Ich persönlich finde: Es ist nicht nötig, sich operativ wieder jugendlich »schneidern« zu lassen. Ich bin nicht gegen kleine Korrekturen, die das Selbstwertgefühl einer Frau, eines Mannes wieder beruhigen und sie sich wieder gefallen. Aber ein junges, gestrafftes Gesicht auf einem alten Körper sieht schrecklich aus, so als ob es da nicht hingehört.

Wir stilisieren die Jugend zum Maß aller Dinge. Immer noch und immer wieder und viel zu oft. Und damit kann das

Alter ja nur eine negative Abweichung von der Jugend darstellen.

Ein sehr alter Mensch wird nicht sehr alt, weil er krank ist, sondern weil er gesund ist. Also lassen wir doch bitte diese Schreckensbilder von dahinsiechenden, rollstuhlfahrenden, vor sich hin dämmernden, dementen Greisen.

Warum werden alte Menschen hierzulande nicht respektiert oder gar bewundert? Warum werden sie oft verachtet und lächerlich gemacht? Wo ist unser Gefühl für die Würde des Alters? An diesem Grundempfinden müssen wir arbeiten – das hat nichts mit Politik zu tun, das hat etwas mit Herzenswärme und Menschlichkeit zu tun.

## »Ich habe mehr vom Leben mitbekommen«

Unser Freundeskreis besteht fast nur aus Jüngeren. Einer von ihnen ist Thorsten Groneberg. Er erzählte mir kürzlich, wie sehr alte Menschen ihn in seinem Leben geprägt haben.

»Ich lerne unheimlich viel von alten Menschen, die das bewusst manchmal gar nicht wissen. Nicht nur in Bezug auf ›Wissen‹, sondern in Bezug auf Leben. Ich habe mich in der Schulzeit viel mit alten Menschen umgeben (Klavierlehrerin über 80 Jahre, meine Oma, Tanten und Onkel) und denen immer zugehört. Dadurch meine ich, mehr vom Leben mitbekommen zu haben, als wenn ich mich nur mit Gleichaltrigen abgegeben hätte. … Man kann daraus eine eigene Stärke aufbauen, für sein eigenes Leben … Meine Oma väterlicherseits lebt seit Jahren in Hamburg im Heim, sie ist 89 Jahre alt und wartet quasi auf den Tod, hat zu nichts mehr Lust, hat ihre Selbständigkeit aufgegeben. Meine Oma mütterlicherseits war bei uns im Haushalt die Hauptperson, ist mit 87 Jahren gestorben, war nie beim Arzt, hat ihr Leben lang gearbeitet, wurde aus dem Leben gerissen, praktisch während der Arbeit. Ihre letzten Worte zu mir waren: ›Hast du genug Kartoffeln, heute?‹ ... sie war also immer, auch in Gedanken aktiv dabei ...«

## Vorbild-Vitale

»Bleib sitzen, ich mach das schon.« – »Du sollst dich doch schonen in deinem Alter.« Ich glaube, den meisten alten Menschen kommen diese Sätze schon zu den Ohren raus. Wir muten ihnen nichts zu, weil wir ihnen nichts mehr zutrauen.

Wir sehen den Papst um die Welt fliegen, Messen vor Millionen von Menschen zelebrieren – und bewundern ihn dafür oder denken uns gar nichts dabei. Auf jeden Fall würde niemand auf die Idee kommen, den Achtzigjährigen zu schonen.

Es gibt viele alte Menschen, die wir alle kennen und die uns immer wieder durch ihre Präsenz, durch ihr Arbeitspensum und ihre Vitalität beeindrucken. Richard von Weizsäcker gehört dazu, Helmut Schmidt, Marcel Reich-Ranicki, um nur ein paar zu nennen.

Frage: Altern Menschen, die in der Öffentlichkeit stehen, anders als »normale« Rentner?

Nun wäre es zu einfach zu sagen, dass Öffentlichkeit vor Alterserscheinungen schützt, aber auffallend ist es schon. Diese Vorbild-Vitalen haben ihren Geist immer extrem gefordert und vermutlich immenses (Fach-)Wissen angehäuft. Hinzu kommt, wer sich viel unter Menschen begibt, erhält auch viele Anregungen. Und: Wer sich unter Menschen begibt, achtet zwangsläufig meist auch mehr auf sich und sein Äußeres.

Denn sich gehenzulassen scheint im ersten Moment einfacher, als sich täglich von neuem aufzuraffen, auch wenn's Kraft und Mühe kostet. Die Bestätigung, das Erfolgserlebnis, wenn man es dann geschafft hat, führen zu weiterem Ansporn.

Die Antriebsschwäche im Alter ist ein ganz großes Problem. Ich glaube aber, sich über längere Zeit (ich meine nicht die kurzen Auszeiten, die jeder mal braucht) im Alter gehenzulassen, kostet noch mehr Kraft, nämlich die Lebenskraft. Die »prominenten Alten«, die ich erwähnte, könnten meines Erachtens ohne dieses Wollen und die entsprechende Disziplin ihren Job kaum noch ausüben. Wer arbeitet, der hat gar keine Zeit, alt zu werden …

Es ist nicht so entscheidend, für was man sich interessiert. Wichtig ist, dass man sich überhaupt für etwas interessiert, für etwas brennt. Offen zu sein für neuartige Erfahrungen und nicht zu sagen: »Ach, das kann und will ich nicht mehr – dafür bin ich zu alt!«

Man sollte nicht nur in Erinnerungen und in der Vergangenheit leben, nein, wichtig ist es, im Hier und Jetzt zu leben, auch im hohen Alter Zukunftspläne zu machen, sich auf Neues einzulassen, Interessen zu haben, sich für seine Umwelt und auch für seine Mitmenschen zu interessieren – das ist es, was einen positiv altern lässt.

Auch wenn ich hier viel persönliche Erfahrung einbringen kann, die ich an der Seite meines Mannes tagtäglich sammle, bin ich mir sehr wohl bewusst, unter welch glücklichen Umständen wir leben. Ich arbeite freiberuflich und kann mir meine Zeit so einteilen, dass ich mich auf meinen Mann einstellen kann. Das heißt, wir können uns die Zeit nehmen für gemeinsame Unternehmungen, ich kann ihn zum Sport begleiten, ihn bei der Vorbereitung von beruflichen Aufgaben unterstützen – und er mich.

Aber wer einen vollen acht- oder neunstündigen Arbeitstag hat und das an fünf Tagen in der Woche, der hat nicht die Zeit und nach Feierabend wohl auch nicht mehr die Kraft, der alten Mutter oder dem alten Vater anregender Gesprächspartner zu sein oder gar Aktivitäten zusammen zu planen.

Ich glaube, vielen alten Menschen wird nur noch wenig Anregung geboten, sie sind zu viel allein – und wenn dann jemand da ist, nimmt man ihnen jeden Handschlag ab, denn das geht schneller. Hier sehe ich ein Problem.

## Schlüsselerlebnisse

Ich kenne aus meinem eigenen Umfeld beide Seiten des Alterns und bin aus dieser Erfahrung heraus der festen Überzeugung, dass ein aktives Leben im Alter zu gesünderem Altern führt.

Meine Mutter war eine hochgebildete, gescheite Frau. Allerdings kämpfte sie ihr Leben lang mit großen Kontaktschwierigkeiten und hatte deshalb fast keine Freunde. Wir beide hatten eine sehr enge Beziehung, und wann immer ich konnte, hatten wir zusammen etwas unternommen. Bis zu dem Zeitpunkt, an dem die feste Beziehung zu meinem Mann entstand. Ich war immer seltener in München, sie konnte nicht mehr einfach mal vorbeikommen. Ihren Beruf als Fotografin hatte sie leider schon geraume Zeit aufgegeben, und so war sie schrecklich viel allein. Da begann bei ihr die Demenz.

Als ich dies das erste Mal bei ihr bemerkte, waren wir zu Besuch bei einem von mir sehr verehrten Schauspielerkollegen, Harald Leipnitz in Kärnten. Wir hatten ihn mit einem Spontanbesuch überfallen. Und während unseres Besuchs entschuldigte meine Mutter sich immer wieder, als wäre es das erste Mal, dass wir ihn so spontan »überfallen« hätten. Er wurde nicht müde zu erklären, dass er eigentlich ganz froh sei, nicht Text lernen zu müssen. Aber beim fünften Mal des gleichen Gesprächs wurde ich etwas ungeduldig und sagte zu meiner Mutter: »Ich glaube, wir haben das jetzt geklärt«

Da fing sie nochmals an, und mir war das schrecklich peinlich! Ich wusste damals noch nicht damit umzugehen. Leider habe ich das dann auch erst in meiner Funktion als Botschafterin für die Initiative: »Alten in Würde« gelernt. Doch zu diesem Zeitpunkt war meine Mutter schon lange gestorben.

Als meine Mutter und ich nach diesem Besuch bei Harald Leipnitz in einem Café saßen, sagte ich zu ihr: »Was war denn das, Mami, ich glaube, wir müssen da mal zu einem Arzt gehen?« Da antwortete sie: »So, und jetzt sag ich gar nichts mehr!«

Also Einsamkeit, keine wirkliche Aufgabe, das Gefühl, nicht mehr gebraucht zu werden, führen meiner Meinung nach zum Abbau des Geistes und auch des Körpers. Wir müssen den Alten etwas zutrauen, und auch sie selbst müssen sich etwas zutrauen. Das Resignieren vor dem eigenen Alter macht alt. Wir dürfen ältere Menschen auch nicht entmündigen, indem wir ihnen alles abnehmen. Sehr schnell werden sie dann tatsächlich hilflos!

In unserer schnelllebigen Zeit muss alles ruck, zuck gehen. Wenn ältere Menschen etwas bedächtiger und langsamer sind, sind sie deshalb noch lange nicht unfähig. Eine Verlangsamung bestimmter Abläufe ist biologisch bedingt. Das muss aber nicht zwangsläufig und generell ein Nachteil sein, denn man hat ja im Laufe seines Lebens schon die eine oder andere Erfahrung gemacht, dass man durch Eile und überstürztes Handeln schwerwiegende Fehler machen kann.

Vor Jahren, genau 1987, habe ich zufällig im Flugzeug einen Artikel von Erma Bombeck in der *Welt am Sonntag*[19] gelesen, der mich so beeindruckte, dass ich ihn rausriss und über viele, viele Jahre in meinem Portemonnaie immer bei mir trug. Dieser Artikel wurde zum Schlüsselerlebnis für mich, er hatte mich angeregt meine gesamte Einstellung zum Alter zu überdenken.

Erma Bombeck schreibt: »Der genaue Zeitpunkt ist schwer zu bestimmen, zu dem die Mutter das Kind wird und das Kind die Mutter. Denn vieles geschieht zum ersten Mal. Zum ersten Mal hakt man der Mutter das Kleid zu, weil sie die Arme nicht mehr auf Schulterhöhe kriegt. Zum ersten Mal wählt man eine Telefonnummer für sie, weil sie ihre Brille nicht finden kann. (…) Es überläuft einen kalt, wenn einem bewusst wird, dass früher sie einen angezogen hat, Telefonnummern gewählt hat, weil man noch nicht lesen konnte (…). Manchmal sind es die rein körperlichen Dinge. (…) Wegen ihrer unsicheren Schritte nimmt man die Mutter jetzt fest in den Arm, damit sie nicht trödelt oder in die falsche Richtung läuft.«

Anfangs halte man das für ein schönes Gefühl, schreibt Erma Bombeck weiter, weil man meint, sich für all die Liebe und Zuwendung revanchieren zu können.

»Übereilen Sie es nicht, Mutters Abhängigkeitstag auszurufen! Solange Mutter noch einen Kopf hat, soll sie von ihm Gebrauch machen. Solange sie noch Beine hat, soll sie sie bis zur Grenze der Belastbarkeit anstrengen. Solange sie noch Einfälle hat, soll sie ihnen nachgehen. Solange sie noch eine

Meinung hat, soll sie sie äußern. Solange sie noch ein Ziel vor sich sieht, lasst sie es verfolgen.

Das ist keineswegs leicht. Es ist nicht mehr zu zählen, wie oft ich gern die Führung übernommen und Mutter damit beeindruckt hätte, was für eine gute Tochter ich bin. Stattdessen bat ich sie, das Taxi zu zahlen und sich selber auszurechnen, wie viel das Trinkgeld ausmachte. Ich ließ sie auf eigene Faust in fremden Großstädten bummeln. Ich schwieg, während sie mit Problemen und deren Lösung zu kämpfte. (…) Wenn Sie in Versuchung kommen, etwas für die Mutter zu tun, was sie noch selber schafft, denken Sie daran: Sie hat Ihnen einmal erlaubt, unabhängig zu sein. Nun erlauben Sie es ihr auch.«

Ich besitze diesen Zeitungsartikel heute noch …

## zukunft:pflegen!?

Es war im Sommer 2009, als ich im Vorbeifahren ein riesengroßes Plakat sah: »zukunft: pflegen« stand darauf. Ich traute meinen Augen nicht. Was sollte das heißen? Das große Banner kündigte den zweiten deutschen Pflegekongress der Diakonie an. Zukunft: pflegen. Ich empfand das als Provokation, und mein erster Impuls war Ablehnung. Schaut her, Leute, das ist eure Zukunft! Früher oder später werdet ihr alle zum Pflegefall! So konnte das doch nicht gemeint sein …

War es auch nicht. Das erfuhr ich nach einem Blick ins Internet. Der Kongress richtete sich an Pflegeschülerinnen und -schüler, an junge Menschen also, die sich für einen Pflegeberuf entschieden haben – in meinen Augen für einen der schwersten Berufe überhaupt. Einen Beruf, der hohe seelische und körperliche Anforderungen stellt, bei dem Überstunden ebenso selbstverständlich sind wie chronischer Personalmangel. Einen Beruf, der schlecht bezahlt wird und der in unserer Gesellschaft kein gutes Ansehen genießt.

Warum ist das so? Wie kommt es, dass Menschen, die sich um Kinder, um Alte, um Kranke, um Behinderte kümmern, in unserer Gesellschaft so wenig Wertschätzung erfahren? Die Stärke einer Gesellschaft zeigt sich doch eigentlich darin, wie sie mit ihren schwächsten Mitgliedern umgeht. Also mit Kindern, Alten, Kranken und Behinderten. Zumindest dachte ich das immer, und ich habe nicht vor, mich eines »Besseren« belehren zu lassen. Dass mir in diesem Zusammenhang Naivität vorgeworfen wird, kann ich gut verkraften.

Der durchschnittliche Monatsverdienst einer Kindergärtnerin oder eines Altenpflegers liegt deutlich unter 2000 Euro. Werden sie so schlecht bezahlt, damit sie sich nicht wegen des Geldes für den Beruf entscheiden, sondern wirklich aus Berufung, Überzeugung? Der Zynismus kennt keine Grenzen!

Stellen Sie sich vor, Sie lernen jemanden kennen, der oder die Ihnen erzählt, in der Altenpflege zu arbeiten. Was ist Ihr erster Gedanke? Denken Sie: Wie beneidenswert! Was für ein toller Beruf, das wollte ich auch immer machen! Wohl kaum. Bei aller Anerkennung wird Sie eher so etwas wie Mitleid beschleichen, vielleicht auch Unverständnis. Wieso sucht man sich so einen schweren Beruf aus, der zudem noch so unzureichend entlohnt wird.

All dies möglicherweise im Hinterkopf, wollte der Vorsitzende des Deutschen Evangelischen Krankenhausverbandes, Professor Udo Krolzik, vermutlich einen effektvollen Kontrapunkt setzen, als er den Diakoniekongress mit den markigen Worten eröffnete: »Das ist Pflege: schwungvoll, sexy – da ist was los!« Wie die Reaktionen darauf waren, weiß ich nicht. Vielleicht ist er übers Ziel hinausgeschossen. Vielleicht ist es aber auch gerade das nötige Quentchen Provokation, die nötig ist, damit sich die Öffentlichkeit des Themas annimmt. »zukunft:pflegen« – ich fühlte mich ja auch provoziert.

Wenn ich allerdings überlege, wie solche Ausrufe auf einen pflegenden Angehörigen wirken oder auf Mitarbeiter einer Pflegeeinrichtung ... wie blanker Hohn. Als schwungvoll und sexy würden die ihre Arbeit sicherlich nicht beschreiben.

Die Statistik liefert uns Zahlen zum »Pflege- und Hilfebedarf von Senioren«. Demnach sind zwei bis drei Prozent der Befragten im Alter von 65 bis 69 pflege- oder hilfsbedürftig, acht bis neun Prozent der 75- bis 79-Jährigen und ungefähr 40 Prozent der Menschen, die 85 und älter sind. Je nach Fragestellung kann auch die Umkehrung einer Statistik sehr aussagekräftig sein: 97 bis 98 Prozent der 65- bis 69-Jährigen sind weder pflege- noch hilfsbedürftig. Bei den 75- bis 79-Jährigen sind es 91 bis 92 Prozent und bei den über 85-Jährigen 60 Prozent. Beide Auslegungen der Zahlen besagen: Pflege muss sowohl verbessert als auch verhindert werden!

Die Energie, die wir aufwenden müssen, um die Pflege zu verbessern und den gesellschaftlichen Status der Pflegeberufe auf ein Niveau zu heben, das ihnen gebührt, diese Energie müssen wir in gleichem Maße auch einsetzen, um Pflege zu verhindern – so weit das nur geht.

Es kommt nicht darauf an,
wie alt man wird,
sondern wie man alt wird

# Wer aktiv altert, altert glücklicher

»Das Greisenalter, das alle zu erreichen wünschen, klagen alle an, wenn sie es erreicht haben«, schrieb Marcus Tullius Cicero, der im ersten Jahrhundert v. Chr. lebte. Jeder will älter werden, aber keiner will alt sein.

Das Alter umfasst viele Dimensionen. Im ersten Teil habe ich bereits einige unterschiedliche Sichtweisen hinsichtlich des Alters und des Alterns beleuchtet: Was lernen wir aus der Geschichte über das Alter? Wie geht die Wissenschaft mit dem Alter um? Welche Bedeutung haben biologische, medizinische, soziokulturelle Aspekte?

Im zweiten Teil beschäftige ich mich vor allem mit der Frage: Wie können wir uns vorbereiten? Was können wir tun, um gesund zu altern – körperlich wie auch psychisch und geistig?

Zunächst einmal sollten wir nicht so denken wie der englische Dramatiker und Schriftsteller Somerset Maugham: »Wenn man genug Erfahrung gesammelt hat, ist man zu alt, um sie auszunutzen.« Sondern jeder einzelne von uns sollte sich rechtzeitig mit seinem eigenen Alter und Altern beschäftigen. Wer heute schon etwas in die Gesundheit investiert, verringert sein Risiko, irgendwann ein Pflegefall zu werden.

Man kann selbst viel dazu beitragen, das Alter gesund zu erleben. Ich möchte ein paar Anstöße und Anregungen geben, wie man sich auf die dritte und vierte Lebensphase einstellen kann. Wir müssen unsere negative Haltung zum Alter ändern und uns die körperliche Inaktivität abgewöhnen. Ich möchte zeigen, welche Bedeutung Ernährung, Sport, Lernen, Kreativität und Arbeit haben können, wie wichtig es ist, sich die Neugier auf Neues zu erhalten, und wenn möglich, sogar beruflich aktiv zu bleiben – solange es eben geht. Es muss ja nicht der Beruf sein, den man sein bisheriges Leben ausgeübt hat.

Mein Appell: Prävention ist das Entscheidende!

Man sollte sich beizeiten damit beschäftigen, was kommt nach dem Berufsleben! Ursula Lehr sagt: »Ein langes Leben ist kein Problem, sondern eine Chance.«

Bei meinen Überlegungen zum Thema Altern geht es mir in erster Linie um die Gesundheit des Körpers und des Geistes. Denn: Heute richtig leben heißt morgen länger gesund leben.

Es geht nicht um irgendwelche Wundermittel. Es geht um viel Grundsätzlicheres: Lebenseinstellung, Lebensweise, Lebenschancen und Lebensziele. Es geht um die Gesellschaft und um jeden einzelnen.

»Holt die Alten in die Gesellschaft«, sagt der Gerontologe Professor Andreas Kruse. Der gesetzlich verordnete Ruhestand ist eine Verschwendung von Talent, Erfahrung und Können.

Glücklicherweise konnte ich während der Arbeit an diesem Buch einerseits mit Fachleuten sprechen, die mir ihre gerontologischen Erkenntnisse auf wunderbar verständliche Art näherbrachten. Und andererseits mit Menschen, die mit mir sehr offen über ihr Leben und über ihr Alter und Altern sprachen. Ihnen allen möchte ich an dieser Stelle danken und mich nun im Folgenden sehr konkret mit ihren Botschaften beschäftigen.

Es kommt nicht darauf an, wie alt man wird, sondern wie man alt wird.

# 4
# Wohlbefinden und Gesundheit im Alter

Für viele Menschen ist es immer noch ein Phänomen, dass es doch tatsächlich alte Leute gibt, die von sich behaupten, ihnen gehe es gut, sie fühlen sich wohl. Müssten sie nicht nach allem, was man über das Alter so hört, eigentlich hinfällig und krank sein?

Nein, müssen sie nicht.

In diesem Kapitel soll es um einige wichtige Faktoren in unserem Leben gehen, die zur Erhaltung oder Wiederherstellung unserer Gesundheit beitragen.

Alter und Gesundheit – ein ungleiches Paar?

»Altern ist keine Krankheit«, schreibt Professorin Ursula Lehr, »selbst wenn die Wahrscheinlichkeit, krank zu werden, sich mit zunehmendem Lebensalter erhöht.«

Und man kennt das ja von den Eltern, den Großeltern oder von sich selbst: Je älter der Mensch wird, desto mehr Platz benötigen die Medikamentenpackungen auf dem Frühstückstisch oder in der Küche, im Badezimmer oder auf dem Nachttisch.

Ist es also das, worauf man sich einstellen sollte? Zwar nicht Alter als Krankheit, aber Krankheit im Alter? Die Medizin hat es im vergangenen Jahrhundert geschafft, die Infektionskrankheiten zu besiegen. Diesen bahnbrechenden Erfolgen ist es zu verdanken, dass unsere Lebenserwartung so deutlich gestiegen ist. Um diese an sich positive Entwicklung zu bewerten, werfen die Verfasser des »Dritten Berichts zur

Lage der älteren Generation in der Bundesrepublik Deutschland«[20] die Frage auf, ob der »Anstieg der Lebenserwartung nur um den Preis einer gestiegenen Häufigkeit und längeren Dauer von Krankheit und Behinderung im Alter« zu haben ist oder ob der »Gewinn an Lebenszeit auch einen Gewinn an gesunden und aktiven Lebensjahren« ohne schwerwiegende Beeinträchtigungen bedeutet.

Noch ist sich die Wissenschaft nicht einig.

Die einen vertreten den Standpunkt, dass die Lebensdauer heute zwar länger ist, ebenso aber die Dauer der Pflegebedürftigkeit im hohen Alter. Dank der modernen Medizin kann der tödliche Ausgang schwerer Krankheiten hinausgeschoben werden.

Der entgegengesetzte Standpunkt lautet: Anders als frühere Generationen bleiben die Menschen heute länger gesund. Krankheiten treten später auf, der gesundheitlich eingeschränkte Lebensabschnitt ist kürzer.

Wie gesagt: Eine eindeutige Antwort steht noch aus. Doch die im »Dritten Bericht zur Lage der älteren Generation« zitierten deutschen und internationalen Studien geben Anlass, die optimistische These bestätigt zu sehen: Überwiegend sagen sie aus, dass sich »der Gesundheitszustand der älteren Menschen (auch der Hochaltrigen) in den letzten Jahrzehnten« verbessert hat. Die Rede ist von einer »merklichen Verbesserung des Gesundheitszustands«, einem »absoluten und relativen Rückgang der in Krankheit verbrachten Lebensjahre« und von einem »überproportionalen Gewinn an gesunden Lebensjahren«.

Dass die Gesundheit unser höchstes Gut ist, wissen wir schon in jüngeren Jahren. Doch wer denkt in der Jugend an die Gesundheit im Alter? Die Wertschätzung unserer Gesundheit steigt, je älter wir werden.

Die Medizin vertritt den Standpunkt, ein Großteil gesundheitlicher Einschränkungen alter Menschen sei krankheitsbedingt und nicht durch das Altern verursacht. Zwar ziehen diese Störungen für die Betroffenen Einschränkungen nach sich, die aber nicht bedeuten müssen, dass sie kein selbstbestimmtes und selbstverantwortliches Leben führen können.

Für die Berliner Altersstudie unter Federführung des Max-Planck-Instituts für Bildungsforschung in Berlin untersuchten Wissenschaftler aus mehreren Disziplinen über einen längeren Zeitraum ältere und alte Menschen auch hinsichtlich ihrer geistigen und körperlichen Gesundheit. Sie fanden heraus, dass die Mehrzahl, nämlich 80 Prozent der befragten 70- bis über 100-Jährigen, ein selbständiges Leben führt und bei weitgehend guter Gesundheit ein hohes Alter erreicht.

## Multi-was? – Multimorbidität – vielfach krank und viele Pillen

Spricht man mit einem Arzt über Krankheit im Alter, dauert es nicht lange, bis das Wort »Multimorbidität« fällt: Vielfacherkrankung. Damit ist gemeint, dass bei alten Menschen mehrere Krankheiten gleichzeitig auftreten können. Auch hierzu sind in der Berliner Altersstudie umfangreiche Daten und Informationen enthalten. Erklärt wird die Multimorbidität mit der Abnahme der »funktionellen Reservekapazität«, welche sich nicht nur auf ein Organ beschränkt, sondern praktisch gleichzeitig verschiedene Organe und Organsysteme betreffen kann. Zwei Krankheitsgruppen treten dabei besonders häufig auf: Herz-Kreislauf-Erkrankungen und Erkrankungen des Bewegungsapparates.

In diesen Zusammenhang passt ein Zeitungsbericht, den ich kürzlich las. Unter dem Titel »Chaos im Körper« wurden besonders die älteren Leser gewarnt vor den gravierenden Folgen, die die Einnahme vieler verschiedener Medikamente haben kann. Demnach schätzen Experten den Schaden, den ein solcher Medikamentenmix anrichten kann, größer ein als den Nutzen. Oft geht man ja mit verschiedenen Beschwerden oder Krankheiten zu verschiedenen Ärzten. Der eine weiß nicht, was der andere verordnet hat. Und wenn es sehr ungünstig läuft, erkundigt sich ein Arzt nicht ausreichend danach. Und schon kann es passieren, dass man Wirkstoffe zu sich nimmt, die sich nicht vertragen. Kommen dann noch Mittel dazu, die man ohne ärztliche Verordnung nimmt, weil die Werbung einem glaubhaft versichert, dass sie gegen dieses oder jenes unerlässlich sind, ist das »Chaos im Körper« perfekt. Nicht die Wirkung der Medikamente wird verbessert, sondern im Gegenteil, die Nebenwirkungen werden verstärkt.

Um die Versorgung mehrfach kranker alter Menschen zu verbessern – und hier ist auch die Versorgung mit Informationen gemeint –, hat die Professorin Petra Thürmann, Direktorin des Instituts für Klinische Pharmakologie am Klinikum Wuppertal, ein Forschungsprojekt ins Leben gerufen. Da mehr als drei Viertel aller schädlichen Nebenwirkungen von Arzneimitteln bei Menschen über siebzig auftreten und etwa ein Drittel davon auf Wechselwirkungen verschiedener Wirkstoffe beruht, hält sie es für notwendig, hier ausreichend zu beraten und aufzuklären. Es geht nicht darum, von jetzt auf gleich alle Medikamente abzusetzen. Es gilt, auszuwählen und zu entscheiden, was wirklich wichtig und gleichzeitig gut verträglich ist. Zu diesem Zweck soll unter anderem auch eine Liste erstellt werden, die es in Amerika und anderen

Ländern schon gibt und in welcher Arzneimittel zusammengestellt sind, die dem Patienten möglicherweise mehr schaden als nutzen.

## Wie wollen Sie altern? Normal – krankhaft – optimal?

Die Weltgesundheitsorganisation (WHO) unterscheidet fünf Dimensionen der Gesundheit: physische Gesundheit, psychische Gesundheit, soziale Gesundheit, ökonomischer Status und Selbsthilfefähigkeit. Dieser ganzheitliche Blick ermöglicht der geriatrischen Medizin eine umfassende Beurteilung der gesundheitlichen Situation älterer und alter Menschen, denn sowohl der körperliche als auch der psychische Zustand im Zusammenwirken mit der sozialen Lebenslage wirken sich auf die Gesundheit im Alter aus.

Im »Dritten Bericht zur Lage der älteren Generation in der Bundesrepublik Deutschland« wird unterschieden zwischen »normalem«, »krankhaftem« und »optimalem« Altern. Klare Grenzziehungen sind nicht ganz einfach. »Normales Altern«, so die Verfasser des Berichts, »wird definiert durch die erreichte Lebensspanne in Beziehung zur mittleren Lebenserwartung einer repräsentativen Bevölkerungsgruppe und durch deren altersgebundene Veränderungen physiologischer Parameter«. Alter sei nicht mit Krankheit gleichzusetzen und auch nicht unweigerlich mit Krankheit verbunden. Dass in höherem Alter mehr Krankheiten auftreten, wird mit einer verminderten Anpassungs- und Widerstandsfähigkeit des älteren Organismus begründet. Von »krankhaftem Altern« wird gesprochen, wenn Krankheiten oder Symptome die Lebensqualität einschränken und die Lebensdauer verkürzen. Auch dies immer im Vergleich mit der Lebenserwartung einer repräsentativen Bevölkerungsgruppe. Alles, was über diesem Durchschnitt liegt, wird als »optimales Altern« bezeichnet.

Für mich hat »optimales Altern« etwas mit Lebenszufriedenheit zu tun. Zufrieden sein mit dem Leben, mit dem eigenen Leben. Zufrieden sein mit sich selbst. Ein positiver Blick auf das eigene Ich, auch im Alter, stärkt das Selbstwertgefühl – auch im Alter. Ich wiederhole das absichtlich, denn darauf kommt es mir an: Je positiver das Selbstbild eines älteren Menschen ist, umso zufriedener wird er bis ins hohe Alter sein.

Wissenschaftler wissen aus der Lebenslaufforschung, dass das psychische Wohlbefinden im Alter nicht unbedingt abnimmt. Auch dann nicht, wenn der Gesundheitszustand dafür mehrfachen Anlass gibt. Das scheint auf den ersten Blick ein Widerspruch zu sein und wird deshalb auch »Paradoxon des Wohlbefindens im Alter« genannt.

Mir als Nichtwissenschaftlerin erscheint das keineswegs paradox. Ich würde es weise nennen. Ich finde es weise, wenn wir uns nicht das negative Altersbild unseres Umfelds überstülpen lassen, sondern auf uns selbst hören. Wenn wir nicht einem jugendlichen »Idealbild« nacheifern, sondern wir selbst bleiben. Wenn wir nicht ans Schicksal, sondern an unsere Kraft glauben und daran, dass wir es selbst sind, die über unser Leben bestimmen.

Wie wichtig gerade dieser Aspekt des positiven Selbstbilds und der Selbstbestimmung auch im Hinblick auf Prävention und eine gesundheitsfördernde Lebensweise ist, betont Professorin Ursula Lehr in einem Vortrag[21], den sie zu ebendiesem Thema hielt.

Sich richtig ernähren, geistig und körperlich aktiv bleiben – das sind Dinge, die der Mensch selbst tun muss. Voraussetzung dafür aber ist die Überzeugung, dass es sich lohnt, dass man mit dem eigenen Verhalten etwas bewirken oder verändern kann. Sei es, die objektive Gesundheit zu fördern und lange zu erhalten oder aber den subjektiven Gesundheitszustand zu verbessern.

Wer aber glaubt, dass Krankheit im Alter dazugehört, führt Professorin Lehr weiter aus, wer Krankheit als »Altersschicksal« sieht, das man hinzunehmen hat, dem man ausgeliefert ist, an dem man nichts verändern kann, den wird man von Präventionsmaßnahmen nur schwer überzeugen können.

Die Aufgabe, diese Überzeugungsarbeit zu leisten, sieht Professorin Lehr vor allen Dingen bei den Ärzten. Allerdings fordert sie von der Politik, die entsprechenden Rahmenbedingungen zu schaffen, denn »eine Stärkung der Eigenverantwortlichkeit hinsichtlich der Aufrechterhaltung von Gesundheit und Leistungsfähigkeit und der Vermeidung von Krankheiten ist oft eine der schwierigsten und zeitraubendsten Aufgaben in der Arztpraxis, die darüber hinaus noch nicht einmal entsprechend mit der Kasse abzurechnen sind«.

Erschreckenderweise aber ist auch das Altersbild der Ärzte nicht immer positiv. Untersuchungen aus den USA zeigen, dass Patienten schon allein wegen ihres Alters als beeinträchtigt angesehen werden. Dies kann so weit gehen, dass bestimmte Behandlungen von vornherein als sinnlos eingestuft oder gar verweigert werden. Es ist noch gar nicht lange her, da wurde in Deutschland öffentlich und lauthals gefordert, bestimmte Operationen an älteren Patienten nicht mehr durchzuführen, denn diese »Investitionen« würden sich nicht mehr lohnen. Ich habe inzwischen verdrängt, wer das gesagt hat. Aber man kann ihm nur wünschen, dass er nicht selbst in einigen Jahren auf dem Operationstisch liegt und der Arzt ihm mitteilt, dass die Zeiten, in denen alten Menschen ein neues Hüftgelenk eingesetzt wurde, längst vorbei sind.

## Eine positive Lebenseinstellung

Mit den Augen eines Malers könnte man das Gleichnis der »Schöpfungsgeschichte eines Lebensgemäldes« in etwa so entwerfen: Im Anfang war da eine Leinwand, die Leinwand aber war unendlich groß, frei, und ungewiss. Das Geheimnis der Leere lag zunächst über der Leinwand. Zarte skizzenhafte Linien wurden sichtbar. Jeden Tag kamen Pinselstriche des Lebens dazu: undeutliche und auch entschlossene Linien, zarte und pastellige, kräftige und satte, dunkle und helle Farben, feste kontrastreiche, aber auch gedämpfte, durchsichtige Farben. Kantige und weiche, waagrechte und steile Formen. Schatten und Licht. Das Leben zeichnete weiter und weiter, und sein Vorrat an Farben, Formen und Linien war unerschöpflich. Sie wurden immer wieder neu gemischt, und es entstanden daraus weitere, aufregende Nuancen. All die Farben des Lebens konnte der Mensch benennen. Er selbst hatte es in der Hand, sein Lebensbild zu zeichnen, und er lebte so lange glücklich, solange er verstand, die Farben zu benutzen, zu sehen und sich daran zu erfreuen …

»Jeder, der sich die Fähigkeit erhält, Schönes zu erkennen, wird nie alt werden.« (Franz Kafka)

Aber leider begegne ich auch oft, ich finde zu oft, Menschen, die der Meinung sind, dass dem Leben ab einem gewissen Zeitpunkt die Farben ausgehen würden. Denn diese reichten nur für höchstens 50 oder 60 Jahre, danach würde nur noch in Grautönen weitergemalt. So grau wie dann auch allmählich die Haare werden, die ich mir oft raufen möchte, wenn ich auf alte Menschen treffe, die ihre Lebensfreude und -kraft irgendwo unter negativen Stereotypen, Resignation, Lethargie und Pessimismus begraben haben. Sie leben vor sich hin. Sie glauben, dass das Leben ab einem bestimmten Alter nichts mehr für sie bereithält, außer eben vor sich hin zu leben. Und je mehr sie sich dem hingeben, umso niedergeschlagener werden sie.

Es ist schon fast eine Binsenweisheit: Eine positive Einstellung zu sich selbst und zum eigenen Leben verbessert die Lebensqualität. Doch neuere Forschungen haben nun auch noch ergeben, dass sich eine positive Lebenseinstellung nicht nur lebensverbessernd, sondern ebenso lebensverlängernd auswirkt.

Die amerikanische Gesundheitsforscherin Becca Levy und ihre Kollegen von der Yale-Universität stellten im Jahr 2002 am Ende einer Studie sogar fest, dass Testpersonen mit einer positiven Einstellung zum eigenen Leben und zum eigenen Altern über sieben Jahre länger lebten als Menschen mit einer negativen Einstellung.

Zwei Jahrzehnte zuvor hatte sie im US-Bundesstaat Ohio Hunderte von Fragebögen verteilt. Darin wurden die Menschen zum Beispiel gefragt, ob sie sich mit dem Satz »Wenn ich älter werde, werde ich nutzloser« identifizieren könnten oder nicht. Nach dem Abgleich der Antworten mit dem dann Jahrzehnte später erreichten Lebensalter der Probanden stand für die Forscherin Levy fest: Blutdruck- und Cholesterinwerte wirken sich auf die Länge unseres Lebens aus, ebenso natürlich Sport zu treiben, nicht zu rauchen und kein Übergewicht zu haben. Doch den messbar größten Effekt auf die Lebenserwartung haben die Lebenseinstellung, das Selbstbild und die Sicht auf das Alter. »Früher oder später wird man von den Einstellungen zum Alter eingeholt«, meint Becca Levy.

Mir leuchtet das ein: Wer sein ganzes Erwachsenenleben lang das Alter nur oder vor allem mit Hinfälligkeit und Nutzlosigkeit verbindet, dem wird es kaum gelingen, wenn er selbst alt geworden ist, das Alter positiv zu sehen und aktiv und initiativ zu sein. Also wird dieser Mensch hinfällig und fühlt sich nutzlos.

Ich möchte kurz noch ein weiteres Experiment von Becca Levy beschreiben, das genau diesen Effekt der sich selbst erfüllenden Prophezeiung (so will ich es einmal nennen) unterstreicht: Mit älteren Versuchspersonen führte die Forscherin einen Test durch. Es ging um Denksportaufgaben. Ein Teil der Gruppe wurde zuvor negativ besetzten Begriffen wie »senil« oder »nutzlos« ausgesetzt, ohne die Beeinflussung wirklich bewusst bemerkt zu haben. Tatsächlich machten sie am Ende auch mehr Fehler als der andere Teil der Gruppe, der sich ohne diese Suggestion an die Lösung der Aufgaben machte.

Das bedeutet: Unsere Vorurteile und stereotypen Attribute legen sich wie eine Schablone über die Wirklichkeit. Und wenn die Schablone fest genug aufgedrückt wird, passt sich die Wirklichkeit irgendwann an. Und die negative Prophezeiung hat sich selbst erfüllt.

Nicht umsonst empfehlen Altersforscher, dass wir unser Selbstbild nicht von negativen Pauschalierungen über das Altern und das Alter prägen lassen. Psychoanalytiker raten zur Distanzierung von »destruktiven Leitbildern« und zählen dazu die Vorstellung von ewiger Jugend ebenso wie die Resignation im Alter.

Ich habe ein sehr schönes Zitat des Wiener Philosophen und Altersforschers Leopold Rosenmayr gelesen. Er macht sich Gedanken über die Zukunft des Alters und hält es für unerlässlich, »Altersangst« und »Altersflucht« zu überwinden. »Von einer achtsamen Entdeckungsreise in innere Welten hängt die Verteilung von Licht und Schatten im späten Leben ab.«

Wir sollten uns also auf den Weg machen zum eigenen Ich. Unser eigenes gelebtes Leben zu akzeptieren und den Lauf des Lebens überhaupt, das halte ich für unerlässlich. Mit der eigenen Lebensgeschichte zu hadern, das Alter als Strafe oder Kränkung zu empfinden, das raubt uns Kraft. Kraft, die wir brauchen, um das Leben zu meistern. Kraft, die wir brauchen, um aktiv Probleme zu lösen, denn nichts ist langweiliger als völlige Unbeschwertheit, und nichts ist befriedigender als zu sagen: »Es war nicht einfach, aber ich habe es geschafft!«

Der Berliner Altersforscher Paul Baltes hielt es sogar für angebracht, die »Realität zum eigenen Vorteil zu deuten«. Unabhängig von dem, was, objektiv betrachtet, ihr Leben ausmacht, also Gesundheit, Bildung, Familienstand et cetera, seien es genau die Menschen, die »ein Gefühl von Optimismus, Selbstwirksamkeit – also das Gefühl, selbst etwas bewirken zu können – und Handlungskontrolle haben, die ihre Lebenschancen besser nutzen«.

Es gibt zu diesem Thema so viele spannende Studien, dass ich sie am liebsten alle erwähnen würde, da ihre Ergebnisse so frappierend überzeugend sind. Und die so sehr dazu beitragen könnten, die Vorstellungen unserer Gesellschaft über das Altwerden und Altsein quasi über Nacht zu korrigieren (ich will ja nicht maßlos sein und gleich eine Kehrtwende erwarten, eine Korrektur wäre schon ein wertvoller Anfang) – wenn sie nur alle lesen würden!

Optimismus hält gesund! Ja! Wieder mal ein amerikanisches Forscherteam vermutet nach Auswertung einer Studie, dass Optimismus und gute Laune über eine hormonelle Steuerung die Gesundheit fördern. So einfach – und für viele von uns doch so schwer.

# Die Macht der guten Gedanken

Kürzlich schickte mir meine Freundin Dine – wir sind gemeinsam in den Kindergarten gegangen – einen Artikel zu, mit der Überschrift: »Die Macht der schlechten Gedanken«. Sie will mir nichts Böses! Nein, sie unterstützt mich mit verschiedenartigster Lektüre, seit sie weiß, dass ich mich mit dem Thema »Aktiv im Alter« beschäftige.

In dem Artikel, den Dine in der *Frankfurter Allgemeinen*[22] entdeckt hatte, wird von Phänomenen berichtet und das bestätigt, was jeder eigentlich für sich selbst längst erkannt hat.

Trotzdem ist es beachtenswert, dass die Psyche tatsächlich eine derartige Kraft hat, dass eine ärztliche, negative Diagnose tatsächlich zum Tod führen kann, obgleich der Patient nicht wirklich unheilbar krank war.

Da wird von Fällen berichtet wie zum Beispiel von dem Fall des Sam Shoeman, dem die Diagnose gestellt wurde, er habe Leberkrebs im Endstadium. Ihm wurde gesagt, er habe noch einige Monate zu leben. Die Familie, die Ärzte und auch er glaubten daran, und so starb er schon nach einigen Wochen. Bei der Obduktion entdeckte man dann, dass der Tumor gerade zwei Zentimeter groß war und er keinerlei Metastasen hatte.

»Der Mann starb nicht an Krebs, sondern daran, dass er glaubte, an Krebs zu sterben«, sagt Clifton Meador von der Vanderbilt University in Tennessee. »Wenn man von allen so behandelt wird, als ob man bald sterben müsse, glaubt man das irgendwann. Alles im Leben dreht sich dann nur noch um das Sterben.«

Oder da gibt es die Geschichte von dem Chefarzt, der in Eile war und seinen Assistenzärzten im Beisein der Patientin sagte, dass es sich wohl hier um den typischen Fall von »TS«

handele. TS bedeutet in der Medizinersprache Trikuspidal-klappen-Stenose, eine Verengung der Herzklappe, die aber meist nicht lebensbedrohlich ist. Die Patientin war über-zeugt, dass die Formulierung »TS« nur bedeuten könne »ter-minale Situation«, und obwohl sie aufgeklärt wurde, ver-schlechterte sich ihr gesundheitlicher Zustand so sehr, dass sich in ihren Lungen Flüssigkeit bildete, sie bekam Atemnot und starb noch am Abend an einem Lungenödem.

»Depressivität und negative Gefühle erhöhen bei allen Menschen die Gefahr für einen Infarkt so stark wie Bluthoch-druck«, sagt Karl-Heinz Ladwig, Herzexperte in der Klinik für Psychosomatik der Technischen Universität München.

»Schlechte Neuigkeiten fördern schlechte Psychologie«, sagt Clifton Meador.

Das könnte ja bedeuten, dass es manchmal sinnvoller wäre, dem Patienten nicht die volle Wahrheit über seinen Gesundheits- beziehungsweise Krankheitszustands zu sagen. Und mehr noch, man könnte ihm sogar eine falsche Diag-nose mitteilen, um den Heilungsprozess anzuschieben, als Therapie sozusagen. Nun bin ich ja keine Ärztin, aber ich finde, man darf es wirklich nicht unterschätzen: Die Macht der Gedanken hat Folgen auf die Selbstheilungskraft des Gehirns.

Dr. Fabrizio Benedetti von der Universität Turin sagt: »Die menschliche Vorstellungskraft kann im Körper Mechanis-men in Gang setzen, die jenen ähneln, die von Arzneimitteln aktiviert werden. Bis zu 40 heilende Stoffe produziert die Apotheke im Kopf – von schmerzhemmenden Endorphinen bis hin zu glücklich machendem Dopamin.«

Fabrizio Benedetti, Jon-Kar Zubieta und Manfred Sched-lowski sind bekannte Placeboforscher. In ihren wissenschaft-lichen Arbeiten zeigen sie, was im Körper passieren kann, wenn die Kraft der schlechten Gedanken überhand nimmt. Der sogenannte Noceboeffekt ist noch nicht so intensiv erforscht worden wie der Placeboeffekt. Die Forschergruppe von Zubieta hat festgestellt, dass das Hormon Dopamin durch negative Nachrichten im Gehirn gedämpft wird. Dopamin ist das Glückshormon, das in uns euphorische Gefühle auslösen kann.

Seit mein Mann und ich zusammen sind, und das sind jetzt bereits 23 glückliche Jahre, wurden wir, natürlich wegen unseres enormen Altersunterschieds – 46 Jahre – immer und immer wieder, natürlich von Journalisten, mit der Frage konfrontiert: »Haben Sie nicht Angst vor dem Tod?« Wir antworteten stets: »Nein, wir denken nicht daran, wir wollen uns nicht durch schlechte Gedanken unsere Zeit kaputtmachen. Wir schieben den Gedanken an den Tod ganz bewusst weit von uns.«

Ich bin mir ganz sicher, hätten wir uns ständig bewusst gemacht, dass wir nicht mehr lange Zeit füreinander haben würden, wären wir nie so lange zusammen gewesen. Mein Mann war immerhin schon 83, als unsere Beziehung begann, und 88 Jahre alt, als wir heirateten.

Zurück zu unserem Artikel, ich nenne ihn jetzt mal nur: die Macht der Gedanken. Dr. Bernd Hontschik, Chirurg in Frankfurt, tritt dafür ein, die Psychosomatik in jede ärztliche Fachrichtung mit aufzunehmen. »Bei jedem Patienten ist das anders, je nachdem welche Bedeutung der Mensch der Therapie oder dem Wort des Arztes erteilt – die kann entsetzlich sein oder aber auch wunderbar wirken. Lebewesen funktionieren nicht wie Maschinen, hier gibt es mindestens noch die ›Bedeutungs-Erteilung‹.« Dr. Bernd Hontschik zeigt in seinem Buch *Körper, Seele, Mensch*[23] viele Beispiele auf. Er sagt: »Ärztliche Kunst besteht aber darin, die ›Bedeutungs-Erteilung‹ zu kennen und zu nutzen – alles andere kann auch ein Handwerker.«

Ich bin überzeugt davon, dass die Macht der positiven Gedanken eine gleich starke Kraft auf die Psyche hat wie die Macht der negativen Gedanken – der Glaube kann Berge versetzen!

## Kann man positives Denken lernen?

Kann man das eigentlich lernen – positives Denken? »Ja«, meint Dr. Daniela Jopp, die ich in Heidelberg am Institut für Gerontologie traf. Und man sollte möglichst früh damit beginnen.

»Wir haben sehr viele Möglichkeiten zu bestimmen, wie wir älter werden. Nur leider wird dieses große Potential nicht systematisch genutzt.« Verblüfft höre ich ihr zu, wie sie davon erzählt, dass an Heidelberger Schulen das Fach »Glück« unterrichtet wird. Ich finde das großartig, aber ihr ist das noch nicht genug.

»Warum gibt es nicht ein Unterrichtsfach *Gut älter werden* oder *Wie kann ich mein Leben positiv gestalten?*« Sie stellt sich nichts anderes vor, als dass Menschen schon in jungen Jahren ein bisschen »Lebenskunst«, wie sie es nennt, lernen. Wie gehe ich mit schwierigen Situationen um im Leben? Wie mit Veränderungen? Könnten junge Menschen solche Dinge lernen und über ihr Leben hinweg kultivieren, wäre es im Alter, auch im sehr hohen Alter, eine unschätzbare Hilfe im Umgang mit Schwierigkeiten. Man könne da sehr viel vorbereiten, meint Dr. Jopp, und den Menschen auch die Ängste nehmen.

»Dieses Bild, das wir immer noch in der Gesellschaft haben: Alle über 80 leben im Heim – das stimmt alles nicht. Aber es dauert sehr lange, bis diese Erkenntnis in der Gesellschaft auch ankommt.« Wie recht sie damit hat. Natürlich weiß ich, dass eine Reportage über die unerträglichen Zustände in einigen Pflegeheimen spannender und relevanter ist als ein Bericht über eine alte Dame, die mit über achtzig Jahren nach wie vor berufstätig ist.

Only bad news are good news – nur schlechte Nachrichten sind gute Nachrichten. So ist das. Leider. »Denn«, so Dr. Jopp, »damit verhindert man eben auch, dass sich alte Leute gut fühlen mit den guten Dingen, die sie machen und erleben.«

Was sind das überhaupt für Faktoren, die dazu beitragen, dass sich alte Leute gut fühlen? Mit dieser Frage bin ich bei Dr. Jopp genau richtig. Das ist ihr Forschungsgebiet. Sie hat maßgeblich an der »Heidelberger Hundertjährigen-Studie«[24] mitgearbeitet und ebenso an einer Befragung, die in Darmstadt durchgeführt wurde und bei der Personen zwischen 70 und 90 nach wichtigen Faktoren in ihrem Leben gefragt wurden mit dem Ziel, ihre Lebensqualität zu erfassen.

»Es ist nicht mehr die Gesundheit, die eine Rolle spielt«, erklärt die Forscherin. Auch nicht die Anzahl der Freunde und Familienmitglieder sei entscheidend. Denn gerade die 100-Jährigen hätten schon sehr viele Menschen verloren, die ihnen lieb und wichtig waren, und nur sehr wenige seien in der glücklichen Lage, mit einem Partner zusammenzuleben.

»Was wirklich eine Rolle spielt, sind die Einstellungen, die psychischen Stärken.« Das sei das Wichtigste. Daraus entsteht dann, was die Forscher »Selbstwirksamkeit« nennen. Der Glaube, etwas zu können. Wie schön, möchte ich hinzufügen, wenn diesem Glauben dann auch die Möglichkeit folgen kann, es zu beweisen.

Ein weiterer wichtiger Faktor sei der optimistische Blick in die Zukunft. Gemeint ist, nicht daran festzuhalten, was in den Jahren vorher passiert ist, oder daran, was gerade nicht so gut läuft, sondern einfach daran zu glauben, dass die Zukunft positiv ist.

»An dieser Einstellung kann man arbeiten«, meint Dr. Daniela Jopp und fügt hinzu: »Das wissen wir ja alle.«

Wissen vielleicht schon, aber wir tun es leider nicht alle. Verblüffend, was für ein einfaches Beispiel sie dann nennt: »Sich jeden Tag an einer kleinen Sache zu freuen – das hört sich albern an, aber es funktioniert. Das sind auch die Faktoren, die zu einer positiven Einstellung zum eigenen Alter beitragen.« Und damit wiederum zu einer besseren Gesundheit und zu einem längeren Leben … Ich wiederhole mich, ich weiß.

Erstaunlich ist, dass die Forschungsergebnisse keine Beziehung mehr zwischen der Gesundheit und dem Wohlbefinden zutage fördern. Erstaunlich deshalb, da es in der »Heidelberger Hundertjährigen Studie« keinen gesunden Teilnehmer gibt und weil jeder davon ausgehen würde, dass aus den Erkrankungen Schwierigkeiten resultieren. Doch hier treten der Lebenswille und der Lebenssinn auf den Plan.

»Wenn die Menschen wirklich leben wollen«, erklärt Dr. Jopp abschließend zu diesem Thema, »und wenn sie glauben, dass ihr Leben einen Sinn macht, wird dieser negative Effekt aufgehoben. Die Krankheit spielt keine Rolle mehr für das Wohlbefinden.« Faszinierend.

**»Man muss etwas investieren für seine Gesundheit, rechtzeitig.«**

Gespräch mit Bodo Benneckenstein

Ich treffe mich mit Bodo Benneckenstein, Heilpraktiker. Er ist ein bescheidener Mann mit blonden Locken und Dreitagebart. So zurückhaltend er wirkt, weiß er doch ganz genau, was er will. Er hat sich schon sehr früh, also mit 38 Jahren, Gedanken darüber gemacht, was er einmal machen würde, wenn er in Rente geht.

*Also, zunächst muss ich dich fragen: Wie alt bist du?*
In diesem Jahr werde ich 60 Jahre alt.

*Und, welchen Beruf hast du früher ausgeübt?*
Also, ich war früher technischer Fernmeldebeamter bei der deutschen Telekom, ganz früher »Post«. Ich hatte auch dort meine Ausbildung.

*Also als Beamter?*
Ja, ein Beamter im mittleren Dienst.

*Du hast aber früher aufgehört, normalerweise arbeitet man bis 65?*
Ja, ich bin Beamter im Vorruhestand, offiziell geht man natürlich erst mit 65 in Ruhestand. Mein ursprünglicher Beruf hatte mir eigentlich viel Spaß gemacht, und ich wäre auch nie auf die Idee gekommen, damit aufzuhören. Das Angebot kam, als ich erst 58 war, aber ich wusste, wenn ich mit diesem Beruf aufhöre, ich werde mich nicht auf die faule Haut legen, ich weiß, was ich mit meiner Zeit anfangen werde. Ich habe also mit 58 aufgehört, ohne dass mir dabei zu viel abgezogen wurde, ich hätte noch früher aufhören können, aber das wäre finanziell ungünstig gewesen! Man

hatte uns das angeboten, weil die Telekom eine ganze Menge Leute loswerden wollte, gerade auch Beamte, das war damals für die deutsche Telekom eine nicht so gute Zeit.

*Du hattest dich ja schon ziemlich früh damit beschäftigt, dass du später mal etwas anderes machen möchtest?*
Ja, ich hab mich schon jahrelang für alles, was Gesundheit betrifft, interessiert. Ich hab in Verschiedenes reingeschnüffelt, Vorträge gehört, Bücher gelesen und diverse Lehrgänge gemacht.

*Und die Lehrgänge konntest du während der Arbeit bei der Post beziehungsweise bei der Telekom nachmittags oder abends machen?*
Natürlich, ich habe mir auch die Zeit dazu genommen und habe die Schulungen abends oder am Wochenende gemacht. Weil ich eben Interesse daran hatte! Das Interesse wurde auch immer stärker, und deshalb hatte ich mich auch damals entschlossen, eine Ausbildung als Heilpraktiker zu machen. 1992 habe ich dann meine Prüfung als Heilpraktiker gemacht.

*Hast du das schon damals tatsächlich zielbewusst gemacht, weil du wusstest, eines Tages nach meiner Anstellung bei der Post, beziehungsweise Telekom, will ich etwas Neues, Sinnvolles machen?*
Ja, ich hab gedacht damals, als ich die Prüfung gemacht habe, ich mache das jetzt, weil ich die Motivation dazu habe. Und weil ich mich vorbereiten wollte auf die Zeit danach. Ich hatte damals gewusst, dass es nicht leicht werden wird, aber, dachte ich mir, warum sollst du es nicht probieren, was habe ich zu verlieren? Natürlich musste ich dafür viel Zeit opfern, klar, aber ich wollte das unbedingt. Ich habe dann im Wochen-

endstudium eine Heilpraktikerschule besucht. Man konnte es sogar in Raten abzahlen. Ich hab die Heilpraktikerprüfung im staatlichen Gesundheitsamt Starnberg gemacht. Ich bin jetzt staatlich geprüfter Heilpraktiker. Ich musste mich ganz schön daheim hinsetzen, um diese Prüfung zu schaffen. Die Prüfung ist sehr, sehr streng. Es ist natürlich auch so, dass das staatliche Gesundheitsamt, also die Schulmedizin im allgemeinen, kein allzu großes Interesse an zu viel Heilpraktikern hat.

*Das hat dich von deinem Ziel nicht abbringen können?*
Ich hatte damals wirklich große Motivation, heute könnte ich das nicht mehr aufbringen.

*Ach, das ist ja ein interessanter Punkt. Du hast dich also rechtzeitig, als du noch Kraft hattest, auf deinen »Nach-Beruf« vorbereitet. Heute mit 60 könntest du diese Kraft nicht mehr aufbringen, glaubst du?*
Ja, ich musste die Nächte durcharbeiten, um mein Ziel zu erreichen, das könnte ich heute nicht mehr – da würden mir die Augen zufallen.

*Ich muss noch mal zurückkommen auf die Post. Hat man dir damals nahegelegt: »Sie können, wenn Sie wollen, aufhören, denn wir müssen einsparen.« War dir das recht, oder wie war das? Hat es dich eventuell verletzt, oder hat es geschmerzt, tut das weh, hat man das Gefühl, aha, man wird nicht mehr gewollt?*
Nein, bei mir war das nicht so. Allerdings gab es Kollegen, besonders Kollegen, die keine anderen Interessen hatten oder eventuell auch keinen Partner hatten oder keinen Freundeskreis, die wussten dann mit ihrer Zeit nichts anzufangen. Die standen dann vor einem Nichts.

*Weißt du, was aus denen geworden ist?*
Ja, von verschiedenen weiß ich, dass sie ohne ihre Arbeit krank geworden sind. Plötzlich waren sie viel daheim und hatten keine anderen Interessen. Die waren eigentlich gern auf die Arbeit gegangen. Manche sind sogar gestorben, obwohl sie noch gar nicht mal so alt waren.

*Und was machst du denn jetzt eigentlich?*
Ich bin Gesundheitsberater und habe mich spezialisiert auf das Thema Vitamine, auf das Thema Übersäuerung. Ich halte das für sehr wichtig, denn 90 Prozent der Menschen sind übersäuert.

*Und wie entsteht das, und wie äußert sich das?*
Es entsteht meist, weil die Betroffenen zu viel Süßes, zu viel Fleisch, zu wenig Obst und Gemüse essen. Das äußert sich durch viele Krankheitssymptome, angefangen mit Magenbeschwerden, Darmbeschwerden, Schlaflosigkeit und Immunschwäche bis zu Rheuma, Arthritis oder Arthrose, Schlaganfall oder Herzinfarkt. Ich will damit natürlich nicht sagen, dass Übersäuerung grundsätzlich zu all diesen Krankheiten führen muss. Man hat aber sogar festgestellt, dass jeder Krebskranke übersäuert ist. Ich muss allerdings erwähnen, dass das Thema Übersäuerung von der Ärzteschaft nicht anerkannt wird und sie sich auch nicht wirklich dafür interessiert.

*Fühlst du dich denn mit dem, was du jetzt machst, beruflich ausgefüllt*
Ja, absolut. Und das kann ich jetzt machen, solange ich will, übertrieben gesagt, bis ich nicht mehr laufen kann.

*Du sagst, Vitamine sind vor allem für ältere Menschen so wichtig?*
Ja, auf jeden Fall, weil Leute in besonderen Lebensumstän-

den, dazu gehören ältere Menschen, Sportler, Schwangere, einen erhöhten Bedarf an Vitaminen haben. Und gerade bei älteren Menschen wird am wenigsten dran gedacht. Ältere Menschen können Vitamine nicht mehr so gut verwerten wie jüngere.

*Du arbeitest aber auch öfter in Pflegeheimen?*
Ja, ich mache ab und zu Nachtdienst, um auch alten Menschen zu helfen.

*Hast du das Gefühl, die Menschen dort sind glücklich?*
Nein, oft werden sie auch von ihrer Familie überzeugt, dorthin zu ziehen, weil es das Beste für sie wäre, sie wären dort nicht alleine und hätten dort Kontakte. Sehr wenige sind dort glücklich.

Es gibt ganz unterschiedliche Fälle. Ich kenne zum Beispiel eine Frau, die hatte eine eigene Wohnung gehabt, die hatte mir immer gesagt, ich bin nur vorübergehend hier, mir geht es im Moment nicht so gut, ich gehe wieder nach Hause, meine Miete zahle ich noch, irgendwann gehe ich in meine Wohnung zurück – die ist nie wieder zurückgegangen!

*Was machst du denn da im Altenheim, bist du ein Pfleger?*
Ich mache Nachtdienst. Zum Beispiel muss ich – immer zu zweit, das ist Pflicht – mit einem anderen Pfleger die alten Menschen ein paarmal pro Nacht umlagern, weil sie sich sonst wundliegen. Wenn sie das Bedürfnis haben, mit einem zu sprechen, tun wir das natürlich. Sehr oft sind sie aber geistig weg, denn sie bekommen sehr viele Medikamente.

*Bei meiner Mutter hatte ich das Gefühl, sie war ständig unter Drogen.*
Ja, das ist in diesen Heimen ganz normal. Die haben ein unheimliches Sortiment an Tabletten. Was die alles bekommen,

Schlafmittel ... wenn eine mal nur ein bisschen aufgeregt ist am Abend, bekommt sie sofort ein Beruhigungsmittel. Man muss den Leuten am Abend Tabletten geben, und die gewöhnen sich so daran, dass sie die haben wollen. Wenn sie ihre Tabletten nicht bekommen, fragen sie schon danach, da fehlt doch eine? Wo ist die blaue? Die brauchen ihre Tabletten, und die Ärzte sind auch sehr großzügig mit dem Verschreiben.

*Das ist ja auch ein bisschen zu verstehen, es gibt zu wenig Personal und zu viele Patienten. Das ist wirklich ein Problem.*
Aber diese alten Menschen hören dort dann einfach auf zu leben. Inzwischen werden sehr viele Veranstaltungen in Seniorenheimen organisiert, aber meist fehlt bei den Bewohnern der Antrieb, sie zu besuchen. Vielleicht ist das Problem, dass die Bewohner auch durchschauen, dass das so ein Ablenken vom eigentlichen Warten ist.

*Kannst du dir vorstellen, dich zur Ruhe zu setzen?*
Mich zur Ruhe zu setzen bedeutet für mich zu sterben. Mich zur Ruhe zu setzen ist für mich der Anfang vom Ende. Nein, ich muss sagen, mein Alter interessiert mich eigentlich gar nicht. Was hat es auch mit dem Alter zu tun, was ich mache oder nicht mache.

*Hast du das Gefühl, dass du schwerer lernst?*
Ich kann Neues lernen, aber sicher merkt man, dass man etwas älter geworden ist. Da fällt einem halt mal dieses Wort nicht ein oder jenes. Aber ich lese die Gesundheitszeitschriften und bilde mich weiter.

Ich möchte unbedingt noch erwähnen, man muss etwas investieren für seine Gesundheit, rechtzeitig. Man sollte nicht leben, ohne an seine eigene Gesundheit zu denken. Das holt einen eines Tages ein. Man investiert ins Auto, in Tausende von Versicherungen, die man vielleicht gar nicht braucht, man investiert in seinen Urlaub, Zigaretten, Suchtmittel oder in ein teures Hobby, aber beim Thema Gesundheit wird man plötzlich sparsam. Das ist ein Denkfehler.

*Bist du eigentlich neugierig?*
Ich bin auf alles neugierig, was ich noch Neues lernen kann. Und dann habe ich die Erfahrung gemacht, dass es wichtig ist, einen gewissen Egoismus zu haben. Es gibt einen gesunden Egoismus, um seine Ziele zu erreichen. Ohne diesen Egoismus hätte ich meine Heilpraktiker-Prüfung nicht bestanden, das weiß ich heute.

## Hungerkünstler

»Hara hachi bu« heißt: »Stopf dich nicht so voll« – auf Japanisch. Ich las das in einem Bericht in der *Frankfurter Allgemeinen Zeitung* und wurde aufmerksam. Dass die Menschen in Japan eine außergewöhnlich hohe Lebenserwartung haben, ist eigentlich bekannt. Auch, dass es innerhalb Japans die Inselbewohner Okinawas sind, die am ältesten werden. Ich hatte das im vorigen Kapitel schon erwähnt. Doch dies wusste ich nicht: Laut diesem Zeitungsbericht nehmen die Menschen auf Okinawa täglich nur 1200 Kalorien zu sich. Das sind rund 20 Prozent weniger, als man eigentlich braucht, um satt zu werden. Die Spanne der Kalorienzahl, wie man sie in verschiedenen Medien nachlesen kann, ist groß und geht von 800 bis 1800. Auf jeden Fall kann man feststellen, dass es deutlich weniger sind als die bei uns üblichen 2300 Kalorien.

Im Rahmen einer von amerikanischen und japanischen

Wissenschaftlern durchgeführten Studie, der »Okinawa Centenarian Study«, wurde das Blut der alten Menschen untersucht. Die Wissenschaftler fanden eine bemerkenswert hohe Konzentration an Hormonen (Testosteron, Östrogen) und wenig freie Radikale. Die Bewohner Okinawas leiden seltener an Herzkrankheiten und Osteoporose, haben eine kräftigere Muskulatur und einen wachen Geist. »Den Körper immer ein wenig hungern zu lassen, das hält sie jung«, sagt Bradley Willcox, der stellvertretende Leiter der Studie[25].

Bereits am Anfang dieses Buches habe ich kurz von einem sehr merkwürdigen Experiment einiger Menschen berichtet, die beweisen wollten, dass man durch Hungern länger leben kann. Darauf möchte ich noch einmal zurückkommen.

Der amerikanische Arzt und Forscher Roy Lee Walford hatte sich 1991 mit drei Männern und vier Frauen in ein Riesenterrarium in der Wüste von Arizona für 731 Tage eingesperrt. Bei einer täglichen Kost von nur 1800 Kalorien wollte er an Menschen erforschen, was er bei Versuchen mit Mäusen schon festgestellt hatte. Nämlich dass Weniger-Essen längeres Leben bedeutet. Er selbst konnte leider das erwünschte lange Leben nicht erreichen, weil er im April 2004 79-jährig an den Folgen seines Projektes »Biosphäre 2« starb. Es sollte beweisen, dass man sein Leben verlängern könnte, indem man die Nahrungsaufnahme einschränke. Seiner Meinung nach hatte er sich in diesem »Hunger-Terrarium« aber aller Wahrscheinlichkeit die tödliche Nervenkrankheit ALS (Amyotrophe Lateralsklerose) zugezogen. Durch die Glaskuppel in dem Terrarium konnte kein ultraviolettes Licht eindringen, das normalerweise die Stickoxide aus den Bodenmikroben spaltet, und so entstand dort ein giftiges Gas, das die Teilnehmer des Projekts einatmeten.

Die Forschungsergebnisse aus dem Biosphäre-2-Experiment sprechen jedoch tatsächlich dafür, dass ein Weniger an Nahrung lebensverlängernd wirkt. Der Gesundheitszustand der Teilnehmer hatte sich nach diesem Experiment erheblich verbessert.[26]

Wissenschaftlich kann ich das natürlich nicht wirklich erklären, Professor Christoph M. Bamberger von der Universität Hamburg sagt dazu: Bei tierexperimentellen Daten zeige schon eine leichte Kalorienreduktion, dass diese Tiere bis zu 30 Prozent mehr Lebenserwartung haben, die Blutwerte würden besser, im Gehirn kämen weniger Alterungsprozesse vor. »Wir hatten niedrigere Insulinspiegel, niedrigere Blutzuckerspiegel, einen niedrigeren Blutdruck, und da gab es weniger oxidativen Stress bei diesen Tieren, die weniger Kalorien bekommen haben.«

Ein reduzierter Stoffwechsel lässt langsamer altern, je weniger Nahrung die Zellen bekommen, desto weniger verbrennen sie Zucker in Verbindung mit Sauerstoff.

Auch mit mehreren 100 Affen unternahm man in Gehegen des Nationalen Altersinstituts NIA (National Institute on Aging) in Baltimore, Maryland, ähnliche Experimente und kam zu gleichen Ergebnissen. »Die diätetisch lebenden Tiere altern langsamer«, berichtete der NIA-Forscher George Roth.

### Der blasse Dr. Schatzman isst weniger und will uralt werden

Dr. Roy Lee Walford entwickelte aus seinen Forschungen eine kalorienreduzierte Kost, nach der er bis zu seinem eigenen Tod lebte.

Angeregt durch die Thesen von Dr. Walford – bei einer kalorienreduzierten Ernährung altern wir langsamer und bleiben länger gesund –, lebt nun der sehr quirlige, auffallend blasse 71-jährige Psychiater Dr. Morton Schatzman nach dieser Diät schon seit 16 Jahren. Ich habe im SWR-Fernsehen in der Sendung *Odysso*[27] einen Bericht über ihn gesehen und war erstaunt, mit welcher Freude und Energie dieser zierliche Mann seine spartanische Diät vorstellte. Begeistert öffnete er seinen karg gefüllten Kühlschrank und erzählte: »Eines Tages fühlte ich mich nicht gut, ich realisierte, dass ich eines Tages sterben werde, ich entschied, ich möchte länger leben – also fing ich an mit meiner kalorienreduzierten Diät.«

Dr. Morton Schatzman zeigte in diesem Fernsehbericht seine »Schätze«: gefrorenen Lachs, dazu eine Gemüsemischung, dazu kommen Kohl und etwas Tomate, etwas rote Beete, Blaubeeren, die er einfriere, lauter Beeren und obendrauf Magerjoghurt. »Das ist wirklich lecker!«, sagt er.

Dann folgte ein Schwenk der Kamera in »seine Speisekammer«: Die bestand aus einem Schrank, der vor lauter Pillendosen, Schachteln und Schächtelchen mit Nahrungsergänzungsmitteln nur so überquoll. Das war irgendwie – na ja, sagen wir – interessant.

Der Kühlschrankinhalt sei exotisch, sagte der Kommentator, der Kühlschrankbesitzer aber irgendwie auch! Morton Schatzman arbeite mit Disziplin und Verzicht an sich, um ein hohes Alter zu erreichen. Er fände es aber nicht schwer, so zu leben, für ihn wäre es nicht wichtig, keine Süßspeisen essen zu können. Er nimmt einfach 30 Prozent weniger Kalorien zu sich als allgemein empfohlen. Übrigens lebt Dr. Schatzman mit einer Ehefrau, die sich normal ernährt und ihren eigenen Kühlschrank besitzt (recht hat sie). Morton Schatzman glaubt eisern an seine Diät, und er hält sich zusätzlich noch sportlich fit mit Krafttraining. Man muss auch zugeben, dass

Mr. Schatzman mit seinen 71 Jahren zwar blass, aber jung und agil wirkte.

Auffallend ist, dass alle Hochaltrigen tatsächlich schlank sind, Dicke sieht man unter Hochbetagten dagegen niemals.

Aber welcher Mensch will schon dauernd »hungern«? Die meisten sagen sich doch: Ich lebe lieber kürzer und dafür mit Genuss und Lebensfreude!

Professor Bamberger sagt dazu lächelnd: »Beim Menschen ist nicht bewiesen, ob sie mit entsprechender Diät auch entsprechend länger leben würden, denn diese Experimente wären schwer durchführbar, sie würden sehr lange dauern, und der Forscher würde darüber selbst versterben.«


## Wasser, Wasser, Fisch und abends nichts mehr

Natürlich bin ich keine Ernährungswissenschaftlerin, aber einige Anregungen habe ich mal zusammengestellt – zum Teil stammen sie aus unserem Alltag und zeigen, wie wir, mein Mann und ich, uns ernähren, und zum Teil handelt es sich um Gesundheitsempfehlungen, die man immer wieder hört und die einfach einleuchten und passen!

Wir erhalten immer wieder Briefe mit Fragen an meinen Mann, denn jeder möchte wissen, ob es da ein Geheimrezept hinsichtlich der Ernährung gibt, um so gesund so alt zu werden. Ich glaube nicht wirklich, dass es nur an unserer Ernährung liegt, aber ich will kein Geheimnis aus unseren Gewohnheiten machen, denn sie sind einfach anzuwenden, und wenn es anderen helfen sollten – na bitte:

Hier ein paar Beispiele unseres persönlichen Speiseplans.

Es gibt keinerlei festgesetzte Zeiten für unsere Mahlzeiten.

Wir essen dann, wenn wir Hunger haben. Wir essen viel Gemüse in gutem Extra-Vergine-Olivenöl angebraten, wir essen fast kein Fleisch mehr außer Tartar, Jopie trinkt gerne abends mal einen Whiskey und raucht ein, zwei, drei Zigaretten. Wir machen das, worauf wir wirklich Lust haben, und dann sind wir auch wirklich glücklich.

Wir essen nur zweimal am Tag – das hat sich bei uns so eingespielt. Morgens essen beziehungsweise trinken wir meistens nur Bananenmilchshake mit jeweils einem Teelöffel Weizenkleie. Bananen sind reich an diversen Vitaminen (Vitamin A und C), Mineralstoffen (insbesondere Phosphor, Eisen, Kalium, Magnesium, Mangan, Kupfer), Zucker und Ballaststoffen. Boris Becker hat nicht umsonst zwischen seinen kraftzehrenden Matches Bananen gegessen, Weizenkleie ist ein sanftes, natürliches Abführmittel. Das ist leicht und belastet nicht. Auf dass die Verdauung klappt – das ist wichtig für den Darm und gegen Darmkrebs.

Eine Lieblingsspeise ist Haferbrei mit Zimt und Zucker, Honig und einem Stipp Butter – ebenso mit einem Teelöffel Kleie. Haferflocken sind reich an (guten) Fettsäuren und bilden im Körper daher eine wichtige Energiereserve.

Wir essen sehr viel Obst, aber saisonbedingt – Spargel und Erdbeeren im Winter müssen nicht sein. Es gibt doch sowieso schon so viel Abwechslung – und trotzdem, reife exotische Früchte machen auch Spaß!

Es gibt einen Entsafter in unserem Haushalt. Inzwischen haben wir die gesamte Familie damit beglückt, und auch all unsere Freunde bekamen zu wichtigen Anlässen wie Geburtstag oder Weihnachten einen Entsafter geschenkt. Keiner entkam uns!

Dieser Entsafter kann mit frischem Obst und frischem Gemüse jeglicher Art gefüllt werden, man muss wenig schnippeln, hat wenig Arbeit, kann das Gerät mit großen Obstteilen befüllen, und man hat dann den Vorteil, drei Fliegen mit einer Klappe zu schlagen. Man nimmt viel Flüssigkeit zu sich, es ist außerdem unglaublich gesund. Und es schmeckt!

Jeden Freitag holt unsere Amalia beim Fischhändler holländische Matjesheringe, Matjes – nur mit etwas Zwiebeln oder einer sauren Gurke dazu. Das ist natürlich holländische Tradition im Hause Heesters – Omega-3-Fettsäuren werden vom Körper nicht selbst hergestellt! Deshalb sollte man täglich eine entsprechende Menge zu sich nehmen. Erst jetzt, im Zuge meiner Arbeit an diesem Buch, habe ich gelesen, wie gesund das ist, was wir da regelmäßig machen.

Haben Sie den Namen Hendrikje van Andel-Schipper schon einmal gehört? Sie ist – oder besser – war eine Landsfrau meines Mannes. Als sie im Sommer 2005 starb, war sie 115 Jahre alt. Ihren Körper stellte sie der Wissenschaft zur Verfügung, und die staunte nicht schlecht: Das Gehirn der alten Dame war durch und durch gesund. Der Neuroanatom Gert Holstege vom Medizinischen Zentrum der Universität Groningen, der die Untersuchungen durchführte, sieht damit eine tief verwurzelte Annahme widerlegt, wonach jeder Mensch irgendwann an Demenz leidet, wenn er nur alt genug wird. Der Wissenschaftler sieht in den gesunden Arterien von Hendrikje van Andel-Schipper den Hauptgrund für ihr langes Leben. Sie selbst war sich vielleicht gar nicht darüber im Klaren, wie gesund sie sich ernährte.

»Ich esse jeden Tag einen Matjes und trinke ein Glas Orangensaft«, sagte sie einmal. »Und ich atme.«

In allen Ernährungsempfehlungen ist zu lesen, dass vor allem in fetten Kaltwasserfischen wie Hering, Lachs, Sardinen oder Makrelen, aber auch in Pflanzenölen wie Leinsamen-, Raps- und Sojaölen der meiste Anteil der Omega-3-Fettsäuren zu finden ist und welchen positiven Einfluss diese mehrfach ungesättigten Omega-3-Fettsäuren als Vorbeugung auf Herzprobleme und Arterienverkalkung haben.

Wer keinen Fisch mag, sollte vielleicht bei der Zubereitung eines Salats auf Omega-3-haltige Öle wie zum Beispiel Walnuss-, Raps- oder Sojaöl umsteigen.

Man kann Omega-3-Fettsäuren auch in Form von Kapseln als Nahrungsergänzungsmittel zu sich nehmen.

Neueste klinische Forschungen an Mäusen haben sogar ergeben, dass Mäuse, die mit Omega-3-Fettsäuren ernährt wurden, weniger Demenzsymptome aufwiesen als ihre Artgenossen, die keine Omega-3-Fettsäuren erhielten. Also eine neue Hoffnung der Therapiemöglichkeiten gegen Alzheimer. Aber bis jetzt gibt es noch keine medizinischen Nachweise für eine solche Wirkung bei Menschen.

Blumenkohl! – Das Haus stinkt wie ein einziger Mülleimer, aber Amalia sagt: »Blumenkohl ist sehr gesund!« Jopie isst ihn sehr gerne mit einem halbweich gekochten Ei und Kartoffelpüree. Ich habe jetzt festgestellt: Gedämpft stinkt er nicht ganz so entsetzlich, und so soll er noch gesünder sein!

Blumenkohl enthält unter anderem Folsäure, Calcium, Kalium, Kupfer, Nikotin (vielleicht liebt mein Mann ihn deshalb so sehr!), Phosphor, verschiedene Vitamine wie Vitamin G, $B_6$, Zink und Zellfasern.

Schon immer aß mein Mann, und er tut das heute noch, Knoblauch in großen Mengen, und er schwört darauf. Früher hat er Knoblauchzehen roh gegessen und dann sogar selbst einen Knoblauchschnaps nach eigenem Rezept kreiert.

Die Aminosäure L-Alliin und das Enzym Alliinase sind die Wirkstoffe des Knoblauchs, das Enzym setzt aus Alliin den Wirkstoff Allicin frei, und der ist verantwortlich für die Wirkung des Knoblauchs und auch den berüchtigten Geruch.

Außerdem enthält der Knoblauch Vitamin A, B$_1$, Nicotinamid und Vitamin C. Man sagt Knoblauch nach, dass er vor allem das Herz schütze, gut für die Gefäße und die Fließfähigkeit des Blutes sei, also dass man ihn als Vorbeugung gegen Arterienverkalkung essen sollte.

Man sagt auch, dass in medizinischen Studien bewiesen wurde, dass Knoblauch den Cholesterinspiegel im Blut senke. Knoblauch vermindere zusätzlich die Bildung der schädlichen, freien Radikale, die auch verantwortlich seien für Tumorwachstum.

Mein Mann hat heute noch Blutwerte eines jungen Mannes, und er führt das natürlich auch auf seine Vorliebe für Knoblauch zurück – aber sicher hat das auch mit seiner positiven Lebenseinstellung und seinen vorzüglichen Genen zu tun.

Fertiger Tomatensaft ist auch ein Lieblingsgetränk von ihm – übrigens angeregt durch unsere viele Fliegerei, da bekommt man ja immer Tomatensaft mit Pfeffer angeboten, und nun will er ihn auch zu Hause angeboten bekommen!

Ja, die Tomate!

Die könnte ich zu jeder Tageszeit und Nachtzeit essen. Lange wurde die Tomate als Liebes- oder Goldapfel bezeichnet, in Österreich sogar als Paradiesapfel (oder Paradeiser, was nicht so schön klingt), vielleicht wegen ihrer sinnlich aussehenden Form und Farbe.

Die Tomate besteht zu 95 Prozent aus Wasser, sie enthält etwa dreizehn Vitamine, etwa Vitamin A, B$_1$, B$_2$, C, E, Niacin sowie Mineralstoffe, einen besonders hohen Kaliumgehalt, Folsäure und Spurenelemente. Der rote Farbstoff Lycopin, ein Carotinoid, ist antioxidativ, also ein »Freie-Radikalfänger«. Die Tomate ist äußerst kalorienarm und entwässert, senkt den Blutdruck. Man sollte möglichst täglich ein Viertelpfund Tomaten essen.

Das Interessante dabei ist, dass das Lycopin, das für die Stärkung der Abwehrkräfte zuständig sein soll, seine gesundheitsfördernde Wirkung auch dann noch beibehält, wenn die Tomate erhitzt wird. Also egal ob wir sie roh, in Form von Suppen, Saucen oder sogar als Ketchup verspeisen, die Tomate bleibt ein äußerst gesundes Lebensmittel.

Allerdings ist sie ein Nachtschattengewächs, also sollte man den Stielansatz und die grünen Stellen rausschneiden, denn die enthalten das giftige Solanin.

Außerdem sollte man Tomaten nicht im Kühlschrank aufbewahren, wie das ja fast ein jeder tut – sie verliert an Geschmack!

Und dann noch etwas Entscheidendes bei uns: Wir essen abends nichts mehr!

Wie schon erwähnt, essen wir eigentlich nur zweimal am Tag – Frühstück erst um circa halb elf und die zweite Mahlzeit so gegen 17 Uhr und abends gar nichts, außer einem Glas Wein – oder zwei!

Früher hatte ich immer Gewichtsprobleme, ständig dachte ich darüber nach, was könnte ich nur essen, was schmeckt und nicht dick macht. Seit ich mit meinem Mann zusammen bin und er mir beibrachte, dass er mit mir am liebsten so gegen fünf oder sechs Uhr zum letzten Mal am Tag essen wollte und dann abends nichts mehr, kann ich wirklich alles und so viel essen, wie ich will (auch ganz schön viel Eis), ich brauche mich mit keinerlei Diät zu quälen und halte mein Gewicht seit Jahren. Wir trinken abends sehr wohl gemütlich unseren Wein, aber wir gehen eben nicht mit vollem Magen zu Bett (und eigentlich selten vor zwölf Uhr abends).

Wasser – Wasser – Wasser!

»Alles ist aus dem Wasser entsprungen und alles wird durch Wasser erhalten.« (Johann Wolfgang von Goethe)

Nicht selten ist »nur« Wassermangel der Grund dafür, dass man Kopfschmerzen hat, sich müde, schwindelig und matt fühlt bis hin zu Antriebs- und Konzentrationsschwäche.

Wenn man zu wenig trinkt, kann es sogar so weit kommen, dass man Symptome aufweist, die auf eine schwere Krankheit hinweisen könnten (Verwirrtheit, Schlaganfall ...), in Wirklichkeit sind es Anzeichen einer schwerwiegenden »Austrocknung«, eines erheblichen Wassermangels. Das Gehirn ist ein sensibles Organ und reagiert sofort.

Der Körper besteht zu circa 75 Prozent, das Gehirn sogar zu 85 Prozent aus Wasser. Schon zwei Prozent Flüssigkeitsverlust führen zu einer Verminderung der Leistungsfähigkeit.

Nachts während des Schlafens verliert der Körper erheblich an Flüssigkeit. Wenn Jopie oder ich in der Nacht oder morgens aufwachen, trinken wir einfach mal ein Glas Wasser aus dem »Kran« (schön altmodisch), dem Wasserhahn im Bad!

Man sagt, es sei gut, eine halbe Stunde vor dem Essen ein Glas Wasser zu trinken. Direkt nach dem Essen sollte man dann möglichst nichts trinken, weil sonst die Magensäure verdünnt und so der Verdauungsprozess gestört würde. Nach circa zwei Stunden sollte man wieder viel trinken, damit nun die verdauten Speisen durch den Darm wandern können. Für diese »Reise« braucht der Darm sehr viel Wasser!

Man muss meist nach Trinken von Kaffee, Tee und auch Alkohol aufs »Häuschen«, denn diese Getränke enthalten harntreibende Substanzen und entziehen dem Körper Wasser. Deshalb ist es gut, immer zusätzlich ein Glas Wasser zu trinken. Beim Italiener etwa bekommt man zum winzigen Espresso ein großes Glas Wasser!

Die junge Generation von heute hat es begriffen: Immer

öfter sieht man heute Kinder und Jugendliche mit großen Wasser-Plastikflaschen im Rucksack.

Und noch etwas: *Kaugummi kauen*!

Studien haben gezeigt, dass das ständige Kauen die Hirndurchblutung fördert.

## Vitaminkapseln?

Und dann gibt es noch das Thema mit den Nahrungsergänzungsmitteln und Vitamintabletten: Vitamine, Mineralstoffe, Spurenelemente und so weiter. Soll man sie wirklich nehmen oder nicht? Auch da scheiden sich die Geister.

Angeblich nehme man alles, was man an Nährstoffen brauche, in ausreichender Menge auf, wenn man sich vielseitig und abwechslungsreich ernähre. Bei älteren Personen jedoch sei es sinnvoll, Nahrungsergänzungsmittel zu nehmen, denn sehr häufig würden bestimmte Nährstoffe nicht mehr so gut vom Körper aufgenommen.

Wir nehmen sie also – vor allem im Winter, auch wenn wir nicht wirklich wissen, ob ihr Nutzen medizinisch erwiesen ist. Aber wir fühlen uns gut, unsere Laborwerte sind phantastisch, das ist ja das Entscheidende. (Die Werte meines Mannes sind natürlich besser als die meinen.) Also vielleicht ist was dran.

Wir nehmen die Vitamintabletten aber nicht regelmäßig, denn eine Überdosierung in einzelnen Fällen wie beispielsweise von Vitamin A oder Vitamin D kann auch schädlich sein. Und wenn wir viele Vitamine in Form von Obst zu uns genommen haben, verzichten wir auf Vitaminpillen.

Die Einnahme von einem Vitamin-B-Präparat zum Beispiel kann sinnvoll sein, denn das Vitamin $B_{12}$ wird bei älteren

Menschen sehr schlecht vom Körper aufgenommen. Anzeichen eines Vitamin-B$_{12}$-Mangels können bei erwachsenen Personen Kribbeln und Kältegefühl in Händen und Füßen sein, Erschöpfung, Schwächegefühl, Konzentrationsstörungen bis hin zu Psychosen.

Im Radio habe ich kürzlich einen Bericht gehört, da ging es um die Nahrungsergänzungsmittel, und eine Ernährungswissenschaftlerin sagte, dass man diese Tabletten, Kapseln, Pillen oder Brausetabletten nur nehmen solle, wenn ihre Wirksamkeit über gute wissenschaftliche Studien belegt ist. »Finger weg von Billigprodukten aus dem Supermarkt. 90 Prozent davon sind gesundheitlich bedenklich.« Konkreter war's leider nicht.

Abschließend: Wir für uns halten es folgendermaßen: Nahrungsergänzungsmittel ja, aber nur in Maßen!

An Tabletten ganz anderer Art denkt man unwillkürlich beim nächsten Thema – aber um die soll es nicht gehen.


## »Und das ist auch gut so ...!«
## Partnerschaft und Sexualität im Alter

Einer der vielbeachteten Filme in letzter Zeit war *Wolke 9* von Andreas Dresen. Hochgelobt, zu Recht. Für Preise nominiert und mehrfach ausgezeichnet, zu Recht. Die Schauspieler grandios, die Regie wunderbar. Ein berührender Film – und doch habe ich ein Problem damit.

Es geht in dem Film um eine 60 Jahre alte Frau, die sich nach 30 Jahren Ehe in einen anderen verliebt. Nicht in einen Jüngeren, wie uns das in Hochglanzmagazinen gerne »vorgelebt« wird, sondern in einen 76-Jährigen. Die beiden leben ihre Leidenschaft und ihre Gefühle aus. Sie sind glücklich.

Wirklich unbeschwert ist die Frau aber nicht, kann sie auch nicht sein, denn da ist noch ihr Mann, mit dem sie seit Jahrzehnten ihr Leben teilt. Sie gehen nicht achtlos miteinander um. Man hat nicht den Eindruck, dass in ihrer Beziehung noch etwas dazwischenkommen könnte. Doch genau das passiert. Die Frau erzählt ihrem Mann von ihrer außerehelichen Beziehung und verlässt ihn schließlich. Sie zieht zu ihrem Geliebten und bleibt auch bei ihm. Doch der verlassene Ehemann verkraftet das nicht. Am Ende ist er tot: Er hat sich das Leben genommen.

Und genau hier beginnt mein Problem.

Es ist nicht das Sichbekennen zu seiner Leidenschaft im Alter. Es sind nicht die Nacktszenen, der Sex im Alter. Es ist die Botschaft am Ende des Films: Wenn du im Alter deinen Mann betrügst, wenn du deine Ehe aufs Spiel setzt, wenn du im Alter außerehelichen Sex hast, dann wirst du bestraft. Denn der Mensch, den du verlässt, bringt sich um.

Also: Kein Sex im Alter, vor allem nicht fremdgehen, nichts Neues ausprobieren! Das ist es leider auch, was ich aus diesem Film mitnehme. Wobei eines natürlich klar ist: Geht eine Ehe in die Brüche, weil einer der Partner sich neu verliebt, bleibt der andere meist auf der Strecke. Da spielt das Alter keine Rolle.

Ich habe über *Wolke 9* oft gelesen, der Film würde sich eines Tabuthemas annehmen: Erotik und Sexualität im Alter. Noch nie zuvor waren Sexszenen mit Menschen über 60 im Kino zu sehen. Insofern sollten sich diesen Film alle ansehen, die der Meinung sind, Menschen haben ab einem gewissen Alter keinen Sex mehr, weil es nicht mehr geht oder weil sie es nicht mehr wollen.

Enttabuisierung hat für mich aber nicht nur die Bedeutung, dass alles öffentlich diskutiert und gezeigt werden muss. Viel wichtiger finde ich, den Menschen das Gefühl zu geben, dass sie sich nicht in »verbotenen Gefilden« bewegen, wenn sie im Alter leidenschaftlich sind, wenn sie sich körperlich lieben oder sich neu verlieben. Es ist weder moralisch verwerflich noch unerwünscht. Ich würde das eine »innere Enttabuisierung« nennen. Die Botschaft müsste lauten: Lebe deine Gefühle, so wie du sie empfindest, und lass dich nicht von denen unter Druck setzen, die alles laut in die Welt hinausschreien müssen.

Ohnehin finde ich diese Sendungen, in denen sich Menschen öffentlich ihre Beziehungsprobleme an den Kopf brüllen, abartig.

Mein Verlag meinte, das Thema »Sex im Alter« müsse auch in einem Buch wie diesem behandelt werden. Doch da stoße ich an meine Grenzen, denn bei allem, was ich dazu zu sagen habe, werden Rückschlüsse auf das Privatleben von meinem Mann und mir gezogen – »ein so alter Mann mit einer erheblich jüngeren Frau! Wie geht das? Wie machen die das? Ich kann mir das nicht vorstellen!« Und, und, und …

Mein Mann und ich haben in all der Zeit, in der wir zusammen sind, versucht zu vermeiden, über dieses Thema in der Öffentlichkeit zu sprechen. Bis jetzt mit Erfolg, und so soll es auch bleiben. Man kann sich kaum vorstellen, wie viele Talkshows, Reportagen, Interviewanfragen an uns herangetragen wurden, wir sollten doch bitte zu dem Thema: »Altersunterschied! – Liebe im Alter –– Glückliche Paare im Alter – Sex im Alter – Außergewöhnliche Paare« etwas Kluges sagen. Wir konnten stets verhindern, uns dazu zu äußern. Das gilt auch für dieses Buch. Nein – ich, wir wollen unserem Prinzip treu bleiben!

Und um ehrlich zu sein, auch wenn ich mit einem gleichaltrigen Mann zusammen wäre, würde ich nicht aus dem »Nähkästchen« plaudern beziehungsweise schreiben. Denn jeder Beziehung wohnt ein Zauber inne, und wenn er öffentlich besprochen wird, wird dieser Zauber zerstört. Davon bin ich überzeugt.

Ich sage nur eins: Gefühle und Leidenschaft fragen nicht nach dem Alter. Auch Altersunterschiede spielen keine Rolle. Nur eines zählt: wirklich LIEBEN!

Das ist mein Credo!


## Nähe oder Distanz?

Kinder, wenn sie erwachsen geworden sind, tun sich immer wieder schwer damit, sich die eigenen Eltern beim Sex vorzustellen. Sexualität in Verbindung mit Mutter und Vater hat stets etwas mit Fortpflanzung zu tun. Nach dem Motto: Wir sind drei Geschwister, also hatten unsere Eltern exakt dreimal Sex.

Ich könnte viele Statistiken zur Hand nehmen, die darüber Auskunft geben, wie viele Menschen im Alter noch Sex haben. Simone de Beauvoir nennt »nackte« Zahlen. Einige Publikationen beschäftigen sich mit der Frage, wie die jetzt »in die Jahre gekommene 68er-Generation« das lebt, wofür sie unter anderem gekämpft hat – eine freie Sexualmoral. Und in Professor Dieter Ottens *50+ Studie*[28] spielt das Thema »Sexualität im Alter« natürlich auch eine Rolle.

Doch noch ein immens wichtiger Bereich gehört dazu, ohne den meines Erachtens Sexualität sowieso nicht funktioniert: Partnerschaft, Beziehung, Ehe. Ich finde, das Schlimmste, was einem alten Menschen passieren kann, ist Einsamkeit. Nur 40 Prozent der über 65-Jährigen, habe ich gelesen, leben mit einem Ehepartner zusammen. Das heißt zwar nicht, dass die anderen 60 Prozent alle einsam sind, aber ich weiß auch, dass viele Menschen im Alter alleine leben und viele, zu viele, alleine sind. Oft natürlich nicht freiwillig, sondern weil sie verwitwet sind.

Wenn man aber das Glück hat, einen Partner zu haben, mit dem man zusammen alt werden kann, dann muss man das auch pflegen wie ein junges, zartes Pflänzchen. Eben wie etwas, das man am meisten liebt.

Jede lang währende Beziehung durchlebt verschiedene Phasen. Wenn man seine Beziehung lebendig halten will, gilt es, auch daran zu arbeiten. Entscheidend sind Vertrauen, Toleranz, Verständnis, keine Heimlichkeiten, aber vor allem sollte man sich davor hüten, den anderen ändern zu wollen. Denn der »andere« ist so, wie er war. Er hat sich nicht verändert. Verändert haben sich die äußeren Umstände. Mit dem Eintritt in den Ruhestand zum Beispiel. Plötzlich ist man viel mehr zusammen, die Kinder sind aus dem Haus. Der Abschied vom Berufsleben muss bewältigt werden. Man muss sein Leben neu strukturieren.

Von heute auf morgen den ganzen Tag zu Hause zu sein und 24 Stunden den Partner oder die Partnerin um sich zu haben, bedeutet für viele Beziehungen eine große Belastung. Was macht man mit so viel gemeinsamer Zeit? Klar, man beginnt, den Partner unter die Lupe zu nehmen, und entdeckt plötzlich Eigenheiten an ihm, die er zwar immer schon hatte, die man bisher aber übersah. Und fängt an, den Partner zu ändern.

Stopp!

Ich weiß aus Begegnungen und Gesprächen, die es im Laufe der Arbeit an diesem Buch gab, dass es ein allgemein gültiges Strickmuster nicht gibt. Für die einen sind intensive Nähe und das Ausleben gemeinsamer Interessen das Richtige. Andere wiederum brauchen mehr Distanz und Zeit für sich. Der gegenseitige Austausch und der Respekt voreinander sollten es möglich machen, dass man eine harmonische und für beide beglückende Partnerschaft im Alter leben kann.

## Unter Freunden – von der Kunst, zusammen älter zu werden

Ein gutes Umfeld ist für gesundes Altern mindestens genauso wichtig wie gute Ernährung, Gesundheitsvorsorge, Bewegung und Aktivität. Man ist selbst dafür verantwortlich, wie man sein eigenes Alter gestaltet.

Einsamkeit verhindern! Aber wie?

Ich glaube, man sollte sich früh, am besten schon mit etwa dreißig, einen Freundeskreis aufbauen und ihn auch nicht vernachlässigen, wenn man in einer engen Beziehung lebt. Freundschaften sorgen für gesellschaftliche, mitmenschliche Integration. Und auch immer wieder offen zu sein für ganz neue Bekanntschaften und Freundschaften, halte ich für wichtig, denn das weitet den Horizont.

Selbst im hohen Alter noch neugierig zu sein auf andere Lebensgeschichten und Ansichten, Anteil zu nehmen auch an den Dingen, die meine Mitmenschen beschäftigen – das führt umgekehrt dazu, dass da jemand ist, der sich für mich und mein Leben interessiert.

Für jemanden da zu sein und jemanden zu haben, der für einen da ist. Gebraucht zu werden und zu zeigen, dass man jemanden braucht. Auch darum geht es, wenn Menschen Beziehungen miteinander haben.

Gefühle altern nicht – und das ist auch gut so!

# 5
# Lassen Sie sich bewegen, sich zu bewegen

Die Evolution hat den menschlichen Körper für ein Leben in Bewegung konditioniert. Davon ist heute nicht mehr viel übrig. Was unseren Alltag bestimmt, ist Bewegungsarmut, die uns über kurz oder lang krank macht. Über die Auswirkungen und Einflussmöglichkeiten körperlicher Aktivität auf die Erhaltung unserer Gesundheit und die Vermeidung von Krankheiten habe ich lange und intensiv mit Dr. Christoph Rott vom Institut für Gerontologie an der Universität Heidelberg gesprochen. Er hat ein sehr einfaches und aufforderndes Motto: Nur keine Schonung!

## www.krafttraining-ist-gut.de – von Such- und Kraftmaschinen

Dies ist natürlich eine erfundene Internetadresse, aber haben Sie schon einmal versucht, im Internet das Wort altern zu »googeln«?

»Nein«, werden jetzt vermutlich einige der jüngeren Leser sagen. »Altern? Damit hab ich nichts am Hut. Dafür bin ich zu jung ...«

Und »nein« werden ebenfalls einige der alten Leser sagen. »Internet? Damit hab ich nichts am Hut. Dafür bin ich zu alt ...«

Sowohl die Jungen als auch die Alten, die sich hier angesprochen fühlen, liegen meiner Ansicht nach völlig falsch.

Wenn man jung ist, denkt man nur sehr selten über das eigene Altern nach. Die Familie, der Beruf, die Karriere – alles hält einen auf Trab. Da bleibt kaum Zeit, um über etwas nachzudenken, was – so fatalistisch denken wir – ohnehin unausweichlich auf uns zukommt. Das uns aber jetzt noch sehr, sehr weit weg zu sein scheint. »Darüber denke ich nach, wenn es so weit ist«, konstatiert der junge Mensch und schlägt in diesem Augenblick vielleicht das Buch zu. Was natürlich schade wäre …

Viel schlimmer jedoch und von viel weiter reichender Konsequenz ist ein anderer Punkt: Wenn mein eigenes Altern nicht in meinem Bewusstsein stattfindet, wie steht es dann mit den alten Menschen um mich herum? Wie gehe ich mit ihnen um, welchen Blick habe ich auf sie? Gehen mir ältere Kollegen am Arbeitsplatz auf die Nerven? Werde ich ungeduldig, wenn an der Supermarktkasse ein alter Mensch vor mir in der Schlange steht?

Ich bin fest davon überzeugt, dass der direkte oder auch indirekte Umgang mit alten Menschen in meiner Gegenwart die Grundstimmung erzeugt für mein eigenes Altern. Und umgekehrt natürlich genauso: In dem Moment, wenn das eigene Altern in meiner Vorstellung nicht mit Ängsten einhergeht und nicht in dunkel-tristen Visionen mündet, in diesem Moment ändern sich mein Verhalten alten Menschen gegenüber und mein Blick auf sie. Ich empfinde kein Mitleid, ich verspüre keine Ungeduld, ich stelle verblüfft fest, dass es so etwas wie Lebensfreude auch jenseits der 70 noch gibt.

Donnerwetter, wer hätte das gedacht?!

Und wenn man alt ist, gibt man vielleicht vor, dass einen die ganzen technischen Neuerungen der heutigen Zeit überhaupt nicht interessieren. Computer, Internet, E-Mail – das ist alles für die Jungen. Dieses Desinteresse ist meiner Ansicht und auch meiner Erfahrung nach nicht nur vorgeschoben, sondern auch vorgetäuscht. Es stellt sich nur die Frage, ob die Betreffenden das auch merken. Mangelndes Selbstvertrauen – und um nichts anderes geht es – ist einem nicht immer bewusst. Viele alte Menschen trauen sich selbst nicht mehr viel zu. Häufig wird ihnen das leider auch von ihrer Umwelt suggeriert. Das Unvermögen, sich einer neuen Materie anzunehmen und sie gar zu verstehen und zu bewältigen, wird den Alten einfach pauschal unterstellt. Einerseits aus falsch verstandener Fürsorge, andererseits aus purer Unkenntnis und Ignoranz.

Doch zumindest was die Internetnutzung der sogenannten Generation 50 plus betrifft, gibt es neue Zahlen, die hoffen lassen: Das Meinungsforschungsinstitut TNS Infratest führte 30.000 repräsentative Interviews und kam zu dem Ergebnis, dass der Anteil älterer Menschen, die das Internet nutzen, mit 44,9 Prozent zwar deutlich unter dem bundesweiten Durchschnitt von 69,1 Prozent liegt, dass es jedoch in der Gruppe der 60- bis 69-Jährigen mit 6,5 Prozent plus die höchste Steigerungsrate gibt. Damit ist knapp die Hälfte, nämlich 48,8 Prozent, in dieser Altersgruppe online. Immerhin. Deutlich abwärts geht es dann allerdings bei den über 70-Jährigen. Noch nicht einmal jeder Fünfte nutzt hier das Medium Internet.

Da gibt es also noch viel Aufklärungsarbeit zu leisten und viele Hemmschwellen zu beseitigen. Denn das Internet bietet für Menschen jeden Alters eine Fülle an Möglichkeiten, sich zu informieren, etwas zu lernen, sich auszutauschen. Und ehrlich gesagt, man muss nicht die entferntesten Winkel der virtuellen Welt erkundet haben, um den Nutzen des

Internets schätzen zu können. Man muss nicht, aber man kann.

Wenn man also beispielsweise – und damit bin ich wieder am Ausgangspunkt – den Begriff »altern« in der Suchmaschine eingibt, werden innerhalb von gut 40 Sekunden über 4,2 Millionen Ergebnisse gefunden und aufgelistet. Ich finde das beeindruckend. Die tausend und abertausend Seiten kann man unmöglich alle lesen oder auch nur anklicken. Aber man beginnt, sie zu durchstöbern, und landet mit ein bisschen Glück und Geduld bei Dr. Christoph Rott, Diplompsychologe am Institut für Gerontologie an der Ruprecht-Karls-Universität in Heidelberg. Er konzentriert seine Forschung und wissenschaftliche Arbeit auf Themen wie »Funktionale Gesundheit im Alter«, »Geistige Leistungsfähigkeit im Alter«, »Körperliche Aktivität im Alter«, »Gesundheitsförderung und Prävention – insbesondere Risikoreduktion für Demenzen«, »Psychologische Stärken im Alter« und so weiter. Als Projektleiter der »Heidelberger Hundertjährigen-Studie« beschäftigt er sich auch mit dem Thema »Hochaltrigkeit«.

Und wie es der Zufall so will – es war wirklich ein Zufall! –, entdecke ich auf der Homepage des Instituts ein Foto, das meinen Mann beim Krafttraining zeigt. Dazu muss ich kurz erzählen, dass mein Mann seit Jahren regelmäßig, meist zweimal pro Woche, in einem Sportstudio Krafttraining macht. Da er auch damit nicht dem gesellschaftlich gängigen Bild von einem alten Menschen entspricht, waren der Widerstand und das Unverständnis ja vorprogrammiert, das ihm und auch mir entgegengebracht wird, wenn wir darüber erzählen. Bei einer Podiumsdiskussion bin ich einmal sehr angegriffen worden, als ich tatsächlich wagte, die These aufzustellen, körperliche Aktivität und insbesondere Krafttraining könnten das Risiko, an Demenz zu erkranken, senken. Da ich keine Wissenschaftlerin bin, wurde ich natürlich nicht ernst genommen. Und ich konnte als Beleg ja auch nur meinen Mann anführen, der sein Leben lang Sport gemacht hat und heute weder Zucker hat noch Bluthochdruck und auch nicht an Demenz leidet.

Und doch: So gerne man an die Einzigartigkeit des eigenen Lebenspartners glaubt, so wenig konnte ich mir vorstellen, dass körperliche Aktivität nur meinem Mann guttut und bei anderen alten Menschen keinerlei Effekt haben soll. Wie steht es also mit den Auswirkungen körperlicher Aktivitäten auf das Demenzrisiko, auf die Vermeidung anderer Krankheiten? Kommt dem Krafttraining eine besondere Bedeutung zu? Habe ich auf der Podiumsdiskussion wirklich Unsinn erzählt? Oder sind die Menschen vielleicht einfach noch nicht bereit für neue Wahrheiten?

Ich rufe Dr. Rott in Heidelberg an, erzähle ihm, dass ich an einem Buch arbeite, und bitte ihn um einen Termin, damit ich ihm all diese Fragen stellen kann. Wir vereinbaren ein Treffen, und ich mache mich auf den Weg nach Heidelberg.

Es war Professorin Ursula Lehr, die das Institut für Gerontologie im Jahr 1986 gründete. Sie gilt als führende Wissenschaftlerin im Bereich der Alternsforschung. Im Kabinett von Helmut Kohl war sie von Dezember 1988 bis Januar 1991 Bundesministerin für Jugend, Familie, Frauen und Gesundheit. Heute leitet Professor Andreas Kruse das Institut, der 1997 Ursula Lehrs Nachfolger wurde. Das Institut ist Kooperationszentrum der Weltgesundheitsorganisation (WHO), bietet einen Aufbaustudiengang Gerontologie an sowie einen Lehramtsstudiengang in dieser Fachrichtung.

Gerontologie ist nicht zu verwechseln mit der Geriatrie, die sich mit den Krankheiten des alternden Menschen befasst und somit ein Teilbereich der Medizin ist. Dagegen geht es bei der Gerontologie um die Prozesse des Alterns in all seinen Aspekten, also um psychische Vorgänge, soziale und wirtschaftliche Bedingungen, um politische und gesellschaftliche Belange.

Als ich Dr. Rott und seine Kollegin Dr. Daniela Jopp treffe, berichte ich über das Krafttraining meines Mannes und bin insgeheim ein bisschen stolz, als Dr. Rott erzählt, es beeindrucke ihn sehr, dass mein Mann sein Leben lang auf körperliche Fitness geachtet habe und das heute noch tut. Er habe auch in einem Vortrag über meinen Mann gesprochen und ihn »quasi als Prototypen zukünftig alternder Personen« vorgestellt.

Unter einem Prototyp verstehe ich zunächst ein »einzelnes Modell«, das, wenn es gut funktioniert, über kurz oder lang »in Serie« geht.

*Stimmt das, Dr. Rott? Kann man davon ausgehen, dass in Zukunft viele alte Menschen Krafttraining machen werden?*

»Das Bild Ihres Mannes an den Trainingsgeräten spiegelt wider, was ich als Wissenschaftler propagiere: Im Alter tritt ein erheblicher Kraftverlust ein, der durch dieses gerätegestützte Krafttraining sehr gut aufgefangen werden kann. Mitte der 90er Jahre haben wir in den USA einen Kongress ausgerichtet: ›Physical activity, aging and sports‹ – also körperliche Aktivität, Altern und Sport‹. Da waren 700 Teilnehmer aus der ganzen Welt da. Es ging eigentlich nur darum: um dieses Krafttraining. 1995 bereits!

Da merkte ich schon, dass es große kulturelle Unterschiede gibt zwischen Deutschland und den Vereinigten Staaten. In Deutschland gab es in den Sportgruppen für Senioren Hocker-Gymnastik und Beweglichkeitsübungen. In Amerika hingegen ging es, ganz wissenschaftlich basiert, darum, physiologische Defizite, die im Alter auftreten, gezielt zu kompensieren. Das war ein Unterschied wie Tag und Nacht.«

*Hat sich denn seit damals auch in Deutschland etwas weiterentwickelt?*

»In den letzten Jahren hat sich nicht sehr viel getan. Teilweise verändert sich etwas. Auf dem Deutschen Turnfest gibt es sehr viele Vorführungen für alte Menschen. Ich habe auch eine Podiumsdiskussion gemacht zum Thema ›erfolgreiches Altern durch Sport‹. Gymnastikgruppen zeigten ihre Übungen, Ausbildungsprogramme wurden vorgestellt. Na ja, ich denke da immer, das ist zwar ganz nett und auch die Tradition ist wichtig, aber: Die Leute müssen an die Maschinen ran, ja!«

Die Leute müssen an die Maschinen ran! So deutlich habe ich das aus berufenem Munde noch nicht gehört.

Dr. Rott erzählt von der Begegnung mit einem 90-jährigen Mann auf dem Deutschen Turnfest, die ihn offenbar wieder etwas versöhnlicher stimmte: »Ich schätzte ihn auf etwa 65 bis 70 Jahre. Er war ganz schlank und wirkte so mitten im Leben. Ich war schon sehr beeindruckt, als er mir sein richtiges Alter verriet.«

Der alte Herr hatte sich bei der Podiumsdiskussion zu Wort gemeldet, um Rotts Ausführungen »100-prozentig zuzustimmen«. Er war Geräteturner und eigens aus Österreich zum Turnfest angereist. Er berichtete, mit welcher Disziplin und Konsequenz er seine Übungen absolviere. Das Fazit von Dr. Rott lautet: »Der war froh, der hatte keine Funktionsdefizite, und ich sage mal: Wenn die Hälfte der Leute oder nur ein Viertel in dieser Art altern würden, dann hätten wir ein ganz anderes Altersbild!«

Als Vorstandsmitglied im Landesseniorenrat Baden-Württemberg verlässt Dr. Rott den »Elfenbeinturm der Wissenschaft« häufig in Richtung Basis. Er spricht viel mit den Menschen, er hört zu, und er ist auch Teil der Praxis. Als Referent für lebenslangen Sport in seinem Sportverein beispielsweise.

»Wir machen viel in dem Verein, aber ich finde, vieles ist ein bisschen angestaubt. Es gibt diese traditionellen Turngruppen mit geringer Belastung. Die laufen. Die Leute fühlen sich wohl und machen das gerne. Aber es ist aus der Tradition entwickelt und nicht an wissenschaftlichen Modellen orientiert. Und ich frage mich immer, welchen Effekt es hat? Hat es irgendwie einen Effekt? Das wird sich irgendwann mal auslaufen.«

Ich hake nach: »Sie sind also der Meinung, dass das gar keinen Effekt hat?«

»Es ist besser, als gar nichts zu machen, aber es ist eben durch eine gewisse Schon- und Schutzeinstellung geprägt. Das heißt, wir dürfen den Leuten nicht zu viel zumuten, sie könnten sich verletzen oder sie werden überbelastet. Das war auch der Grund, warum man lange Zeit gedacht hat, Krafttraining bei Älteren wirkt nicht. Man hat es probiert, und es kam in den Studien kein Effekt raus. Bis Maria Fiatarone vor über 20 Jahren das einmal näher untersucht hat …«

Die Fachärztin für Alterskrankheiten, Maria Fiatarone, arbeitet in den USA. Im Jahr 1990 veröffentlichte sie eine, wie ich finde, geradezu revolutionäre Studie. Sie begab sich in ein Pflegeheim in Boston und fand dort zehn »Versuchspersonen« im Alter von 86 bis 96 Jahren. Acht von ihnen hatten schon mehrere Stürze hinter sich, sieben brauchten zum Gehen einen Stock oder eine Gehhilfe. Diese zehn Menschen sollten nun, angeleitet von der Ärztin, Gewichte heben. Zunächst zweieinhalb Kilo schwer, dreimal in der Woche eine halbe Stunde lang. Nach nur acht Wochen hatten die alten Leute ihre Kräfte verdoppelt.

Als ich das las, fiel mir sofort die Comicfigur Popeye mit seiner Spinatdose ein, und ich musste schmunzeln …

Zwei der Probanden brauchten fortan keine Stöcke mehr, und ein Mann, der vorher nur im Rollstuhl gesessen hatte, stand nun ohne Hilfe auf. Mit 90 Jahren, konstatierte Maria Fiatarone, könne die Muskelkraft um 100 bis 200 Prozent gesteigert werden. Wenn also ein alter Mensch nicht mehr als vier, fünf Kilo heben kann, liegt es nicht daran, dass er unrettbar dem Verfall preisgegeben ist, sondern schlicht und ergreifend an mangelndem Training.

»Wichtig ist«, ergänzt Dr. Rott, »mit wie viel Prozent der Maximalkraft man trainieren muss, um einen Effekt zu erzielen. Und das geht dann in relativ hohe Bereiche von 75 bis 80 Prozent der Maximalkraft.«

Das klingt nicht nach Schonung – und soll es auch nicht. Aber man »quält« sich doch gerne ein bisschen, wenn man am Ende die Gehstöcke gegen Hanteln eintauschen kann.

»Das geht alles«, resümiert Dr. Rott.

Aber wie lässt sich das alltagspraktisch in Deutschland umsetzen, möchte ich nun gerne von Dr. Rott wissen.

»Es gibt schon einige gute Ansätze, auch die wissenschaftlichen Grundlagen. Die Effizienz ist überwältigend. Aber hierzulande herrscht immer noch das große Zögern. ›Brauchen wir das überhaupt?‹, wird hier gefragt. ›Die Alten sollen Krafttraining machen?‹ Ich fahre immer wieder herum, halte überall Vorträge, versuche, das zu propagieren. Und manche springen auch schon auf den Zug auf. So haben zum Beispiel die Sportverbände, der Deutsche Olympische Sportbund und der Deutsche Turnerbund in der letzten Zeit schon ihre Sicht des Alters verändert. Nach 60 oder 65 war doch da schon

Schluss. Und dann kam ich, das war so ungefähr 2001, und habe ihnen gesagt, dass es durchaus auch noch ältere Menschen gibt. 80-Jährige, 85-Jährige … das dritte und das vierte Alter.«

Bedenkt man die überwältigenden Ergebnisse, die die Wissenschaft aus den vielen Studien ziehen konnte, sollte man eigentlich davon ausgehen, dass Sport für Menschen im dritten und vierten Alter eine Massenbewegung ist. Stattdessen muss sich Dr. Rott darüber freuen, dass es vom Deutschen Turnerbund nun Werkhefte gibt, Programme mit Übungen für Hochaltrige. 70 plus.

»In dem Verein, in dem ich aktiv bin«, erzählt Dr. Rott, »haben wir vor dreieinhalb Jahren ein vereinseigenes Fitnessstudio aufgemacht, und ich habe sehr darauf gedrungen, dass das für die gesamte Lebensspanne offen ist. Also nicht nur für die jungen Erwachsenen von 20 bis 35. Wir haben sehr darauf geachtet, dass die über 65-Jährigen, aber auch die über 80-Jährigen dort Möglichkeiten haben zu trainieren und auch entsprechend angeleitet werden.«

Den letzten Punkt finde ich sehr wichtig. Ich stelle mir vor, jemand, der noch nie ein Fitnessstudio von innen gesehen hat und sich jetzt im Alter entschließt, Krafttraining zu machen, der ist doch erst mal überfordert, wenn er vor den Geräten steht. Gibt es denn Fitnessstudios mit »Seniorenberatern«? Vielleicht sogar mit speziellen Trainingszeiten? Und ist das dann für die Leute auch bezahlbar?

Ich bitte Dr. Rott um einen kurzen griffigen »Leitfaden«: Was sollten Menschen tun, die befürchten, sich beim Krafttraining womöglich zu überfordern? Worauf soll man im Vorfeld achten? Worauf beim Training direkt? Gibt es einen Trick, wie man Enttäuschungen oder Rückschläge vermeidet?

Der »Trick«, der eigentlich keiner ist, könnte ein sogenannter sportmotorischer Test sein. »Gnadenlos« nennt Dr. Rott diese Tests, gnadenlos in ihrer Ehrlichkeit, Tricksen unmöglich. »Man merkt doch relativ schnell, dass man nicht mehr so lange auf einem Bein stehen kann. Und wenn die Augen geschlossen sind, muss man sofort das andere Bein zu Hilfe nehmen.«

Es gibt eine Reihe weiterer Indikatoren wie diesen, die darauf hinweisen, dass motorische Fertigkeiten und Fähigkeiten in individuell unterschiedlicher Ausprägung nachlassen. Aber ist das ein Grund, sich von nun an noch weniger zu bewegen als zuvor?

»Nein«, freut sich Dr. Rott, »die Leute sehen ihre eigenen Defizite und beginnen von sich aus mit Sport.«

»Soll das etwa bedeuten, dass man die nachlassenden Fertigkeiten wieder erlernen kann?«, frage ich nach.

»Ja, das kann man erlernen. Ich denke, Kraft, Ausdauer und auch diese koordinativen Fähigkeiten sind noch in hohem Maße trainierbar. Man braucht auch keine Angst zu haben, dass das nichts bringt.« Zwei Vorteile des Krafttrainings an guten Geräten hebt Dr. Rott hervor:

- Es ist möglich, sehr geringe Gewichte einzustellen. Man kann also auch nur mit fünf oder zehn Kilo trainieren.
- Anders als mit freien Hantel-Gewichten sind die Bewegungen an den Geräten geführt. Ausweichbewegungen sind nicht möglich. »Die Bewegungen können nur in einer Richtung ausgeführt werden. Das ist vollkommen ungefährlich.«

Um ein mögliches gesundheitliches Risiko abzuschätzen und um festzustellen, ob man durch Krafttraining Schaden nehmen könnte oder nicht, gibt es Checklisten. Dr. Rott und sein

Team haben eine solche Liste von amerikanischen Kollegen ins Deutsche übersetzt. 13 Faktoren werden darin abgefragt, unter anderem beispielsweise, ob der oder die Betreffende unter Bluthochdruck leidet oder bereits einen Herzinfarkt erlitten hat.

»Immer wieder«, schildert Dr. Rott, »kommen Leute in die Sportstudios, die von alledem nichts wissen. Entweder sie legen los wie die Feuerwehr, oder sie machen nur ganz wenig, könnten aber mehr.«

Ich bin Herrn Dr. Rott für seine praxisnahen Ausführungen wirklich dankbar. In meinen persönlichen Erfahrungen fühle ich mich mehr als bestätigt und gut gerüstet für die nächsten Debatten, die sicherlich nicht ausbleiben, sobald ich mich in der Öffentlichkeit über die Bedeutung von körperlicher Aktivität im allgemeinen und Krafttraining im besonderen äußere. Und das werde ich!

## »Körperliches Training lohnt sich ...«

Der Altersforscher Professor Paul B. Baltes betont ausdrücklich die Bedeutung von körperlichem Training für gutes Altern. Er argumentiert, dass ein untrainierter Körper im Alter zunehmend mehr geistige Energie für Koordination und Management benötige.

Körperliches Training leiste, so Professor Baltes, einen wesentlichen Beitrag zur Verbesserung der geistigen Vitalität. Man brauche dadurch weniger geistige Kraft für das Management des Körpers beziehungsweise für das Management körperlicher Bewegungen. Körperliches Training lohne sich, weil es den Geist für wichtigere Dinge als für Gehen und Gleichgewicht freistelle.

Folgende kleine Geschichte erscheint in fast allen Büchern, die sich mit Altersforschung beschäftigen, und weil sie in knapper Form eine wichtige Beobachtung genau und treffend darstellt, will auch ich sie nicht unerwähnt lassen.

Professor Baltes beschreibt ein Beispiel aus dem Alltag: »Wenn Sie ältere Menschen beobachten, fällt Ihnen wahrscheinlich auf, dass sie an Straßenkreuzungen oder bei Hindernissen im Weg die Unterhaltung vorübergehend unterbrechen. Junge dagegen reden munter weiter, wenn sie die Straßenkreuzung überqueren. Ähnliches passiert, wenn ältere Menschen beim Abendessen sich ihr Fleisch schneiden oder Kaffee einschenken. Sie tendieren dazu, sich auf eine Sache zu konzentrieren.

Warum ist dies so? Hierüber forschen mein Direktorkollege Ulman Lindenberger und ich gemeinsam mit unseren Mitarbeitern am Berliner Max-Planck-Institut für Bildungsforschung. Wir untersuchen in Experimenten das Zusammenspiel von körperlicher Fitness und Intelligenz im Alter, wie diese sich wechselseitig beeinflussen, wie die Hypothekenlast des Körpers durch körperliches Trainieren der Motorik und des Gleichgewichtssinnes reduziert werden kann, um dem Geist den größtmöglichen Freiraum zu geben.

Kurz: Wenn der Körper besser trainiert ist, braucht er zum Funktionieren weniger von unseren geistigen Reserven. Es geht darum, die Hypothekenschuld des Körpers zu verringern und so den Geist von dieser Hypothek zu befreien.«[29]

Professor Paul B. Baltes (1939–2006) war Psychologe und zählte zu den führenden Gerontologen weltweit. Unter anderem war er Mitinitiator der Berliner Altersstudie.

# Das bewegte Leben – körperliche Aktivität schützt den Geist

> Sport stärkt Arme, Rumpf und Beine,
> Kürzt die öde Zeit,
> Und er schützt uns durch Vereine,
> Vor der Einsamkeit.

Man darf es Joachim Ringelnatz, aus dessen Gedicht »Ruf zum Sport« diese Verse sind, nicht verübeln, dass er die stärkende Wirkung des Sports allein auf »Arme, Rumpf und Beine« beschränkte. Er veröffentlichte das Gedicht 1926 im *Simplicissimus*, und ich vermute, dass die Wirkung körperlicher Aktivität *auch* auf den Geist für die Menschen damals »ein böhmisches Dorf« war, also etwas, was sie überhaupt nicht kannten und womit sie nichts anzufangen wussten. Heute ist das anders! Aber wie sehr anders, das war selbst mir nicht bewusst, obgleich ich mich recht intensiv mit diesem Thema beschäftige.

Bei der Fortsetzung meines Gespräch mit Dr. Daniela Jopp und Dr. Christoph Rott am Institut für Gerontologie in Heidelberg geht es um den Zusammenhang von körperlicher Aktivität und »geistiger« Gesundheit.

»In Zukunft wird eine Sache sehr interessant sein«, beginnt Dr. Daniela Jopp. »Mittlerweile gibt es sehr deutliche Hinweise darauf, wie gut Körper und Geist zusammenhängen und sich gegenseitig beeinflussen. Sehr beeindruckend sind vor allem die Studien, die jetzt zeigen, dass körperliche Aktivität nicht nur für den Körper gut ist, sondern auch für den Geist. Körperliche Aktivität führt dazu, dass man Demenz verhindern beziehungsweise die Wahrscheinlichkeit, an einer Form von Demenz zu erkranken, herabsetzen kann.«

»Und zwar erheblich«, ergänzt Dr. Rott.

Und zwar erheblich! Man möchte die Fenster aufreißen und es laut hinausrufen. Dies sei der Punkt, prophezeit Dr. Jopp, an dem es künftig für mehr Menschen interessant würde, selbst sportlich aktiv zu werden. Denn: »Angst vor Demenz hat jeder.« In den USA seien mittlerweile sehr gute und systematische Untersuchungen veröffentlicht worden, in denen gezeigt wurde, dass vor allem körperliche Aktivität – hier waren es konkret Ausdaueraktivitäten – tatsächlich einen positiven Effekt auf das Gedächtnis hat. Ausdaueraktivitäten sind solche, die den Puls beschleunigen, also beispielsweise Laufen, Schwimmen oder Radfahren.

Am deutlichsten und größten seien die gemessenen Effekte jedoch, wenn Ausdauer- und Krafttraining miteinander kombiniert würden. Zwei Hypothesen erläutert Dr. Rott dazu.

Erstens: Körperliche Aktivität und Ausdauer erhöhen den Blutfluss im Gehirn. Es fließt also mehr Blut, damit kommt mehr Sauerstoff ins Gehirn, was wiederum zu einer besseren geistigen Leistung führt. Mittlerweile aber weiß man, dies ist ein Aspekt.

Die zweite Hypothese besagt, dass man sich beim Krafttraining sehr konzentrieren muss und somit auch das Gehirn sehr stark beansprucht. Trainiert man recht nah an der Maximalkraft, vollbringt man auch eine Konzentrationsleistung, um beispielsweise alle Fasern der Beine zugleich zu aktivieren, damit man das Gewicht auch schaffen kann.

Dr. Rott ließ sich diese Zusammenhänge von einem Sportwissenschaftler genau erklären und stellt klar: »Kraftleistung ist nicht nur eine muskuläre, sondern ebenso eine neuronale Leistung.« Also eine Leistung, die auch vom Gehirn gesteuert wird.

Und noch ein hochinteressanter Punkt kommt hinzu: Durch Muskelarbeit kommt es zur vermehrten Ausschüttung von BDNF (brain-derived neurotrophic factor, ein Neurotrophin). BDNF ist ein Protein, das die Bildung von Nervenzellen – also die Neurogenese, wie der Fachausdruck dafür heißt – anregt und für zielgerichtete Verbindungen zwischen den Nervenzellen sorgt. Noch bis in 1990er Jahre hielt es die Wissenschaft für ausgeschlossen, dass im zentralen Nervensystem eines erwachsenen Menschen noch neue Nervenzellen gebildet werden. Was man allerdings wusste, war, dass das Gehirn eines Singvogels zum Beispiel immer weiter neue Nervenzellen bilden kann, die dieser auch dringend braucht, um Paarungslieder zu erlernen. Neurogenese für die Vogelliebe! Wie romantisch. Nur schade, dass wir keine Singvögel sind.

Neuere Forschungsergebnisse aber machen deutlich, dass es bei Menschen und bei weiteren Säugetieren durchaus auch im hohen Alter zur Vermehrung neuronaler Stammzellen und zur Neubildung von Nervenzellen kommen kann. Bei Ratten und Mäusen konnte gezeigt werden, dass die Neurogenese von geistiger und körperlicher Aktivität abhängt. Der Schluss lag also nahe, dass dies bei erwachsenen Menschen ebenso abläuft. Dies wurde im Jahr 1998 bestätigt. Die neu entstandenen Nervenzellen sind außergewöhnlich anpassungsfähig und haben großen Einfluss auf die Informationsverarbeitung im Gehirn, zum Beispiel beim Erlernen neuer Gedächtnisinhalte und deren Überführung aus dem Kurzzeit- ins Langzeitgedächtnis.

Und als ob dies alles an positiven Effekten körperlicher Aktivität noch nicht ausreicht, wird Dr. Rott nicht müde, weitere aufzuführen: »Es gibt jetzt gute Evidenzen, dass körperliche Aktivität auch bei einigen Krebskrankheiten wirkt.

Zum Beispiel bei Darmkrebs. Und auch Brustkrebs ist nachgewiesen.«

Hätte er gesagt, körperliche Aktivität schützt vor einem Herzinfarkt oder anderen Herz-Kreislauf-Erkrankungen, hätte ich sofort gesagt: Natürlich, das ist ja bekannt. Aber dass körperliche Aktivität einen Einfluss auf die Entstehung bestimmter Krebserkrankungen haben soll oder, besser gesagt, tatsächlich *hat* – das wusste ich nicht. Und ich glaube ziemlich sicher, dass ich mit dieser eklatanten Wissenslücke nicht alleine bin.

Natürlich habe ich begonnen, Informationen dazu zu sammeln. Vieles von dem, was ich lese und gelesen habe, ist sehr fachspezifisch und für Nichtmediziner kaum oder nur unter Anleitung zu verstehen. Aber erstaunlich und erfreulich zugleich – es gibt durchaus Sätze, die schreien geradezu danach, zitiert zu werden: »Körperliche Aktivität ist so wichtig wie ein Krebsmedikament.«

Professor Martin Halle vom Lehrstuhl für präventive und rehabilitative Sportmedizin der Technischen Universität München gebührt unser aller Dank für diese klaren und für jedermann verständlichen Worte. Er widerspricht damit dem Irrglauben, der nach wie vor davon ausgeht, ein Krebspatient müsse sich nach erfolgter Diagnose oder während der Therapie schonen. Bis in die 1990er Jahre habe man fälschlicherweise befürchtet, durch körperliche Aktivität würde ein Tumor sogar in seinem Wachstum befördert.

Im März 2009 veröffentlichte das *Deutsche Ärzteblatt* einen ausführlichen Bericht, in dem der aktuelle Stand der Untersuchungen und die neuesten Studien zu diesem Thema erläutert werden. Darin wird auch die Einschätzung der Internationalen Krebsforschungsorganisation WCRF (World Cancer Research Fund) mit Sitz in London zitiert: »Das Expertengremium kommt zu dem Ergebnis, dass regelmäßige körperliche Aktivität der Neubildung von bösartigen Tumoren vorbeugen kann.« Die Einschätzungen des WCRF fließen unter anderem in die Empfehlungen der Weltgesundheitsorganisation zur Gesundheitsprävention ein.

Kraft- und Ausdauertraining wirken sich positiv auf die Psyche aus, die wiederum das Immunsystem beeinflusst, damit auch die Blutbildung und die allgemeine Befindlichkeit. Dass dieser Effekt in Deutschland immer noch unterschätzt wird, bedauert sicher nicht nur Dr. Holger Krakowski-Roosen, der die Arbeitsgruppe Sport und Krebs am Deutschen Krebsforschungszentrum Heidelberg leitet. Er beklagt vor allem, dass »die Botschaft nicht konkret genug in der breiten Bevölkerung angekommen ist«. Vielleicht sind diese Seiten auch ein kleiner Betrag dazu, das zu ändern. Dr. Krakowski-Roosen hält es auch für wahrscheinlich, dass durch regelmäßige körperliche Bewegung einem Rückfall beziehungsweise dem Wiederauftreten einer Krebserkrankung vorgebeugt werden kann.

So interessant, ja fast spannend es ist, über die aktuellen Studien- und Forschungsergebnisse zu diesem Thema zu lesen – ich möchte mich nicht zu sehr von unserem Thema Altern entfernen. Ich bin aber zutiefst davon überzeugt, dass wir Krankheiten nicht ausblenden dürfen – gerade unter dem Aspekt, wie können wir verhindern, krank zu werden. Alle Menschen jeden Alters sollten, so gut es nur irgendwie geht, darüber informiert werden, wie sie ihre Gesundheit erhalten können. Und so hoffe ich, dass die von der Deutschen Krebshilfe und dem Deutschen Olympischen Sportbund geplante Informationskampagne zu den Themen »Krebsprävention durch Sport« und »Sport in der Krebstherapie« nicht nur das Fachpublikum erreicht, sondern die ganze Bevölkerung.

Ich frage Dr. Rott nach Kooperationen mit Krankenkassen. Die gebe es durchaus, sagt er. Rehabilitations- oder Präventionskurse würden zum Teil übernommen, doch nur begrenzt auf einen bestimmten Zeitraum. »Die Leute müssten es aber kontinuierlich machen.« Und er betont: »Körperliche Aktivität in unserer zunehmend älter werdenden Gesellschaft ist *der* Schlüssel, um Krankheiten entweder später auftreten zu lassen oder gar nicht.«

Beispiel Demenz: Kaum jemand weiß, dass sich körperliche Aktivität auf das Risiko einer Demenzerkrankung in hohem Maße auswirkt.

Seit zweieinhalb Jahren beobachtet Dr. Rott alle Studien, die es dazu gibt. »Im Prinzip kommt dabei heraus, dass schon durch zwei Stunden (!) moderate körperliche Aktivität in der Woche, noch besser durch tägliches Gehen von drei Kilometern (was etwa einer Stunde entspricht), sich das Demenzrisiko halbieren lässt.«

Wie bitte? »Halbieren!«

Dies sei das Ergebnis einer Studie, die 2004 auf Hawaii durchgeführt wurde. Zweitausend Männer, durchschnittlich 77 Jahre alt, hatten an der »Honolulu-Asia Aging Study« teilgenommen. Sie alle waren im Ruhestand und in ihrem Gehvermögen nicht eingeschränkt. Zu Fuß unterwegs zu sein, um irgendwohin zu gelangen, Dinge zu erledigen, ganz Alltägliches – daran waren sie ihr Leben lang gewöhnt. Und tatsächlich habe sich herausgestellt, dass die Männer, die täglich drei Kilometer und mehr zu Fuß zurücklegten, ihr Risiko, an einer Alzheimer-Demenz zu erkranken, um die Hälfte reduzieren konnten, verglichen mit denen, die nur weniger als vierhundert Meter am Tag zu Fuß gingen.

Dass sich körperliche Aktivität auf die Erhaltung der geistigen Fitness auswirkt, konnte dank moderner Technik auch visuell bewiesen werden. Forscher nutzen die neuen Methoden und Geräte, um sich – im wahrsten Sinne des Wortes – ein exaktes Bild von unserem Gehirn zu machen. Zum einen konnten sie dadurch feststellen, dass in bestimmten Regionen unseres Gehirns graue und weiße Substanz altersbedingt weniger wird. Genau dieser Substanzverlust aber, auch das konnte nachgewiesen werden, lässt sich durch regelmäßige körperliche Aktivität verringern und mehr noch: Durch regelmäßiges Ausdauertraining lässt sich der Prozess des Abbaus sogar umkehren, lässt sich Substanz wieder aufbauen.

Was konkret ist eigentlich zu verstehen unter »regelmäßiger körperlicher Aktivität«? Professor Alexander Woll, Sportwissenschaftler und Mitherausgeber des Buches *Erfolgreiches Altern durch Sport*[30] beschreibt mehrere Studien, die sich mit der Reduzierung des Demenzrisikos beschäftigen und meint: »Regelmäßigkeit heißt in diesem Zusammenhang, mindestens dreimal pro Woche für 15 Minuten körperlich-sportlich aktiv zu sein.« Interessanterweise sei es nicht die Art der körperlichen Aktivität gewesen, sondern die Regelmäßigkeit, die für den positiven Effekt maßgeblich verantwortlich war.

Was die Art der körperlichen Aktivität angeht, rät Professor Woll jedem, der damit beginnen möchte, nicht gleich von null auf hundert zu starten, sondern zunächst von seinem bisherigen Bewegungsprofil auszugehen und sich dann allmählich zu steigern. Langsames Spazierengehen zum Beispiel stelle eine leichte körperliche Aktivität dar. Mäßig belastet werde der Körper unter anderem durch Treppensteigen, Tischtennis, Golfen oder Gehen mit fünf bis sieben Kilometern pro Stunde. Schwer körperlich anstrengend seien Joggen, Radfahren mit über zwanzig Stundenkilometern oder Schneeschippen.

Wie wichtig es ist körperliche Aktivitäten in den Alltag einzubetten, bestätigt Professor Woll: »Körperliche Aktivität wirkt vielen Alterserscheinungen entgegen. Ein aktiver Lebensstil mit täglichen Herausforderungen, in dem Bewegung eine Schlüsselstellung einnimmt, kann für viele Menschen zu einem erfolgreichen beziehungsweise befriedigenden Altern führen.«

Man kann die positive Wirkung von körperlicher Aktivität nicht besser beschreiben, als es Willdor Hollmann, Ehrenpräsident des Deutschen Sportärztebundes, getan hat: »Es gibt kein Medikament und keine Maßnahme, die einen vergleichbaren Effekt hat wie das körperliche Training. Gäbe es ein solches Medikament mit solch hervorragenden Wirkungen und quasi ohne Nebenwirkungen, wäre jeder Arzt angehalten, es zu verschreiben.«

Und gäbe es eine Substanz, aus der sich so ein »Wundermittel« erzeugen ließe, das all die beschriebenen positiven Effekte hätte, dann hätten viele Wissenschaftler sicher ein schwerwiegendes Problem weniger: Woher sollen sie das Geld nehmen für die Forschung, für die notwendigen Studien? »Wer wird eine Studie unterstützen«, fragt die amerikanische Forscherin Wendy Demark-Wahnefried, »die den Nutzen von Turnschuhen und Sporthosen bewertet?«

Wir alle sollten das tun! Jede und jeder hat Turnschuhe und Sporthosen im Schrank. Denn in uns allen keimte mindestens einmal der Vorsatz, Bewegung in unser Leben zu bringen. Aber irgendwie wurde nichts daraus, und die Schuhe und Hosen wanderten in den Kleiderschrank, am besten nach ganz hinten oben, damit sie uns nicht so oft »anstarren«.

Doch da wir nun wissen, dass wir durch Bewegung und Sport nicht nur unseren Körper stärken, sondern auch Funktion und Struktur unseres Gehirns schützen können – worauf warten wir eigentlich? Das ganze Leben lang körperlich nicht aktiv gewesen zu sein, ist kein Grund, es jetzt nicht doch noch zu werden! Oder?

Ich fragte Dr. Rott vom Institut für Gerontologie in Heidelberg natürlich auch danach.

Er berichtet von entsprechenden Studien: »Eine wurde zum Beispiel vor wenigen Jahren in Dänemark durchgeführt. Es ging darum, ob Menschen im Alter ihre körperliche Aktivität über einen Zeitraum von fünf Jahren gesteigert oder reduziert hatten. Gemessen wurde das am harten Kriterium der Langlebigkeit, also wie lange sie danach noch gelebt haben. Das Ergebnis war so erstaunlich, dass es niemand für möglich gehalten hätte: Diejenigen, die vorher eigentlich nichts gemacht und dann erst mit körperlicher Aktivität begonnen haben, hatten den gleichen Langlebigkeitsvorteil wie die, die ihr Leben lang sportlich-körperlich aktiv waren.«

Auch in den USA sei man zu ähnlichen Ergebnissen gekommen: Über einen Zeitraum von 16 Jahren wurde eine Läuferstudie durchgeführt. Auf der einen Seite mit Personen, die wenigstens fünf Stunden in der Woche ihr Lauftraining absolvierten, und auf der anderen Seite mit solchen, die sich höchstens eine halbe Stunde pro Woche irgendwie bewegten. Die Inaktiven wurden nun auf ein Trainingsniveau von etwa zwei Wochenstunden gebracht. Und siehe da – nach Ablauf der Studie hatten sie genau die gleichen Funktionswerte wie die lebenslang Aktiven.

»Also, das scheint tatsächlich so zu funktionieren«, resümiert Dr. Rott, »einerseits muss man ein Leben lang Gesundheitsreserven aufbauen. Aber auch wer spät anfängt, kann noch sehr viel erreichen.«

Und er fügt hinzu: »In der Gerontologie gibt es so einige Leitideen. Eine davon heißt: It's never too late!« (Gute Idee!)

## »Am See Spaziergänge machen, ist langweilig ...«

Auf den heutigen Termin freue ich mich besonders, denn ich fahre zu unserem Schreiner, Herrmann Klauke. Er wohnt und hat seine Schreinerei im Nachbarort Hanfeld in einem großen bäuerlichen Garten. Es ist ein idyllisches Plätzchen mit einem kleinen Weiher, Bänken, Scheunen und Bäumen. Der Schreiner hat ein rundes, fröhliches Gesicht, und er strahlt eine innere Zufriedenheit aus, die ansteckend ist. Er hat für meinen Mann und mich schon kleine Kunstwerke gezaubert, angefangen von rustikalen Lampen für ein Tiroler Bauernhaus bis hin zu unserem blauen Gästezimmer. Wir haben Glück, heute ist der erste wirkliche Frühlingstag, die Vögel zwitschern, und so entschließen wir uns, unser Gespräch draußen auf einer dicken Holzbank zu führen, die er noch schnell in die Sonne trägt.

*Darf ich fragen, wie alt Sie sind?*
Ich bin jetzt 78.

*Und Ihr Beruf?*
Schreiner.

*Kunstschreiner?*
Sagen wir mal so, Kunstschreiner an sich gibt's ja gar nicht. Das ist kein eigener Beruf, es gibt Schreiner beziehungsweise Tischler, das ist eins. In Österreich oder Südtirol sagt man Tischler, in Norddeutschland droben sagt man auch Tischler, und in Bayern sagt man Schreiner.

*Und seit wann machen Sie das?*
Das mache ich seit 1945. Nach dem Krieg habe ich angefangen.

*Und wann haben Sie sich selbständig gemacht?*
Mit 33 Jahren, ich hab hier eingeheiratet, beim Wagner, der hatte eine Wagnerei seit 1899.

*Was ist eine Wagnerei?*
Na ja, der so Wägen macht, Fuhrwerke, Kutschen, früher für die Pferde. Und da hab ich halt angefangen.

*Und hatten Sie früher Angestellte?*
Ich hab wenig Angestellte gehabt, ich war eigentlich »Allein-unterhalter« (Klauke lacht), immer, ich wollte alles selber machen. Ich arbeite nur mit Massivholz, also nur mit gutem Holz, keine Spanplatten!

*Man muss als Selbständiger auch für die Rente einzahlen, oder?*
Ich hab erst die Werkstatt aufbauen müssen, dann Maschinen kaufen müssen, dann Holz kaufen müssen, da hat man natürlich erst ein bisschen weniger eingezahlt. Und als man dann alles gehabt hat, hat man geschaut, dass man hinterherkommt.

*Und ab 65 bekommt man dann seine Rente. Gab's da Leute, die gefragt haben, ob Sie nicht aufhören wollen?*
Natürlich, die ham gesagt, sei doch net so blöd, mach Reisen. Aber wir haben einen schönen Garten, wir haben's eigentlich so schön, da denkt man gar nicht dran. Außerdem, wenn ich arbeite, ist das für mich absolut die Erfüllung. Weil man eben ehrliche, schöne Sachen machen kann. Da hat man was zum Anschauen.

*Ist das, was Sie machen, manchmal so schön, dass Sie es gar nicht weggeben wollen?*
Ja, mit dem Hergeben, das ist manchmal schlecht! (Er lacht.)

*Haben Sie die Sachen auch fotografiert?*
Ja, ich hab einige Albums. (Jetzt lache ich.)

*Und Ihre Frau?*

Die findet es gut, dass ich noch arbeite, sie hat ja auch von Kind auf gearbeitet. Ihr Vater ist gestorben, da war sie ein Vierteljahr alt, die Mutter hatte drei Kinder und hat für die drei Kinder 20 DM Kindergeld gekriegt. Die Großeltern haben dann die Kinder aufgezogen. Deshalb mag sie das auch, dass ich arbeite, die kann auch gar nicht ohne Arbeit sein. Wenn man aufhört, hört man überhaupt auf.

Wenn man nur am See Spaziergänge macht und sich dann hinsetzt, das ist doch alles langweilig. Aber wenn man etwas schaffen tut, wenn man was machen tut, freut man sich.

*Haben Sie auch jüngere Bekannte und Freunde?*

Das ist eigentlich durchwachsen. Und bei den Freunden sind leider schon so viele gestorben, da hat man nicht mehr so viele. Meine Frau geht alle vier Wochen zum Schülertreffen, und da sind es auch nicht mehr so viele jetzt.

*Jopie erzählt da einen Witz: Eine alte Frau sitzt im Zugabteil, und ihr Gegenüber fragt sie: »Wo fahren Sie denn hin?« – »Zum Schülertreffen!« – »Ach, wie schön! Wie viele sind Sie denn da?« – »Ich bin allein!«*

(Lacht) Ja, ja, das werden immer weniger, das ist arg.

*Sie haben ja grade diese Holzbank wie nichts hierhergetragen, die wiegt doch mindestens 100 Kilo?*

Ja, die ist halt aus Hartholz, das ist man gewöhnt als Schreiner, das mit dem Holz tragen. Ein Müller, der trägt seine Säcke, so Zweizentnersäcke, die könnt ein Schreiner nicht tragen.

Vor kurzem habe ich mich verletzt, dann sagen die anderen: aufhören! Und ich: nix da! Aufstehen, weitermachen, und da geht es auch wieder weg!

*Sie würden auch anderen Leuten raten, nicht aufzuhören? Kennen Sie irgendwelche Leute, die aufgehört und abgebaut haben?*
Ja, da gibt es viele Leute, wenn ich die so anschaue, wenn ich nach Starnberg runterfahre, an den See, da sieht man die Spezln von früher auf den Bänken sitzen, und dann schlürfen sie so dahin, gehen mit einem Stecken oder sogar mit zwei Stecken, und dann sagt man sich: Das kann's doch nicht sein!

*Ich hab den Eindruck, Sie haben Lebensfreude?*
Ja, das ist wichtig, man muss freundlich sein, man muss sich selber freuen an die Vogerln, die jetzt pfeifen, oder an den Blumen – das ist eigentlich wichtig. Wenn man schöne Dinge sieht, auch wenn man schöne Frauen sieht (lacht), das darf man nicht aufhören.

*Arbeiten Sie eigentlich auch am Computer?*
Nein, aber wir haben drei im Haus. Die Tochter, die Schwiegertochter und der Sohn arbeiten daran. Ich eigentlich nicht, ich brauch es auch für meine Arbeit nicht.

*Das verstehe ich, aber ich zum Beispiel kann nicht Schreibmaschine schreiben. Für dieses Buch habe ich jetzt ein Programm, da kann ich dem Computer alles diktieren, und er schreibt für mich. Großartige Sache!*
Tja, das ist schon wieder mechanisch. Das ist ja wie bei den heutigen neuen Maschinen. Da legt man die Platten drauf, und hinten kommen die fertigen Sachen raus. Das ist doch nix mehr!

*Sie plädieren dafür, dass das Handwerk bestehen bleibt.*
Genau, Handwerk soll Handwerk bleiben. Es verändert sich so schnell und jetzt mit der heutigen Zeit, mit der Elektronik sowieso. Ich fürchte, das Handwerk ist vorbei. Erstens ist es zu teuer, und zweitens können die Leute nicht mehr mit dem

Handwerkszeug umzugehen. Es würde zu lange dauern. Die jungen Schreiner lernen nur noch, Spanplatten zuzuschneiden und Kanten drauf leimen und Löcher bohren für die Fächer. Das ist dann ihr Beruf. Wenn man denen den Strom wegnimmt, ist es aus.

*Ihre beiden Kinder wohnen bei Ihnen? Das ist doch eigentlich ideal.*
Ja, meine Tochter wohnt drüben im Haus, und mein Sohn wohnt bei uns im Haus.

*Das ist wie in einem Mehrgenerationenhaus.*
Ja, alle zusammen, wie früher, da waren wir vier Generationen im Haus. Das geht natürlich nicht in einer Wohnung, das geht nur in einem Haus, wenn es groß genug ist. Dass jeder noch sein eigenes Revier hat. Früher ging das leichter, da gab es noch nicht so viele Ablenkungen, keinen Radio, kein Fernsehen und kein Auto, kein Telefon, nix, da war es gemütlicher. Da hat die Familie miteinander die Zeitung gelesen, oder die Zeitung ist dreimal gelesen worden, weil man einfach zum Leben wenig gehabt hat. Auch Hinterglasbilder wurden gemeinsam gemalt von der ganzen Familie.

*Wie stellen Sie sich Ihre Zukunft vor?*
Normalerweise denkt man, es geht immer so weiter, wie es im Leben so ist, mal bergauf und mal bergab. So wird die Zukunft auch sein. Nur für die Jugend wird es schlechter, da wird es schwieriger werden – arbeitsmäßig. Da wird es nur Hochstudierte geben, Spezialisten, und dann wird es eben Arbeitslose geben. Vormachen tut uns das die Landwirtschaft. Die Bauern haben früher 20 Mägde und Knechte gehabt, dann ist die Motorisierung gekommen, und nun sind es heute zwei Leute. So ist das im Handwerk das Gleiche.

*Jopie sagt schon immer: »Durch eure eigene Technik werdet ihr zugrunde gehen!«*

Ja, das ist richtig. Schauen Sie, Wagner gibt's heut schon gar nicht mehr, und so ist das auch mit den Schreinern. Die Zeichnungen werden am Computer gemacht, die Maschine holt die Platten, die sie braucht, da wird alles zugeschnitten, da werden die Löcher reingebohrt, da werden die Kanten geschliffen, und da wartet der hinten und holt es ab. Schauen Sie, auf Baustellen früher, da waren 100 Leute, und wenn Sie heut schauen, wenn Sie zehn finden, dann haben Sie noch Glück.

*Das ist ja das Problem: Die Leute wollen zum Teil aktiv bleiben, aber sie dürfen es nicht. Da müsste man wirklich von Grund auf umdenken. Sonst werden wir nur kranke alte Menschen haben, inaktiv und depressiv.*

Das bisschen Leben, das man hat, muss man genießen. Man muss morgens schon gut aufstehen, früher habe ich immer gepfiffen. Man muss aber auch zurückschauen können, dass man sagen kann: Was hab ich geschaffen, was hab ich gemacht? Man muss aber auch immer wissen, was man als nächstes tut, man muss vorausschauen. Das ist im ganzen Leben so.

## »Durch eure eigene Technik werdet ihr zugrunde gehen!«

»Durch eure eigene Technik werdet ihr zugrunde gehen«, sagte mein Mann kürzlich, als wir mit Freunden zusammensaßen und mal wieder über das Weltgeschehen debattierten. Wir tun das öfter, und obwohl ich weiß, dass er diesen weisen Gedanken nicht zum ersten Mal geäußert hat, wurde mir diesmal plötzlich klar, dass er damit nicht nur *einen* Nagel auf den Kopf trifft, sondern gleich mehrere.

Um dem Menschen unzumutbare, körperlich schwerste Arbeiten zu erleichtern, wurde neue Technik erfunden, vieles wurde automatisiert. Für viele Menschen wurde die Arbeit damit so sehr »erleichtert«, dass sie gar nicht mehr gebraucht wurden. Und das war dann auch wieder sehr schwer.

Der technische Fortschritt ist nicht aufzuhalten. Und ich will ehrlich sein, jeder, der mich kennt, weiß das: Ich wäre die Letzte, die das wollte. Technik fasziniert mich. Aber was macht sie mit uns? Mit unserem Leben, mit unserer Gesundheit? Und das fiel mit ein, als mein Mann diesen Satz sagte: »Durch eure eigene Technik werdet ihr zugrunde gehen.«

Durch die fortschreitende Technisierung und Automatisierung haben wir die Bewegung aus unserem Alltag verbannt. Unsere Technik, die Erfindungen, Apparate und Maschinen sind für unser Leben zwar unglaublich erleichternd, wir werden dadurch aber körperlich fast nicht mehr beansprucht. Wir müssen uns kaum noch bewegen und sind inzwischen sehr bequem geworden. Ein Knopfdruck – ein Hebel! Und alles in unserem Leben läuft wie von selbst ab. Automatisch. Ferngesteuert.

Sicher können wir stolz sein auf unsere technischen Fortschritte, aber wir dürfen dabei nicht vergessen, dass gerade diese vermeintliche Vereinfachung unseres Lebens eine negative Wirkung auf unsere Gesundheit mit sich bringt. Denn es ist eine Tatsache, dass sich der Mensch im Durchschnitt zu wenig bewegt.

Aber hat der amerikanische Stoffwechselexperte James Levine recht, wenn er sagt, alltägliche Bewegung sei ebenso wichtig wie Sport? Der Spaziergang mit dem Hund, mit dem Fahrrad zum Einkauf oder zur Arbeit zu fahren, Gartenarbeit. Reicht das? Erfährt der Körper dadurch die gleiche positive Wirkung wie durch Sport? Dr. Daniela Jopp, die ja bei unserem Gespräch in Heidelberg erfreulicherweise dabei war, will das nicht ganz abtun: »Sicher hat das alles auch einen guten Effekt. Idealerweise sollte es allerdings mit einem gezielten Sportprogramm kombiniert werden.«

Nun ist der Idealfall bekanntermaßen meist nicht die Regel. Es ist mir durchaus bewusst, dass nicht alle Leser dieses Buches gleich nach der Lektüre die Turnschuhe schnüren und ins Sportstudio joggen werden. Einige werden sich hoffentlich animieren lassen, andere fühlen sich bestätigt in dem, was sie ohnehin praktizieren. Aber es wird immer Menschen geben, die mit Sport nichts am Hut haben. Denen das Gefühl zu vermitteln »Tja, da habt ihr leider Pech gehabt«, das würde dem, was ich mit diesem Buch zu erreichen versuche, völlig zuwiderlaufen. Für jede und jeden von uns gibt es Möglichkeiten, weitgehend gesund zu altern und sein Alter positiv zu gestalten. Für jede und jeden. Natürlich haben diejenigen, die sportlich aktiv sind und Sport mögen, leichtere und vielfältigere Einstiegs- oder Zugangsmöglichkeiten. Doch auch der Alltag kann eine solche Fülle von Aktivitäten bieten, dass es fast unmöglich ist, gar nichts zu tun.

In einer weiteren Studie haben die Wissenschaftler am Heidelberger Institut für Gerontologie 40 Sport- und Alltagsaktivitäten abgefragt. Neben sportlicher Betätigung ging es also ebenso um Haus- oder Gartenarbeit und vielerlei andere Dinge, die wir im Alltag so tun – oder besser: die wir tun sollten. In ihrer Wirksamkeit bewertet und in ihrem Energieverbrauch verglichen wurden die einzelnen Aktivitäten nach dem sogenannten metabolischen Äquivalent, kurz MET. Laut Internet-Enzyklopädie Wikipedia ist ein MET die »Beschreibung des Stoffwechselumsatzes eines Menschen bezogen auf den Ruheumsatz im Verhältnis zu seinem Körpergewicht«. Eine Definition geht vom Sauerstoffumsatz des Körpers aus, eine andere vom Kalorienverbrauch.

Im Ergebnis macht das keinen großen Unterschied: Der Referenzwert von einem MET entspricht dem Ruheumsatz des Körpers. Wenn man also sitzt, sich nicht bewegt und auch nichts sagt, verbraucht man ein MET. »Wenn man aber einigermaßen flott geht«, erläutert Dr. Rott, »ohne zu rennen, ist das ein MET-Wert von drei. Sportwissenschaftler sagen, alles über drei MET hat einen Trainingseffekt.«

Im allgemeinen werden bei leichter bis mäßiger körperlicher Aktivität drei bis sechs MET gemessen, bei intensiver körperlicher Betätigung sind es über sechs MET. Anstrengende Arbeiten im Garten, wie zum Beispiel Umgraben, seien, so Dr. Rott, nicht zu unterschätzen; ebenso wenig Tätigkeiten im Haushalt, die etwas mehr Kraft erfordern, wie beispielsweise Fensterputzen. Und immer wieder unterstreicht er die Bedeutung des Gehens. »Das finde ich ganz zentral.«

Er erzählt von immer wieder einschneidenden Erlebnissen in Amerika, wo einem das schlichte Zufußgehen systematisch erschwert, ja geradezu unmöglich gemacht wird: »Ich war bei einer Tagung und wollte von meinem Hotel zu Fuß das nur eine Meile entfernte Kongresshotel erreichen. Doch dazu hätte ich einen achtspurigen Highway überqueren müssen. Es gab weder eine Brücke noch eine Unterführung. Ich hatte wirklich keine andere Möglichkeit, als ein Taxi zu nehmen und ganz außen herum zu fahren ...« Seine Forderung, die er aus solchen Erlebnissen ableitet, ist: Wir müssen körperliche Aktivität in unseren Alltag hineinbringen. Es muss den Menschen erleichtert werden, das zu tun.

Wir sprechen weiter über körperliche Aktivität im Alltag, und Dr. Jopp nennt ein einfaches und einleuchtendes Beispiel: »Wenn Sie merken, dass Sie anfangen, Gleichgewichtsstörungen zu haben: Stellen Sie sich beim Zähneputzen auf ein Bein. Da haben Sie gleich das Waschbecken daneben, um sich daran festzuhalten. Das wirkt Wunder.« Gleichgewichtsstörungen sind häufige Ursache für Stürze, also was gibt es Logischeres, als der Ursache vorzubeugen? Und wenn das auch noch so einfach geht, ohne zusätzlichen Aufwand bei einer Tätigkeit, die wir ohnehin mehrmals am Tag ausführen.

Ein ähnlicher Gedanke muss der Ausgangspunkt für die Überlegungen der Mitarbeiter des Instituts für Sozial- und Präventivmedizin der Universität Zürich in der Schweiz gewesen sein. Dr. Rott wies mich darauf hin, dass die Gesundheitsförderung des Kantons Zürich, eine Abteilung des Instituts, unter dem Titel »Gesundheit fördern im Alter« eine Broschüre[31] entwickelt und herausgegeben hat, in der festgestellt wird, dass der Alltag die Gesundheit prägt und Tipps gegeben werden, mit deren Hilfe die Gesundheit im Alter gefördert und erhalten werden kann. Diese Tipps sind so freundlich und fröhlich formuliert, dass man sofort zum Nachahmen animiert wird.

Nur zwei kurze Beispiele will ich nennen. Einmal zum Thema Bewegung: »Nordic Walking? Aikido ? Aqua-Fit? Ärgern Sie sich nicht über die neudeutschen Wörter. Probieren Sie es aus.«

Und als Tipp für entspannte Geselligkeit steht da: »Hä? Falls das Ihr meist gebrauchtes Wort ist, schaffen Sie sich eine Hörhilfe an. Nicht mehr gut hören, macht einsam.«

Ich empfehle Ihnen, sich diese Broschüre unbedingt zu besorgen, denn diese kleinen Tipps und Ratschläge sind wunderbar. Man liest sie durch und denkt: Na, das ist doch alles selbstverständlich. Dann überlegt man kurz, welche dieser Selbstverständlichkeiten man denn selbst auch macht, und merkt, dass das eine oder andere sich im Alltag doch nicht so von selbst versteht. Am besten also diese Tipps in der Küche an die Pinnwand hängen oder im Bad an den Spiegel – nur so lange, bis diese kleinen Selbstverständlichkeiten auch wirklich Teil unseres Alltags geworden sind.

Natürlich gibt es auch in Deutschland Broschüren und Veröffentlichungen, die sich mit dem Thema Prävention und Gesundheitsförderung im Alter beschäftigen. Dass mir bei meinen Recherchen allerdings keine aufgefallen ist, über die ich mich ähnlich gefreut hätte wie über die Broschüre aus der Schweiz, soll nicht heißen, dass es sie nicht gibt.

Kommen wir zurück zum Thema Technik. Sie erleichtert uns einerseits viele Tätigkeiten im Alltag und trägt andererseits dazu bei, dass wir eben im Alltag immer weniger – sozusagen en passant – zur Förderung unserer Gesundheit beitragen. Es gibt so unendlich viele Beispiele, die uns heute helfen und uns dabei faul und bequem machen. Man ist sich dessen nicht mehr bewusst. Wir haben uns einfach gewöhnt daran, dass wir für dies und das eine Maschine haben.

Früher mussten Männer und Frauen schwere und schwerste körperliche Beanspruchungen auf sich nehmen, um den Tag zu bewältigen. Was war das zum Beispiel für ein Aufwand, nur einen Besuch im Nachbarort zu machen. Man ging zu Fuß oder nahm das Fahrrad. Heute nimmt man natürlich das

Auto und für lange Strecken das Flugzeug. Auf den Flughäfen ärgern sich viele über die weiten Wege zu den Abfluggates. Also wurden nicht nur Rolltreppen gebaut, sondern wie in München auch Rollwege.

Kaffeebohnen mahlen wir schon lange nicht mehr von Hand, denn wir haben ja Kaffeemaschinen mit integriertem Mahlwerk. Wir haben Küchenmaschinen, die alles rühren und mixen, was ansteht, und auch den Kuchenteig kneten. Das Brotschneidegerät schneidet das Brot in gleichmäßige Scheiben. Waschmaschinen haben sogar ein Handwäsche-programm, ein Großteil unserer Wäsche wird auch nicht mehr auf die Leine gehängt, sondern nur noch in den Trockenautomaten »umgesiedelt«.

Wir gehen auch nicht mehr einkaufen, sondern fahren mit dem Auto. Die Waren werden im Einkaufswagen bequem zur Kasse geschoben und von dort aus weiter zum Auto. Und damit wir nicht den ganzen Weg wieder zurücklaufen müssen, um den Einkaufswagen abzugeben, können wir ihn ganz einfach an einer der Rückgabestationen auf dem Parkplatz abstellen. Wie bequem!

Und selbst das Lümmeln auf der Couch vor dem Fernseher ist noch bequemer und bewegungsärmer geworden. Man sollte ja meinen, dass noch weniger, als einen Knopf auf der Fernbedienung (bei uns zu Hause übrigens »die Macht« genannt) zu drücken, gar nicht mehr geht. Tut es doch. Wem das Knopfdrücken noch zu anstrengend ist, der kann inzwischen auch mittels Sprachansage das Programm wechseln.

Apropos Sprachansage: Ich habe es im Interview mit Herrmann Klauke ja schon gesagt, dass ich für die Arbeit an diesem Buch auch eine neue Technik am Computer nutze. Die Worte werden dabei nicht mehr eingetippt, sondern gesprochen. Der Computer schreibt, was ich diktiere. Ich erwähne das nicht, weil ich damit angeben will, sondern um zu zeigen, dass auch ich für so gut wie alle technischen Neuerungen zu haben bin. Ich zähle mich ganz und gar zu denen, die lieber mit dem Auto als mit dem Fahrrad fahren, die lieber E-Mails als Briefe schreiben. Ich habe fast alle Geräte, die ich beschrieben habe, ausgenommen den Roboter-Rasenmäher und die Melkmaschine. Und wer weiß: Hätte ich eine Kuh, dann hätte ich womöglich auch eine Melkmaschine.

Ich weiß also aus eigenem Erleben, wovon ich spreche, wenn ich sage: All diese Erfindungen der Technik sorgen dafür, dass wir es so wunderbar bequem haben, dass wir darüber vollkommen vergessen, etwas für unsere Gesundheit zu tun. Denken Sie immer daran: Unser Körper braucht ein Zeichen, dass er noch gebraucht wird. Am besten täglich.

## Und doch!

Nicht weil ich der Faszinationskraft technischer Innovation immer wieder erliege, möchte ich dieses Kapitel keinesfalls beenden, ohne eine Lanze für technische Erfindungen, Apparate und Maschinen zu brechen. Ich tue es, weil ich zutiefst davon überzeugt bin, dass wir gerade im Alter von moderner Technik sehr stark profitieren. Was da an Forschung geleistet wird, ist erstaunlich und beeindruckend. Es entstehen altersgerechte Hilfsmittel, die sich enorm positiv auswirken können, indem sie bei bestimmten Tätigkeiten unterstützen und so gewährleisten, dass diese Tätigkeiten überhaupt noch ausgeführt werden können. Oder indem sie helfen, mögliche Defizite auszugleichen und somit die Selbständigkeit und Selbstbestimmtheit im Leben zu verlängern.

Etwas ganz Erstaunliches haben die Mitarbeiter des Meyer-Hentschel Instituts in Saarbrücken entwickelt: den sogenannten Age Explorer. Äußerlich irgendwie eine Mischung aus Taucher- und Astronautenanzug. Doch mit einem anderen Innenleben. Denn der Age Explorer macht alt. Und zwar von einer Minute auf die andere. Es ist ein Altersanzug, den man anzieht, um Altsein zu simulieren, um Altsein zu entdecken. Um zu erleben und körperlich zu erspüren, wie es sich anfühlt, 70, 80 Jahre oder älter zu sein.

Der Anzug hat beispielsweise ein Visier, das den grauen Star simuliert. Wenn man durchschaut, sieht man nur noch schlecht und ist unter anderem nicht mehr in der Lage, den Beipackzettel einer Medizin zu lesen. Kopfhörer, die in dem Anzug eingebaut sind, machen schwerhörig. Die Gelenke sind mit Gewichten beschwert und versteift, wodurch das Aufstehen und das Gehen erschwert werden. In den Handschuhen ist etwas eingebaut, das ein Kribbelgefühl erzeugt und damit Arthritis, also den Gelenkverschleiß nachvollziehbar macht. Mit diesen Handschuhen ist es kaum möglich, kleine Schraubverschlüsse zu öffnen oder die Seiten in einem Buch umzublättern.

So also fühlt sich Arthritis an, denkt sich ein junger Mensch, wenn er in diesen Anzug steigt. So ist es, wenn die Muskelkraft nachlässt, denn auch das macht der Anzug durch eingebaute Gewichte erfahrbar. Der Age Explorer ist also ein »Altersentdecker«. Eingesetzt wird er in mehreren Bereichen. In Kliniken, insbesondere in der Altenpflege, wird das Personal damit geschult. Das halte ich für sehr sinnvoll. Auch der Einsatz des Age Explorer in einigen Industriebranchen bringt sicher Vorteile, beispielsweise in der Medizintechnik oder in der Verpackungsindustrie.

Wie so oft allerdings lockt auch hier das liebe Geld, und es erscheint mir doch das eine oder andere sehr kommerziell und vor allem auf den Absatz sogenannter seniorengerechter Produkte ausgerichtet. Aber ich will das keineswegs verurteilen. Denn auch hier gilt: Alles eine Frage der Betrachtungsweise. Wenn der Nutzen überwiegt, dann soll damit ruhig auch Geld verdient werden.

Der Nutzen überwiegt meiner Meinung nach immer dann, wenn der Benutzer mit Hilfe eines Produkts tatsächlich eine deutliche Erleichterung in einer für ihn beschwerlichen Lebenssituation hat und somit eine deutliche Verbesserung seiner Lebensqualität erfährt. Zwei Beispiele will ich nennen, die ich aus eigenem Mit-Erleben beurteilen kann:

Kaum ein »Sehender« kann sich vorstellen, was für ein Segen ein Bildschirm-Lesegerät für einen Sehbehinderten sein kann. Es ist in der Lage, die Schrift um das Fünf- bis 60-Fache zu vergrößern. Mehrere Jahre lang hat mein Mann auf diese Weise seine Texte gelernt. Es gibt sogar Geräte, die den Text vorlesen.

Zweites Beispiel: Hörgeräte. Sie sind inzwischen so winzig, dass man sie im Ohr kaum noch sieht, aber in der Qualität sind sie mit Hi-Fi-Studios zu vergleichen. Nur am Rande will ich auch die sprechende Funkarmbanduhr erwähnen. Das ist die Gegenwart – doch auch die Zukunft verheißt Erstaunliches, wenn es um technische Neuerungen für alte Menschen geht.

Zwei Forschungsprojekte machen schon heute von sich reden. Da ist zum einen der »E-Shoe«, der zurzeit an der Technischen Universität Wien in Zusammenarbeit mit dem Forschungsinstitut CEIT Raltec entwickelt wird. Er soll die schlimmen Folgen eines Sturzes verhindern. In die Sohle des E-Schuhs sind Sensoren integriert, die genau den Gang und das Gleichgewicht des Nutzers berechnen. Sobald eine

Abweichung gemeldet wird, wird automatisch ein Airbag ausgelöst, der dann einen gefährlichen Sturz abschwächen kann.

Und zum anderen gibt es noch die Erfindung von Professor Claus-Frenz Claussen. Sein Roboterauto »Acymo« (Auto-Cyberno-Mobil) verspricht den alten Menschen von morgen die Aufrechterhaltung ihrer Mobilität. Acymo soll nicht nur selbstlenkend sein, sondern sich auch um die Gesundheit seines Fahrers oder Besitzers kümmern. Professor Claussen, der zwischen 1972 und 1974 bei der US-Weltraumbehörde Nasa sogenannte Mensch-Maschinen-Systeme entwickelte, sprüht vor Begeisterung, als er sein autonomes Fahrzeug vorstellt. Acymo fährt selbständig vor, nachdem es per Knopfdruck auf einer Fernbedienung bestellt wurde. Es begrüßt den Fahrer, testet per Sprachcomputer und Fingeranalyse, ob tatsächlich der berechtigte Fahrer vor dem Fahrzeug steht. Der Sitz, der zugleich eine Waage ist, fährt automatisch aus dem Auto heraus, damit der Fahrer bequem Platz nehmen kann. Der Sicherheitsgurt, der sich auch automatisch um den Körper legt, misst die Körperfunktionen wie beispielsweise die Gehirnströme. Außerdem wird der Blutzuckerwert beim Berühren des Lenkrads durch Laserimpulse und die Atemluft durch einen Sensor gemessen.

»So können wir bei dem Fahrer ganz genau bestimmen, ob mit ihm alles in Ordnung ist. Bevor es losgeht, wird die Fahrt noch bei einem Gesundheits- und einem Technik-Begleitzentrum angemeldet«, erklärt Claussen. Automatische Spurhaltung, Satellitennavigation und eine interaktive Distanzmessung lassen das Fahrzeug von selbst fahren. Bei einer längeren Fahrt wird der Fahrer von seinem Auto sogar gefragt, ob er vielleicht zur Toilette muss, und das fährt dann gegebenenfalls zur nächsten Raststätte. Dieses Auto der Zukunft soll höchstens 35.000 Euro kosten, und die Energie dafür soll natürlich aus der Steckdose kommen.

Es gibt sie also heute schon, und in Zukunft werden uns Forscher und Industrie sicher immer wieder verblüffen mit technischen Wundermitteln, die alten Menschen helfen, weiter am Leben teilzunehmen, weitgehend selbstbestimmt sein zu können und dadurch mit einer positiven Lebenseinstellung ein langes Leben zu genießen.

# 6
# Neues schaffen, Neues lernen

Das menschliche Gehirn ist – besonders für Nichtwissenschaftler – ein Mysterium. Kompliziert und faszinierend zugleich. Voller Geheimnisse über unsere Existenz. Doch den Hirnforschern gelingt es, auf immer mehr Fragen Antworten zu finden. Zum Beispiel: Lernt das Gehirn auch im Alter noch dazu? Antwort: Ja! Damit haben nun auch die keine Ausrede mehr, die immer meinen, zu alt zum Lernen zu sein.

## Um zu lernen, ist es nie zu spät

Schon im vorigen Kapitel war die Rede von der Neurogenese, der Bildung von Nervenzellen, und dem Einfluss, den körperliche und geistige Aktivität darauf haben. Ist dieser Einfluss groß genug, um die Neurogenese eines erwachsenen Menschen zu steuern und so zu Anpassungsvorgängen in jungen und alten Gehirnen beitragen?

Das herauszufinden, hat sich der Stammzellenforscher Professor Gerd Kempermann vom DFG[32]-Forschungszentrum für Regenerative Therapien der Technischen Universität Dresden zum Forschungsziel gesetzt.

Versuche mit Labormäusen sollten Hinweise darauf geben, was Menschen tun können, um ein hohes Alter aktiv und gesund zu erleben. Dazu hat der Hirnforscher alte Mäuse, die ihr Leben in langweiligen, leeren Käfigen verbracht hatten, in einen anderen Käfig gesetzt, der mit lauter Röhren gefüllt war. Dieser neue Käfig musste den Mäusen wie ein Abenteuerspielplatz vorkommen. Anfangs bezog ihn nur eine Maus, die sich zunächst völlig desinteressiert zeigte und unsicher war. Das änderte sich erst, als Kempermann eine zweite Maus mit in den Käfig setzte. Nach einer gewissen Zeit fingen die alten Mäuse an, ihr neues Zuhause zu erforschen, mit jedem neuen Rohr lernten sie dazu, wurden agiler und immer neugieriger. Nach und nach wurden die ursprünglich lethargischen Mäuse immer aktiver.[33]

Das Leben hinterlasse Spuren im Gehirn, die man tatsächlich in den Hirnschnitten der Mäuse sehen könne, erklärt Professor Kempermann. Bisher ging man davon aus, dass das Gehirn im Alter immer mehr abbaut. Doch durch diese Versuche mit den Mäusen kommt die Wissenschaft zu ganz neuen Erkenntnissen. Bei den alten Labormäusen konnte eindeutig festgestellt werden, dass sich im Lernzentrum des Gehirns viele neue Nervenzellen gebildet hatten.

»Wir glauben«, sagt Professor Kempermann, »dass sich das biologische Prinzip, das dahintersteckt, wahrscheinlich auf Menschen übertragen lässt.«

In Hamburg wurde eine Studie durchgeführt, die der Frage nachging, ob neue Anreize bei älteren Menschen etwas bewirken können? Und wenn ja, was? Zu diesem Zweck übten die Testpersonen – alle im Alter ab Mitte 50 – drei Monate lang täglich zu jonglieren. Sie trainierten damit ihr räumliches Vorstellungsvermögen, ihre visuelle Wahrnehmung sowie ihre Reaktions- und Koordinationsfähigkeit.

»Die Studie hat klipp und klar gezeigt«, so der Neurologe Dr. Arne May vom Universitätsklinikum Hamburg-Eppendorf, »dass das menschliche Gehirn auch im erwachsenen, älteren Lebensalter noch in der Lage ist, plastisch zu sein und sich zu verändern. Wann immer man etwas dazu lernt, wird es plastisch reagieren.«[34]

Unser Gehirn lässt sich demnach auch im hohen Alter noch gut trainieren, und Dr. May schließt daraus: »Sich immer wieder auf Neues einzulassen, zu lernen und aktiv zu sein sind ein guter Schutz gegen den Verfall des Gehirns.«

Einen Bericht über diese Studie habe ich in der Wissenschaftssendung *abenteuer wissen*[35] gesehen. Karsten Schwanke, der 40-jährige Moderator, bemerkte abschließend dazu: »Wir müssen den Alten, wir müssen *uns* Aufgaben geben!«

Neues erlernen kann ein jeder, wenn er nur offen ist für neue Erkenntnisse, neue Ereignisse, neue Fragen und neue Themen.

Der alte Spruch »Was Hänschen nicht lernt, lernt Hans nimmermehr« sollte endgültig ad acta gelegt werden. Auch die Annahme, dass das Gehirn mit zunehmendem Alter immer kleiner, quasi schrumpfen würde, ist widerlegt. Die Gehirnzellen regenerieren sich auch im hohen Alter und schaffen neue Synapsen. Alte Menschen lernen zwar langsamer als junge, sind aber eher in der Lage, schnell das Wesentliche zu erfassen.

Ich kann aus persönlichem Erleben bestätigen, dass das Lernen neuer Texte mit 105 Jahren noch funktioniert. Natürlich ist es eine langwierigere Aufgabe, aber es funktioniert! Und es ist gesund für den gesamten »Denkapparat«.

»Das Gehirn ist trainierbar wie ein Muskel. Auch bei 100-Jährigen verändert es sich in jedem Gespräch«, sagt auch Professor Ernst Pöppel, Hirnforscher und Neurowissenschaftler an der Ludwig-Maximilians-Universität München. »Das explizite Gedächtnis, das beispielsweise beim Auswendiglernen von Gedichten oder dem Erlernen einer Fremdsprache benutzt wird, kann prinzipiell bis ins hohe Alter hinein trainiert werden. Dies gilt für alle sensorischen Leistungen des Gehirns. Was mit den Jahren nur schwieriger wird, ist das Erlernen motorischer Abläufe, beispielsweise neue Bewegungsmuster bei einer Sportart. Um eine hohe Leistungsfähigkeit aufrechtzuerhalten, ist es notwendig, regelmäßig zu lesen, genügend Sport zu treiben, genügend Flüssigkeit zu sich zu nehmen und sich ausgewogen zu ernähren.«

*Sag nie, du bist zu alt* – der Titel dieses Buches würde Professor Lutz Jäncke von der Universität Zürich sicher gut gefallen. Er fordert, ältere Menschen zu ermutigen zu lernen, auch völlig neue Sachen. »Ältere Menschen sollten nicht sagen: ›Ich bin jetzt 60, ich geh jetzt nicht in die Uni, oder ich lese jetzt nicht Goethe.‹ Ganz im Gegenteil, man sollte sich Sachen vornehmen, die man vorher nie wirklich gemacht hat, und sie neu beginnen – also offen sein für Neues, das ist der ganze Punkt!«[36]

In Zürich wird es vorgemacht: Am Neuropsychologischen Institut der dortigen Universität lernen 70-Jährige Klavier spielen. Menschen, die das vorher noch nie gemacht haben. Professor Jäncke und seine Kollegen messen dabei die Hirntätigkeit der Testpersonen. Im hohen Alter ein Instrument zu erlernen sei das beste Hirntraining überhaupt, so die Auffassung der Forscher.

Die unglaublich komplexen Vorgänge, die beim Klavierspielen in unserem Gehirn ablaufen, erklärt Professor Jäncke wie folgt: »Eine ganze Reihe von Hirngebieten wird in besonderer Art und Weise aktiviert. Die Kontrolle der Hände ist von großer Bedeutung. Dann müssen wir das, was wir hören, verarbeiten. Wir brauchen die Gedächtnisstrukturen, die wiedererkennen müssen, was wir spielen. Dann brauchen wir Gehirnstrukturen, die vorausplanen, denn während wir spielen, müssen wir schon zwei, drei, vier, fünf Noten im voraus unsere Motorik vorbereiten. Also wir haben in gewisser Weise ein Gewitter im Gehirn, wenn wir musizieren.«

Professor Jäncke erläutert weiter: »Der wichtige Punkt dabei ist: Wenn Sie Klavier spielen, insbesondere neue Stücke, stimulieren Sie Ihr Stirnhirn oder, wie wir das in der Fachsprache nennen, Ihren Frontalkortex, der muss immer kontrollierend, planend oder strukturierend in das Spiel eingreifen.« Viele Beschäftigungen, die Menschen im vorangeschrittenen Alter auswählen, sind sehr automatisierter Natur, kritisiert der Wissenschaftler. »Ein klassisches Beispiel ist das Kreuzworträtsel. Gerade Kreuzworträtsel, die sich so auf einem mittleren bis niedrigeren Niveau ansiedeln, können auch noch von Menschen im hohen Alter um zwölf Uhr nachts mit zwei Flaschen Rotwein intus perfekt gelöst werden.«

Bei der Lektüre dieses Buches ist dem einen oder anderen Leser sicherlich schon aufgefallen, dass ich eine Vorliebe für Wissenschaftssendungen im Fernsehen habe. *Quarks und Co* mit Ranga Yogeshwar gehört auch dazu. Vor einiger Zeit[37] nahm er sich ein Thema vor, das gleichzeitig sicher auch ein lohnendes Geschäft ist: Gehirnjogging mit Computerspielen, Büchern und PC-Programmen. Mit diesen Spielen, so das Fazit der Forscher, könne man sich zwar Fertigkeiten aneignen, die man vorher nicht hatte. Überzeugende Nachweise, dass das Gehirn dabei auch seine Fähigkeiten erweitern kann, scheint es jedoch nicht zu geben.

Zum Abschluss noch einmal Professor Jäncke: »Unser Gehirn ist maximal plastisch, das heißt, es kann sich verändern. Es kann Neues lernen und Bekanntes vergessen. Achtung – wiederholen ist die ›Mutter des Wissens‹ – oder auch wichtig: ›Use it or lose it!‹«

## Was passiert da eigentlich, wenn das Gehirn nicht mehr so funktioniert?

Also, ich versuche es einmal, sicher enorm vereinfacht, zu erklären. Hirnforscher mögen mir verzeihen.

Beim Denken werden Nervenzellen aktiv. Sie sind untereinander vernetzt, arbeiten miteinander, nehmen Informationen auf und speichern sie ab. Sie erzeugen elektrische Signale und leiten sie weiter. Dieser Vorgang wiederholt sich ständig – im wachen wie auch im Schlafzustand. Unser Gehirn ist fortwährend in Veränderung. Wenn wir denken, sehen, rechnen, fühlen und so weiter entstehen neue Verknüpfungen. Wichtig ist dabei eine ausgezeichnete Vernetzung – wie bei einem Computer.

Es ist ein verbreiteter Irrtum, dass die Gehirnzellen im Alter absterben. Es sind nicht die Gehirnzellen, es sind die Verbindungen zwischen den Nervenzellen, die Synapsen, die verlorengehen. Und gerade im Kurzzeit-/Arbeitsgedächtnis[38] beginnt der Abbau am frühesten. Alle zehn Jahre nimmt der Verlust um zehn Prozent zu. Den Beginn dieses Prozesses sehen Forscher etwa ab dem 20. Lebensjahr. Ein 20-Jähriger hat rund 23 Milliarden Nervenzellen in der Großhirnrinde und büßt im Alter nur zehn Prozent davon ein. Aber die Synapsen gehen verloren!

Die Nervenzellen sind in speziellen Netzwerken angeordnet, wobei sie sich gegenseitig entweder zu Aktivität anregen oder die Aktivität anderer Zellen stoppen.

Das menschliche Gehirn besteht hauptsächlich aus Nervengewebe und ist in Areale aufgeteilt, die unterschiedliche Funktionen haben. Es gibt drei Hauptstrukturen: Hirnstamm, Kleinhirn und Großhirn. Das Großhirn besteht aus zwei Hälften, und diese haben noch quer verlaufende Hirnlappen. Die vier großen Areale im Gehirn sind der Stirnlappen, der Scheitellappen, der Hinterhauptlappen und der Schläfenlappen. Unser Wissen und unser Können funktionieren durch das Zusammenspiel der Areale im Gehirn. Circa 100 Milliarden Nervenzellen sind eng verbunden durch circa 100 Billionen Synapsen. Wenn wir nachdenken, durchlaufen elektrische Signale die Nervenzellnetzwerke in den unterschiedlichen Arealen. Diese Signale kreisen zwischen den Hirnarealen und werden immer weiter verändert.

Wenn aber Synapsen fehlen, funktioniert die Nervenzelle nicht mehr richtig. Aggressive Teilchen, die sogenannten freien Radikale, sammeln sich an und zerstören wichtige Zellbestandteile wie zum Beispiel Proteine. Dies hat zur Folge, dass das Gehirn nicht mehr richtig versorgt wird. Es kommt zum Abbau der Hirnfunktion.

## Vom Glück für Mäuse, Frösche, Schnecken und Hasen ...

Die Methoden, das Gehirn zu erforschen, haben sich innerhalb des letzten Jahrhunderts enorm verändert. Wollte man früher wissen, wo und wie etwas im Gehirn geschieht, welche Areale wofür zuständig sind, musste man Menschen untersuchen, die beispielsweise infolge einer Kopfverletzung eine Funktionsstörung des Gehirns hatten. Man konnte auf diese Weise lokalisieren, welcher Bereich für diesen oder jenen Ausfall verantwortlich war.

Oder man piekte bei Versuchstieren wie beispielsweise einem Frosch, dem man gleichzeitig etwas Bestimmtes zeigte, irgendwo ins Gehirn und stocherte darin herum, bis man eine Zelle traf, die bei der Messung eine Reaktion zeigte.

Gott sei Dank kann man heute das Gehirn beobachten und erforschen, ohne mit Elektroden hineinzustechen. Es gibt inzwischen sogenannte bildgebende Verfahren. Die Kernspintomografie ist ein solches Verfahren. Durch sie können die aktiven Strukturen im Inneren des Gehirns in hoher räumlicher Auflösung dargestellt werden. Die farbig dargestellten Bereiche symbolisieren die Stellen, die einen erhöhten Stoffwechsel und somit eine Hirnaktivität aufweisen.

Ich bin vielleicht naiv, aber mir scheint es doch humaner, dass man durch die neuen Verfahren nicht mehr ganz so oft Frösche, Mäuse, Hasen und Schnecken malträtieren muss. Aber ich weiß natürlich auch, dass wir die großen Fortschritte in der Medizin im allgemeinen und in der Hirnforschung im besonderen auch den Tierversuchen zu verdanken haben. Und mir ist auch klar, dass es sie leider auch in Zukunft noch geben wird.

Dennoch tun mir diese unschuldigen Lebewesen leid und ich freue mich für jeden Hasen, dem das erspart bleibt.


**Apropos: Hasen! Wissen Sie, was ein Seehase ist?**

Ein Seehase ist eine Meeresschnecke, 30 Zentimeter groß und einige Pfund schwer. Ihre Besonderheit ist ein Gehirn, welches nur aus neun Nervenknoten besteht und dennoch lernfähig ist. Es hat nur 20.000 Nervenzellen – im Vergleich zu 100 Milliarden Hirnzellen eines Säugetieres. Für Forschungsarbeiten ist ein solcher einfacher »Versuchshase« ideal. Am Seehasen hat der großartige Neurowissenschaftler Professor Eric Kandel geforscht.

Eric Kandel trägt unter dem Kinn oft einen roten Propeller, also eine Fliege, und hat eine große, runde Brille. Wenn er lacht, sieht er unglaublich liebenswert aus. Aber vor allem habe ich selten jemanden auf so besondere Art herzhaft lachen gehört.

(Doch, ein Freund von uns lacht ebenso: Wolfgang Spier, der König des Boulevardtheaters, einer der begnadetsten Boulevardregisseure. Spier hatte mir schon bei unserer ersten Zusammenarbeit, das war 1969, klargemacht, wie wichtig und gesund es wäre, neugierig zu sein: »Erhalte dir deine Neugierde – dumm ist der Satz: Sei nicht so neugierig!« Dieser Ratschlag nahm Einfluss auf mein ganzes weiteres Leben. Spier ist mittlerweile fast 90 und arbeitet weiter.)

Eric Kandel wurde 1929 in Wien geboren, mit neun Jahren floh er vor den Nazis mit seinem fünf Jahre älteren Bruder über Antwerpen nach New York, seine Eltern konnten einige Monate später nachkommen.

Eric Kandel strahlt eine enorme positive Energie aus, ist absolut lebensbejahend. Sein Credo lautet: aktiv zu leben, zu denken, zu suchen, zu fragen und sich zu erinnern.

»Die Persönlichkeit ist die Erinnerung. Wir sind, was wir sind, aufgrund unserer Erinnerungen.« Der fast 80-jährige Wissenschaftler findet, Erinnerungen müssen weitergegeben werden. »Das große Diktum der Shoah lautet, man soll nicht vergessen. Meine Arbeit versucht, die biologische Basis dafür zu finden.«

Der Neurowissenschaftler Eric Kandel erhielt im Jahr 2000 den Nobelpreis für Medizin. Er entdeckte, dass alle Denkprozesse auf Mikrobiologie beruhen. Durch Experimente mit der Riesenmeeresschnecke, dem Seehasen, entschlüsselte er die Mechanismen an und in den Kontaktstellen der Nervenzellen und fand heraus, dass durch Veränderungen der Nervenzellen, Denkprozesse und Erinnerungen möglich werden.

Beim Lernen wird die Übertragung chemischer Signale zwischen Synapsen verstärkt. Durch diesen biochemischen Umbauprozess in und an den Nervenzellen des Gehirns entsteht erst die Fähigkeit, sich zu erinnern. Durch wiederholtes Üben wird die Signalverstärkung an den Synapsen angeregt, und es bilden sich zusätzlich neue Verbindungen zwischen den Nervenzellen. Das bestätigt wiederum die These von Professor Jäncke: Wiederholen ist die »Mutter des Wissens«.

Kann man denn wirklich vom Hirn einer einfachen Meeresschnecke auf das Gehirn eines Menschen schließen? Kandel antwortet: »Wenn die Evolution derart starke Mechanismen findet, die funktionieren, dann bleibt sie dabei.«

Warum erzähle ich so viel von diesem charismatischen Forscher? Ganz einfach, mich begeistert seine Lebensfreude, seine mitreißende Wissbegierde, man meint zu spüren, welche Energie er aus seiner Arbeit schöpfen kann. Er ist mit seinen 80 Jahren von dem, was er macht, begeistert wie ein Kind. Er würde am liebsten Tag und Nacht arbeiten, um zu erforschen, wie das Gedächtnis und das Lernen funktionieren.

Und so will er auch Kinder anregen zu forschen: »Es ist keine Magie, alle können es schaffen und haben die Chance, wunderbare Wissenschaft zu betreiben. Man muss es nur wollen.«

Aber Forschung ist nicht alles im Leben des Professors. Er betont, wie wichtig es ist, sich für anderes zu interessieren. Jeder Mensch braucht einen Hintergrund, der den Geist formt. Er selbst ist beispielsweise Kunstkenner und -sammler. Sein Interesse gilt den Expressionisten, aber auch Gustav Klimt, Egon Schiele und der Jugendstil haben es ihm angetan.

# Potentiale im Alter – lernen im Alter

»Arbeit heißt leben, in Liebe vereint, die Zeit ist eine Freundin, die's gut mit mir meint ...«, sang mein Mann in seinem Lied »Ich werde 100 Jahre alt«. Das ist jetzt sechs Jahre her. Der erfolgreiche Musikproduzent Jack White schrieb damals den Text. Und er stimmt heute noch.

*Lernen ist Leben* nannte die Kulturwissenschaftlerin und Journalistin Monika Fauss ihr hervorragendes Sachbuch[39], das ein »Lebensleitfaden« ist und Anregungen gibt, Mut macht, Neues zu erlernen und zu entdecken. Die Autorin macht deutlich, dass Bildung zu einem erfüllten und vor allem zu einem selbstbestimmten Lebensabend beitragen kann. Bei der Lektüre ihres Buches wurde mir wieder klar, wie wichtig es ist, sich ständig weiterzubilden, wie bewusstseinserweiternd Lernen sein kann und wie Lernen die Selbstständigkeit und Unabhängigkeit im Alter unterstützen kann.

»Ruhestand wird von vielen Rentnern völlig unterschätzt«, stellt Professor Andreas Kruse fest. Er ist Leiter des Instituts für Gerontologie in Heidelberg und warnt vor Sätzen wie: »Wenn ich nicht mehr berufstätig bin und nur noch Freizeit habe, dann wird das Leben schön!« Das seien tückische Entlastungsphantasien. Gerade im Ruhestand braucht der Mensch als sinnsuchendes Wesen Möglichkeiten, sich zu engagieren, sich einzubringen. Andernfalls sind die Probleme vorprogrammiert.

In der demographischen Forschung von Professor Kruse geht es unter anderem darum, neue Rollen und Aufgaben für ältere Menschen in der Gesellschaft zu definieren. Es geht also um nichts anderes als um das Potential des Alters. »Da steckt viel drin«, sagt der Wissenschaftler, dessen Interesse an der Gerontologie von Professorin Ursula Lehr geweckt

wurde. Schon viele Jahre, bevor Professor Kruse die Nach-
folge seiner Mentorin am Institut antrat, wurde er an die
Spitze der Sachverständigenkommission berufen, die für die
Ausarbeitung der »Berichte zur Lage der älteren Generation
in der Bundesrepublik Deutschland« verantwortlich ist. Zuletzt wurde der fünfte Bericht veröffentlicht. Er erschien im
Jahr 2005 und trägt den Titel »Potentiale des Alters in Wirtschaft und Gesellschaft. Der Beitrag älterer Menschen zum
Zusammenhalt der Generationen«.

Im Vorwort heißt es unter anderem: »Der Kommission zur
Erstellung des fünften Altenberichts wurden drei Aufgaben
gestellt. Erstens sollte sie eine Beschreibung der Potentiale
des Alters sowie ihrer Entwicklung bis zum Jahre 2020 vornehmen. Zweitens sollte sie Antwort auf die Frage geben,
inwieweit die Potentiale des Alters gesellschaftlich besser genutzt werden können. Und drittens sollte sie Empfehlungen
für Politik und Gesellschaft zur besseren Nutzung der Potentiale des Alters entwickeln.«

Doch die periodische Veröffentlichung des jeweils neuen
parlamentarischen Altenberichts und die dazugehörige Pres-
sekonferenz erweckten trotz zunehmender Dringlichkeit zu
wenig öffentliches Interesse, bedauert Professor Kruse: »Nach
drei Tagen flacht es wieder ab.«

Wie lässt sich das erklären? Woher kommt dieses offen-
sichtliche Desinteresse? Immerhin geht es doch um nicht
weniger als unser aller Zukunft.

Nun, was den Altenbericht der Bundesregierung konkret
betrifft, so könnte ein Grund sein, dass man ihn als »Normalbürger« nicht so ohne weiteres zu Gesicht bekommt. Natürlich kann man ihn im Internet abrufen oder Teile davon in
Broschüren nachlesen. Aber Hand aufs Herz: Wussten Sie
überhaupt, dass er existiert?

Professor Kruse, seine Kollegen, Mitstreiter und Mitarbeiter beschäftigen sich mit Fragestellungen, die uns alle angehen (sollten!!). Sie liefern Antworten, Lösungsansätze, Denkanstöße. Und dann? Sie schreiben es auf. Hunderte von Seiten. Hochinteressant und spannend – wenn man erst mal verstanden hat, was man da liest. Das ist für einen Normalbürger nämlich wegen der vielen Fachausdrücke und Fremdwörter wirklich nicht so ganz einfach.

Aber wer baut die Brücke von der Wissenschaft in die Gesellschaft? Wer sorgt dafür, dass die Ergebnisse, Ideen und Vorschläge der wissenschaftlichen Kommission auch dort ankommen, wo sie unbedingt hingehören: bei den Menschen, die es betrifft. Und das sind wir *alle*. Das Altern und das Alter gehen uns alle an, auch wenn viele sich große Mühe geben, dies zu verdrängen.»Potentiale des Alters« – im »Fünften Bericht zur Lage der älteren Generation der Bundesrepublik Deutschland« taucht dieser Begriff wieder und wieder auf. »Potential« bedeutet laut Duden unter anderem: eine »Möglichkeit, die zur Wirklichkeit werden kann«. Das impliziert, dass die Möglichkeit nicht zwangsläufig und automatisch zur Wirklichkeit wird, sondern dass etwas dafür getan werden muss. Und zwar von jedem einzelnen. Auch oder gerade von denjenigen, die jetzt vielleicht den Kopf schütteln und sagen:»Ich habe mich jetzt lange genug angestrengt, gearbeitet, etwas getan. Nun ist es endlich genug! Nun bin ich alt und im wohlverdienten Ruhestand.«

In den Köpfen vieler Menschen und besonders vieler Rentner oder Ruheständler herrscht immer noch die Vorstellung, man habe sich ab einem gewissen Alter dem Alter zu fügen, man könne sich ab einem bestimmten Alter nicht mehr weiterentwickeln. Solange aber das Altern mit einer Abnahme der Lern- und Leistungsfähigkeit in Verbindung gebracht wird und der Ältere selbst sich seine eigenen Möglichkeiten nicht zutraut, werden die vorhandenen Potentiale verkümmern.

Darauf weisen auch die Experten der Altenberichts-Kommission nachdrücklich hin. Ich muss allerdings zugeben, dass ich zunächst etwas skeptisch war, als ich in dem Bericht Überschriften las wie »Handlungsempfehlungen im Hinblick auf die bessere Nutzung der Potentiale älterer Menschen«. Ich konnte mich des Gefühls nicht erwehren, dass es wieder mal nur ums Materielle geht. Um die Wirtschaft, um die Sozialabgaben. Ein bisschen zugespitzt: um die finanzielle »Ausnutzung« williger Arbeitskräfte im Rentenalter. Doch ich gebe gleich Entwarnung: So ist es nicht. Zumindest nicht nur.

In der Tat geht es um gesamtgesellschaftlichen Nutzen im allgemeinen. Aber es geht eben auch darum, sich bewusst zu machen, das eigene »brachliegende« Potential für sich selbst zu nutzen. Es geht um Gesundheit, Leistungsfähigkeit, Lernfähigkeit, Interesse, Zeit, Erfahrung und Wissen. Es geht um die Frage: Wie können die Menschen die verlängerte Lebensspanne sinnvoll nutzen? Und wie können Menschen zu einer selbständigen und selbstverantwortlichen Lebensführung angeregt werden?

Ich glaube, man kann sagen, jeder wünscht sich ein langes Leben bei geistiger und körperlicher Gesundheit mit möglichst nur kurzer oder am besten gar keiner schwerwiegenden Krankheit vor dem Tod. In der Prävention liegt die Chance, gesund alt zu werden. Ich wiederhole gern diesen Satz, denn inzwischen ist er ein Credo geworden: Es kommt nicht darauf an, wie alt man wird, sondern wie man alt wird. Wichtige Themenkomplexe wie gesunde Ernährung, Bewegung und Sport, Lebenseinstellung habe ich in diesem Buch schon behandelt. Es fehlt noch ein Thema, das mir nicht im mindesten weniger am Herzen liegt: die Bildung.

Erst seit den 1980er Jahren wurden die Zweifel an der Lernfähigkeit im Alter grundsätzlich in Frage gestellt. Bis dahin ging die Öffentlichkeit wie auch die Medizin von einem Abbau der Intelligenz im Alter aus. Und immer noch werden Seniorenstudenten an Universitäten zum Teil bestaunt, zum Teil belächelt. Auf jeden Fall sind sie Exoten.

Die Autorin Monika Fauss schreibt: »Lernen, Neugierde und Begeisterung sind Lebenselixiere. Das Alter bietet unendliche Möglichkeiten der Selbstverwirklichung. Wir müssen nur offen sein, um neue Rollen und Aufgaben für diese Lebensphase zu entwickeln, die für viele Menschen in den westlichen Ländern zur längsten Zeit ihres Lebens werden könnte.«

Der Altenbericht stellt fest: »Die Erhöhung der Beschäftigungsfähigkeit älterer Menschen und aktives Altern erfordern begleitendes Lernen, das seine volle Wirkung nur entfalten kann, wenn es auf präventiven Bildungsmaßnahmen aufbaut, die frühzeitig ansetzen.«

Man muss sich jedoch darüber im Klaren sein, dass es da immer wieder Vorbehalte der Jugend gegenüber den »aktiven Alten« geben wird. Zum Teil verstehe ich das sogar, wenn die Jungen der Auffassung sind, die Alten würden ihnen Möglichkeiten wegnehmen. Denn in der Tat stellt sich doch heute wieder dringlicher denn je die Frage: Gibt es genügend Arbeitsplätze für alle, für Jung *und* Alt?

Nun, auf die Schaffung und den Erhalt von Arbeitsplätzen hat die überwiegende Mehrheit von uns gar keinen oder nur sehr geringen Einfluss. Und doch bin ich unbedingt der Meinung, dass wir unsere Einstellungen und Sichtweisen immer wieder hinterfragen müssen. Nur dadurch können generationenübergreifende Perspektiven möglich werden. Die Alten-berichts-Kommission sieht gerade »in der Verknüpfung der besonderen Fähigkeiten von Jüngeren und Älteren die größten Potentiale«.

Wichtig sei es, in der Öffentlichkeit deutlich zu machen, dass sich lebenslanges Lernen für den Lernenden auszahle, empfiehlt die Expertenkommission um Professor Kruse. Das könnte ein Lösungsansatz sein für das Hauptproblem, welches ich darin sehe, dass nach der Schulzeit und dem Erwerbsleben der Zwang des Lernens weggefallen ist. Man muss sich seine Aufgaben und Ziele selbst setzen und sich selbst motivieren. Und darin liegt sicher die Schwierigkeit. Selbst die Kraft aufzubringen, Interesse und Lust zu wecken, den inneren Schweinehund zu überwinden – da liegt der Hase im Pfeffer!

»Lebenslanges Lernen bedeutet gerade mit zunehmendem Alter auch die Fähigkeit, selbstgesteuert zu lernen«, schreibt Monika Fauss.

### Selbstgesteuertes Lernen – was ist das?

Selbstgesteuertes Lernen heißt: Inhalte selbst aussuchen und organisieren, den Ort und die Zeit selbst bestimmen, Methoden selbst steuern und entwickeln, selbst für die Strukturierung verantwortlich sein.

Wie oft sagt man sich, was wäre, wenn ich noch einmal etwas Neues anfangen, etwas anderes machen würde. Und dann bleibt es beim: »Was wäre, wenn ...« Ich möchte es wieder vergleichen mit der Malerei, man sitzt vor der weißen Leinwand und weiß nicht, wie man anfangen soll. Der Anfang ist immer das Schwierigste, da hilft es, für sich ein Resümee zu ziehen und sich so bewusst zu machen: Was kann, was kann ich nicht, was wollte ich schon immer machen, was ist es wirklich, was mich interessiert?

Nachberufliches, selbstgesteuertes Lernen hat nicht nur vermehrtes Wissen zur Folge. Die »Nebenwirkungen«, zu denen weder Arzt noch Apotheker befragt werden müssen, sind durchweg positiv.

- Es fördert das Selbstbewusstsein und die Selbständigkeit.
- Die Freizeit wird mit Sinnvollem gefüllt – man gibt dem sinnlosen Leben wieder einen Sinn.
- Es kann den Kontakt zur jüngeren Generation verbessern, in beidseitiger Hinsicht, die Jungen respektieren die Alten, die beispielsweise »sogar« mit Internet und Computer umgehen können. Die Alten verhalten sich den Jüngeren gegenüber toleranter.
- Erfolgserlebnisse verbessern das Allgemeinbefinden.
- Nachholen und Erweitern der Allgemeinbildung und die sich daraus ergebende Befriedigung und Bestätigung ebenso.
- Es kann auch ein gutes Mittel gegen die Einsamkeit sein.
- Studien bestätigen sogar, dass Bildung einen positiven Einfluss auf die Gesundheit hat.

## Welche Möglichkeiten gibt es eigentlich, sich weiterzubilden?

Da gibt es in der Tat eine ganze Reihe.

Beginnen wir mit den Volkshochschulen und Universitäten, die unterschiedlichste Bildungsangebote für ältere Kursteilnehmer anbieten.

Die Volkshochschulen/VHS sind gemeinnützige Einrichtungen zur Erwachsenen- und Weiterbildung. Die erste Volkshochschule wurde übrigens 1902 im Roten Rathaus in Berlin gegründet. Volkshochschulen sind jedoch entgegen ihrer Bezeichnung keine Hochschulen,

Volkshochschulen verstehen sich heute als kommunale Weiterbildungszentren. Sie bieten Kurse, Einzelveranstaltungen, Kompaktseminare, Studienreisen und -fahrten an. Die Kursangebote von Volkshochschulen bestehen aus Lehrveranstaltungen, die meist eine Dauer von einer bis 15 Wochen haben. Es gibt Kurse, die auf die Bedürfnisse berufstätiger Personen zugeschnitten sind. Andere sind auf Rentner und Pensionäre, aber auch auf Hausfrauen und -männer oder Arbeitslose ausgerichtet.

An rund 50 deutschen Universitäten/Hochschulen ist es möglich, sich als älterer Mensch weiterzubilden, zum Beispiel an der Universität des dritten Lebensalters (U3L). Man kann am Gast- beziehungsweise Seniorenstudium teilnehmen, meistens, aber nicht immer ohne entsprechende Hochschulzugangsberechtigung. Fast jeder zweite der ungefähr 40.000 Gasthörer an deutschen Universitäten ist über 60 Jahre alt. Das Statistische Bundesamt meldete, dass sich dieser Anteil seit 1997 beinahe verdoppelt hat.

Das Gasthörer- beziehungsweise Seniorenstudium ist nicht auf Prüfungen oder Abschlüsse ausgerichtet, und Studierende können ihre Fächer selbst zusammenstellen. Die Studiengebühren betragen je nach Universität und Anzahl der Wochenstunden zwischen circa 40 bis 240 Euro pro Semester.

Internet
Inzwischen gibt es ein enormes Angebot von Computer- und Internetkursen. Hier nur ein Beispiel: ViLE (www.gemeinsamlernen.de/vile-netzwerk/).

ViLE ist ein virtuelles und reales Lern- und Kompetenz-Netzwerk älterer Erwachsener. Es ist offen für alle, die Interesse haben mitzumachen.

Ihr Programm: Viele in ViLE …

Die Teilnehmer tauschen Wissen aus, sie haben gemeinsame Interessen, sie treffen sich im Internet und real, sie haben Lebenserfahrung, und sie lernen doch immer wieder Neues dazu.

## Akademie für Ältere

Nachdem ich Dr. Rott vom Institut für Gerontologie kennengelernt habe, wundert es mich nicht mehr, dass die schöne Stadt Heidelberg geradezu eine Musterstadt dafür ist, wie Menschen ihr Alter aktiv gestalten können. An Angeboten mangelt es nicht, man muss nur zugreifen.

Ein Beispiel von vielen, das aber hier gerade zu unserem Thema Bildung im Alter ideal passt, ist die Akademie für Ältere. Ich erinnere mich, dass Dr. Rott bei unserem Gespräch regelrecht ins Schwärmen geriet, als die Sprache darauf kam: »Das war die Initiative eines Mannes, Dr. Werner Boll, kein Wissenschaftler. Ein ganz pragmatischer Mann mit einem ebenso pragmatischen Ansatz. Er sagte nämlich: ›Wir machen das jetzt, und das läuft!‹«

Und wie es lief. 1984 als gemeinnütziger eingetragener Verein gegründet, wuchs die Mitgliederzahl schnell auf über fünftausend an. Kein Wunder, denn das Entscheidende sei gewesen, erzählt Dr. Rott, dass die alten Menschen wieder Selbstbewusstsein hatten. »Bei vielen alten Menschen ist das Selbstbewusstsein nur noch ein sehr kleines Pflänzchen. Man sagt immer: Die armen Alten, die muss man betreuen! Und Dr. Boll hat gesagt: Nix betreuen! Wir können was, und wir lernen jetzt Englisch, Russisch und Französisch. Dann machen wir einen Malkurs und einen Theaterkurs! Und da sind alle aufgeblüht.«

Das Selbstbewusstsein sei sogar so ausgeprägt gewesen, erzählt Dr. Rott lachend, dass das Institut und die Universität nur als Dependance der Akademie für Ältere gegolten haben.

Die Akademie für Ältere in Heidelberg ist eine unabhängige Bildungseinrichtung. Dort wird von Älteren (strikte Grenze sind 60 Jahre und älter) ein sehr breites Spektrum an Bildungsangeboten für Ältere gestaltet.

Man kann es sich wie eine Art Volkshochschule vorstellen. Neben großen Vortragsveranstaltungen gibt es sehr viele Seminare. Zu einem Jahresbeitrag von 68 Euro.

Die Akademie will mit ihrem Angebot dazu beitragen, dass jeder Ältere – auch bei alterstypischen körperlichen Einschränkungen – nicht nur sein eigenes Weiterbildungsprogramm zusammenstellen, sondern auch die Zugehörigkeit zur Gruppe Gleichgesinnter und Gleichaltriger erleben kann. Deshalb die Altersgrenze.

Dr. Rott erzählte uns von einem Angebot der Akademie für Ältere, bei dem die Altersgrenze nach unten gelockert wurde, was mir sehr gefällt, da ich ja alle Möglichkeiten, wo sich die Generationen nicht voneinander abgrenzen, grundsätzlich unterstütze. An der Akademie für Ältere also gibt es die sogenannte Handy-Sprechstunde. Von Schülern durchgeführt für Mitglieder der Akademie, die sich im technischen Wirrwarr ihres neuen Handys verheddert haben.

Dr. Rott strahlt und freut sich über den regen Zuspruch, den die Handy-Sprechstunde erfährt – auf beiden Seiten: bei den »jungen Dozenten« und den »alten Schülern«. Und er betont noch einmal: Das Wichtigste sei, den alten Menschen eine Identität zu geben. »Das ist ein gesellschaftliches Problem. Man muss ihnen etwas zutrauen. Sie können noch

Englisch lernen. Es dauert vielleicht etwas länger, und sie lernen vielleicht anders. Vielleicht ist es auch nicht ganz so perfekt, aber sie können es, wenn sie es wollen!«

## »Kreative Typen haben ihre eigenen Kanäle, etwas zu sehen«

Ich treffe mich mit Mechthild Engel Anfang April 2009 in Oberreute, Westallgäu, Landkreis Lindau. Frau Engel ist ein Energiebündel und äußerst temperamentvoll.

*Frau Engel, darf ich fragen, wie alt Sie sind?*
Ich bin 66 Jahre.

*Und Sie waren früher Lehrerin?*
Ja, ich war Lehrerin an einer staatlichen Grund- und Hauptschule, vorher an einer Realschule in Stuttgart. Später zogen wir nach Bayern, und dort habe ich nach drei Jahren gedacht: Da stimmt was nicht an dem System. Ich hab mich zunehmend unwohl gefühlt, hauptsächlich wegen der Noten …

*Was heißt: die Noten?*
Die Schulnoten, die ich geben musste. Damit sollte sichtbar werden, was ein Kind so kann in Deutsch oder Englisch. Schließlich dachte ich: »Ich will der Sache auf den Grund gehen.« Und so habe ich ein Zweitstudium aufgenommen: Pädagogik, Philosophie, Geschichte.

*Haben Sie den Lehrerberuf unterbrochen?*
Ja, ich hab mich beurlauben lassen, man konnte sich sechs Jahre ohne Bezüge für die Kinder beurlauben lassen, und diese Zeit habe ich genutzt, um neben der Familienarbeit zu studieren. Mein Hauptfach war Schulpädagogik.

Nach der Promotion arbeitete ich noch ein paar Jahre an der Uni als Wissenschaftliche Rätin und suchte unter anderem nach den Frauen in der Pädagogik. Zwangsläufig stieß ich dabei auf Maria Montessori. Ich war begeistert, konnte kaum glauben, dass »freie Arbeit« in einer »vorbereiteten Umgebung« wirklich funktionierte! Der Besuch in einer Münchener Montessori-Schule mit meinen Studenten hatte es gezeigt. Ab da war klar, wohin mein Weg gehen würde. Hier war die Schule ohne Noten, in der wirklich jedes Kind gesehen und ernst genommen wurde!

Also, ich habe dann eine Zusatzausbildung gemacht und hatte auch Glück, nach Starnberg an die Montessori-Schule zu kommen, das hat mir sehr gut gefallen! Nach drei Jahren wechselte ich zurück nach Nürnberg, um an der dortigen Montessori-Schule die Schulleitung zu übernehmen.

*Für mich wäre diese Art von Schule genau das Richtige gewesen, denn ich war verspielt und habe nur gemalt.*

Kreative Typen haben ihre eigenen Kanäle, etwas zu sehen. Interessant ist, dass Montessoris Beobachtungen, zum Beispiel die »sensiblen Perioden«, durch die moderne Hirnforschung bestätigt werden. In den »sensiblen Phasen«, in denen die Kinder für einen begrenzten Zeitabschnitt für bestimmte Dinge besonders empfänglich und neugierig sind, wollen sie sich nur mit diesen Dingen wie etwa Schreiben oder nur Rechnen oder nur Bauen beschäftigen. Alles andere ist absolut nachgeordnet. In der modernen Hirnforschung nennt man das »Zeitfenster«. Montessori sagte auch schon, dass das jeweilige Interesse in der »sensiblen Phase« Nahrung erhalten müsse und das Kind selbst wisse, wann es »satt« sei. Wird dieser besonderen Aufmerksamkeit keine Beachtung geschenkt, so schließt sich »das Zeitfenster« und der Wissensdrang erlischt. Es ist danach sehr schwer, das Versäumte nachzuholen.

Nach einer gewissen Zeit habe ich den Schulleiterposten aufgegeben und wollte mich nur noch um meine Schülerinnen und Schüler kümmern.

*Wann haben Sie dann aufgehört?*
Ja, sobald ich in Rente gehen konnte, ich habe mit 63 aufgehört.

*Wollten Sie das?*
Ja, ich wollte das, weil mein Mann auch schon so lange darauf gewartet hatte, und ich wollte auch etwas anderes machen. Ich hatte inzwischen mit der Malerei angefangen. Ich hatte das ja in der Ausbildung als Schwerpunkt, und ich bin in verschiedene Sommerakademien gegangen. Außerdem wuchs die Familie, die Enkelchen kamen, die Kinder waren auch froh, wenn ich mal ein bisschen Zeit hatte und manchmal einspringen konnte. Dann gehöre ich auch im Landesverband Montessori der Fortbildungsgruppe an, habe Workshops gegeben, besonders für Eltern. Vor drei Jahren entstand die Idee, dass man eine Montessori-Ausbildung doch gleich an die Uni bringen sollte. Das ist jetzt auch geglückt, seit gut einem Jahr bieten wir ein Montessori-Seminar an der Erziehungswissenschaftlichen Fakultät der Universität Erlangen-Nürnberg an. Ich arbeite mit einer Kollegin zusammen, und das macht mir und uns sehr, sehr viel Spaß mit den StudentInnen.

*Das machen Sie jetzt einmal in der Woche? Ihr Mann sagte, als er mich begrüßte, Sie wären da eingebunden und noch dort und dort?*
Ja, da bin ich noch in einer Gruppe, die heißt »Frauen in der einen Welt« in Nürnberg. Diese Frauen erforschen Frauenall-

tagskultur im fränkischen Raum und suchen internationale Vergleiche und Verknüpfungen. Zu den einzelnen Themen, zum Beispiel »Kopftuch«, werden Ausstellungen erarbeitet und gezeigt.

*Machen Sie das ehrenamtlich?*
Ja, ich bin im Vorstand, und es macht sehr viel Spaß, aber ist wirklich Arbeit! Da werden die Ausstellungen verliehen, neue Ausstellungen konzipiert, Gelder müssen herbeigeschafft werden, wir müssen Öffentlichkeitsarbeit betreiben. Wir sind nur relativ wenige Frauen, aber durch jährliche Kongresse der Frauenmuseen weltweit vernetzt mit anderen Einrichtungen dieser Art. Es ist erstaunlich, wie viele verschiedene Museen es da bereits gibt Inzwischen haben wir eine gemeinsame Webseite, können uns mit Hilfe der neuen Kommunikationsmittel wunderbar verständigen.

*Sie sind also der Meinung, das ist ja unser Thema, dass es wichtig ist, dass man aktiv bleibt?*
Ja, auf jeden Fall, auf jeden Fall.

*Wenn man kreativ ist, schöpferisch, ist es natürlich leichter, dann ist es in sich logisch, dass man weitermacht. Aber für Menschen, die in einem Beruf sind, in dem sie immer wieder das Gleiche machen, und plötzlich hört es auf – für die ist es, glaube ich, schwierig, sich eine neue Aktivität aufzubauen?*
Ja, ich denke man muss vorher damit anfangen, nicht erst wenn man in den Ruhestand eintritt. Nein, man muss mindestens zehn Jahre vorher schon sich darüber Gedanken machen, was würde mich noch interessieren neben meiner Arbeit? Ja, und nur Ferien haben ist nämlich auch nicht schön, das ist die ersten sechs Wochen toll, und dann denkst du: und jetzt? Der Tag ist ja nicht mehr strukturiert, der Tag

geht dahin, und jetzt ist es schon wieder Abend, was hab ich eigentlich gemacht?

*Sind Sie der Meinung, dass die Altersgrenze abgeschafft werden müsste?*

Ich kann das natürlich nur von meiner Berufserfahrung sehen. Wenn ich an der Uni mit Studenten arbeite, das ist natürlich ein ganz anderes Arbeiten, als wenn ich mit pubertierenden Schülern arbeite. Ich muss mit Kindern und Jugendlichen noch »nah dran« sein an den Dingen, die sie bewegen, und wenn ich das nicht mehr bin, verlier ich den Kontakt zu ihnen. Dann wird es schwierig. Mit Studenten ist das etwas anderes, das sind junge Erwachsene, die brauchen nicht mehr diesen speziellen Kontakt, den du halt im Umgang mit Jugendlichen und Kindern benötigst. Deshalb glaube ich, wenn man das 40 Jahre gemacht hat, ist man ein bisschen abgesättigt. Ich kann hingegen gut verstehen, dass an der Uni viele bis zur Emeritierung bleiben wollen oder geblieben sind.

*Sie meinen, dass man in einem gewissen Alter als Lehrerin mit den Kindern nicht mehr richtig mithalten kann?*

Ja, die Lehrer sind dann zum Teil sehr professionell, und dann geht das eben auch schnell glatt, routinemäßig. Diese Energie der Kinder muss man ja auch aushalten. Und diese schrillen Kinderstimmen sind für manche nicht mehr zu ertragen, das sind einfach Grenzen. Und da wäre es gut, wenn Lehrer nicht dazu verdonnert wären, Lehrer zu bleiben bis zum Rest ihres Lebens, ob es ihnen damit gutgeht oder nicht. Lehrer sind eben so schmalspurig ausgebildet, so dass sie kein anderes Standbein haben, auf das sie wechseln könnten. Warum müssen sie mit 50 vorzeitig pensioniert werden, warum gibt es nicht irgendeine andere Arbeit für sie?

*Womit beschäftigen Sie sich neben Ihren verschiedenen Ämtern noch? Treiben Sie Sport? Machen Sie etwas Künstlerisches?*

Ich denke, man braucht Glück, dass man auch gesund bleibt. Ich mache Nordic Walking und Yoga. Und natürlich habe ich meine Malerei, bearbeite inzwischen auch gern Speckstein. Einen bildnerischen Ausdruck zu finden ist für mich wichtig. Und seit einem Jahr habe ich auch wieder mit Klavierunterricht begonnen, was mir viel Spaß macht.

*Das ist ja toll!*

Ich weiß von dem »jungen« Freund meiner Tante, meiner Patentante, sie ist 97 und ihr junger Freund, Kenneth W. Ford, ist 82. Er arbeitet für sie am Computer. Er ist Physiker und hat jetzt ein wunderbares Buch geschrieben: *Wie klein ist klein?* Meine Tante hat auch nach der Devise gelebt, du darfst nicht aufhören, ist bis vor ganz kurzem noch in ihrem Auto, einem gelben Beetle, selbst gefahren, so klein und auf einem Kissen. Sie war stadtbekannt. Aber seit sie sich nicht mehr richtig bewegen kann, baut sie leider auch sehr ab. Sie hatte sich immer vorgestellt, 100 zu werden. Aber so richtig glückt es ihr im letzten Jahr nicht mehr, seitdem sie nicht mehr in ihrer eigenen kleinen Wohnung leben kann. Da geht es Ihrem Mann, Herrn Heesters, schon besser. Man muss natürlich sehen: Ihr Mann hatte und hat großes Glück, dass er so alt werden und auch noch was machen kann. Sein Erfolg hängt in hohem Maße von Ihnen und Ihrem Engagement für ihn ab. Wenn er auf sich allein gestellt wäre, dann wäre das sicher ganz was anderes.

*In unserer Gesellschaft ist man in diesem Alter meist allein und kommt in ein Altersheim.*

Ja, das Problem ist das Abgetrennte, man ist weg von der Gesellschaft, und das ist die Struktur dieser Altenheime. Das

Modell des Mehrgenerationenhauses ist sehr interessant. Unsere Gesellschaft ist so strukturiert, dass alte Menschen zur Absonderung verdammt sind, es ist offenbar so vorgesehen. Und wenn jetzt auch noch so wenig junge Leute da sind, wird sich das Problem verschärfen.

*Wenn man mich fragt, wie ich mir meine Zukunft vorstelle, ich habe ja keine Kinder, dann antworte ich immer, ich würde gerne eines Tages mit meinen Freundinnen ein Haus mieten und zusammenziehen.*

Also, in Nürnberg gibt es eine Initiative, da kann man zu den monatlichen Treffen hingehen, die haben verschiedene Projekte. Nicht unbedingt nur Generationenprojekte, sondern eher eine Mischung von Menschen zwischen 65 und 80, die sich zusammentun, zusammen wohnen, aber jeder in seiner eigenen Wohnung, und man ist doch zusammen. Man achtet aufeinander. Es ist wichtig zu erproben, ob alle auch zusammenpassen, ob das zusammen funktioniert. Die Menschen, die sich da zusammentun, reisen beispielsweise erst gemeinsam und testen, ob sie auch wirklich im Alltag miteinander kommunizieren können.

Man muss sich da schon mit einbringen und mithelfen. Ich habe vor einiger Zeit eine Sendung gesehen über eine ganze Siedlung von Menschen unterschiedlicher Generationen, die sich zusammentaten.

*Abschließend noch die Frage: Wie alt fühlen Sie sich? Fühlen Sie sich jünger oder älter, als Sie tatsächlich sind?*

Also, ich habe immer gedacht, die Zahl, die gehört nicht zu mir. Aber gut, man muss die Zahl halt annehmen.

# Maler – Bildhauer – Dichter – Schriftsteller – Musiker

Auffallend ist, dass Menschen, die bis ins hohe Alter aktiv, kreativ und schöpferisch sind, ein hohes beziehungsweise sehr hohes und geistig vitales Alter erleben.

## Alte und uralte Berühmtheiten

1954 hielt Gottfried Benn 70-jährig seinen legendären Vortrag »Altern als Problem für Künstler«[40]. Hier ein Auszug daraus:

»Es ist ganz erstaunlich, es ist im höchsten Maße überraschend, wie viele Alte und Uralte es unter den großen Berühmtheiten gibt. Es stellt sich nun heraus, dass von diesen Genies beinahe die Hälfte überaus alt geworden ist. Unser Leben währet siebzig Jahre, also damit wollen wir erst gar nicht beginnen, aber dem, was über fünfundsiebzig Jahre ist, bitte ich einen Augenblick Ihre Aufmerksamkeit zu schenken. Ich denke, Sie werden ebenso überrascht sein wie ich. … mir scheint dies hohe Alter besonders bemerkenswert, da es sich um Persönlichkeiten handelt, die in Zeitaltern lebten, in denen die Lebenserwartung viel geringer war als heute, Sie wissen, dass sich die Lebenserwartung des Neugeborenen von 1870 bis heute nahezu verdoppelt hat.«

Dann führt Benn eine ganze Reihe Künstlernamen mit dem jeweiligen Lebensalter auf, und ich habe diese Liste noch etwas erweitert und ein paar später verstorbene Künstler hinzugefügt.

Maler oder Bildhauer
Tizian (Tiziano Vecellio) circa 99, Michelangelo Buonarroti 89, Frans Hals 86, Francisco de Goya 82, Donatello (Donato di Niccolò di Betto Bardi) 80, Jacopo Tintoretto 76, Auguste Rodin 77, Adolph von Menzel 90, Edvard Munch 81, Edgar Degas 83, Pierre Bonnard 80, Aristide Maillol 83, Pierre-Auguste Renoir 78, Max Liebermann 88, Pablo Picasso 92, Salvador Dalí 85, Karl Schmidt-Rottluff 92, Lyonel Feininger 85, Käthe Kollwitz 78, Joan Miró 90, Georges Braque 81, Marc Chagall 98, Claude Monet 86, James Ensor 89, …

Dichter und Schriftsteller
Johann Wolfgang Goethe 83, George Bernard Shaw 94, Knut Hamsun 93, Maurice Maeterlinck 87, Leo Tolstoi 82, Voltaire 84, Heinrich Mann 80, Marie von Ebner-Eschenbach 86, Victor Hugo 83, Alfred Tennyson 83, Ricarda Huch 83, Gerhart Hauptmann 84, Selma Lagerlöf 82, André Gide 82, Paul Heyse 84, Theodor Fontane 79, Paul Claudel 85, Thomas Mann 80, Emil Strauß 87, …

Musiker
Giuseppe Verdi 88, Richard Strauss 85, Hans Pfitzner 80, Heinrich Schütz 87, Claudio Monteverdi 76, Christoph Willibald Gluck 74, Georg Friedrich Händel 74, Joseph Haydn 78, Anton Bruckner 72, Luigi Cherubini 82, Herbert von Karajan 81, …

Gottfried Benn wollte Vorurteilen widersprechen, wonach nur die Jugend schöpferisch, das Alter aber matt und aufgebraucht sei. »Wenn man diese Erscheinung erklären wollte, könnte man zwei Gesichtspunkte anführen, nämlich erstens einen soziologischen, dass nämlich in erster Linie diejenigen groß und sehr berühmt werden, die lange leben, das heißt lange produzieren können. Zweitens: Aber auch eine biologische Erklärung erscheint mir nicht ganz abwegig. Die Kunst ist ja nach der einen Seite ihrer Phänomenologie hin ein Befreiungs- und Entspannungsphänomen, ein kathartisches Phänomen, und diese haben die engsten Beziehungen zu den Organen ...«

Gottfried Benns legendärer Vortrag ist seine persönliche Auseinandersetzung mit diesem Thema. Benn wurde nicht gern alt, und er war nicht gern alt.


## Alle Menschen sind Künstler

Wenn man etwas Neues erlernt hat, kann dies das gleiche Glücksgefühl auslösen, das sich bei einem Künstler einstellt, wenn er etwas Schöpferisches erzeugt hat.

Joseph Beuys' Ausspruch »Alle Menschen sind Künstler« besagt, dass alle Menschen kreativ sind. Nach allen wissenschaftlichen Erkenntnissen besteht daran auch kein Zweifel, und so ist es nie zu spät, sich künstlerisch zu betätigen.

Meine Überzeugung ist: Kunst ist etwas Kreatives, Schöpferisches und kann in hohem Maße beglücken. Den Künstler wie auch den Betrachter.

Deshalb kann ich nur jedem empfehlen, sich auch in späteren Jahren wieder künstlerisch zu betätigen.

Jedes Kind malt, und auch Sie haben sicher früher einmal gemalt. Leider hörten aber die meisten auf zu malen wie vielleicht auch Sie, als Sie in die Pubertät kamen. Sie wurden kritischer, begannen perspektivisch zu sehen und konnten dies nicht mehr auf die Fläche übertragen, und schnell haben Sie dann die Lust verloren, sich gesagt: »Ich will gar nicht zeichnen, denn ich kann es ja sowieso nicht.«

## Einige Tipps, zeichnen zu lernen

Wichtig für den Anfang: Versuchen Sie, einfache, naive Bilder zu kopieren, um die Techniken zu erlernen und um vor allem möglichst bald auch Erfolgserlebnisse zu haben. Bitte wagen Sie sich nicht gleich an die »alten Meister«!

Wir sehen inhaltlich, das heißt auch, wir interpretieren vor dem geistigen Auge eine dreidimensionale Fläche. Wenn Sie beispielsweise versuchen, ein Porträt zu kopieren, wird es Ihnen zunächst schwerfallen, »flächig« zu sehen. Ein Tipp: Drehen Sie das zu kopierende Bild auf den Kopf, schon sieht man nur noch horizontale, vertikale und schräge Linien, man ist frei von Inhalt und Ausdruck des Bildes!

Wohlgemerkt, zunächst geht es einfach darum, Linien zu zeichnen, die dem vorliegenden Bild ähneln sollen, also um zeichnerisches Geschick zu üben.

Zeichnen Sie das Bild Linie um Linie ab, man darf sich dabei aber nicht vorstellen, was die eine oder andere Linie oder die sich daraus ergebende Form bedeutet, und drehen Sie das Bild erst um, wenn Sie wirklich fertig sind. Sie werden erstaunt sein, wie gut die Zeichnung gelungen ist.

Beim Versuch, möglichst naturalistisch abzuzeichnen, ist es wichtig zu lernen, flächig zu sehen. Man sollte versuchen, die Konturen des Objektes, das man zeichnen möchte, nachzuziehen, dabei sollten Sie sich in unmittelbarer Nähe eine senkrechte und eine waagrechte Linie vorstellen und dann den Winkel, den das Objekt dazu bildet, erkennen. Hilfreich ist es auch, einen Bleistift senkrecht oder waagrecht neben oder über das Objekt zu halten. Versuchen Sie das, was Sie zeichnen, nur als Form zu sehen, schalten Sie den Inhalt aus. Statt: Ich male jetzt eine Vase – sollten Sie sich sagen: »Ich male jetzt eine ovale Form, die oben und unten abgeflacht ist.« Wenn man ein Auge schließt, sieht man automatisch flächig und nicht plastisch. Wenn Sie beispielsweise einen Stuhl zeichnen, vergessen Sie bitte, dass es ein Stuhl ist, zeichnen Sie nur die Linien, die Sie im Verhältnis zum Rechteck sehen.

Die Schwierigkeiten, die man anfangs beim Zeichnen hat, rühren daher, dass man versucht zu zeichnen, was man weiß, und nicht, was man sieht!

Das sollte eine kleine Anregung sein, denn ich möchte die Freude gern weitergeben, die man erlebt, wenn man sich schöpferisch und kreativ betätigt.

# 7
# Wir schicken den Ruhestand in Rente

»65, 67, 69 – Wie lange sollen wir eigentlich noch arbeiten?« Das fragte im Juli 2009 eine große deutsche Tageszeitung in Riesenlettern. Eine Zeitung, die nach eigener Werbebotschaft »Meinung bildet« – aber auch Meinung ab-bildet? Ist es denn tatsächlich so, dass die Mehrheit der Menschen ihre Arbeit, ihren Beruf als Zwang empfindet? Als etwas, was sie tun müssen, aber gar nicht wollen? Gibt es denn wirklich niemanden, der gerne auch über 65, 67, 69 Jahre hinaus arbeiten möchte?

In seiner *50+-Studie* liefert Professor Dieter Otten, Professor für Soziologie an der Universität Osnabrück, nach detaillierten Befragungen eine eindeutige Antwort: »Die weit überwiegende Mehrzahl der Befragten hatte keinerlei Probleme mit der späten Erwerbstätigkeit. Wir konnten nicht nachweisen, dass die älteren Arbeitnehmer aus dem Berufsleben flüchten wollen. Der Beruf gefällt fast 80 Prozent ausgesprochen gut ...« Zusammenfassend schreibt Professor Otten weiter: »Etwa 30 Prozent der abhängig Beschäftigten wünschen sich, nach der Pensionierungsgrenze weiter in ihrem Beruf tätig sein zu können. Fast 60 Prozent möchten zwar ihren Beruf nicht weiter ausüben, aber sie möchten etwas anderes mit berufsähnlichem Charakter, jedoch in einem anderen Betätigungsfeld tun.«

Der Vorschlag, das Renteneintrittsalter bis zum Jahr 2060 auf 69 Jahre anzuheben, war eine Idee der Bundesbank. Sie verschwand genauso schnell wieder aus den Schlagzeilen, wie sie aufgetaucht war. Doch auch dieses Strohfeuer war für mich wieder eine Bestätigung dafür, dass alte Menschen in unserer Gesellschaft keine Individuen mehr sind mit größtmöglicher Verschiedenartigkeit, mit Träumen und Wünschen, sondern ein riesengroßer Kostenfaktor. Entweder sie belasten den Arbeitsmarkt, oder sie belasten die Sozialkassen. Dazu passt ein Spruch, der gerade die Runde macht: »Im Zeitalter von Computer und Internet muss man sich nicht länger mit den Rentnern herumärgern. Man drückt einfach die Computertasten »Alt« und »Entfernen«, und schon ist das Problem gelöst.«

Na ja, Humor ist, wenn man trotzdem lacht.


## Vom Unterschied zwischen Ruhestand und Rente

In den nachfolgenden Kapiteln werde ich bewusst das Wort Ruhestand verwenden und den Begriff Rente vermeiden. Diesen Unterschied möchte ich machen, da es mir erstens sehr darauf ankommt, bewusst zu machen, wie sehr der Ruhestand als Zustand das nachberufliche Leben verkürzen kann. »Auch der Ruhestand trägt zur Altersschwäche bei«, schreibt der amerikanische Psychologe und Autor James Hillman in seinem Buch *Vom Sinn des langen Lebens*.

Und weil es zweitens in diesem Land fast so viele Rentenexperten wie Rentner gibt und weil die sicher nicht auf mein Halbwissen zum Thema Rentengarantie und Generationenvertrag angewiesen sind. Aber ich glaube, jeder weiß mittlerweile, dass das Finanzierungsmodell, auf dem unser Rentensystem heute basiert, in den 50er Jahren des vergangenen Jahrhunderts entwickelt und eingeführt wurde. Mit der

Wirklichkeit heutzutage hat es nicht mehr viel zu tun. James W. Vaupel, der Leiter und Gründungsdirektor des Max-Planck-Instituts für demografische Forschung, sagte in einem Interview mit der Wochenzeitung *Die Zeit*: »Langes Leben ist eine Errungenschaft der modernen Zivilisation, ein enormes Geschenk für die Menschen, die erleben, wie ihre Kinder heiraten, ihre Enkelkinder aufwachsen. Das ist die individuelle Seite der Geschichte. Von der gesellschaftlichen Seite gesehen, ist es völlig klar, dass es deswegen Reformen und Veränderung geben muss. Die Rentenpolitik muss geändert werden, denn die Leute sollten länger arbeiten. Die Aus- und Fortbildung muss verändert werden, denn ältere Arbeitskräfte müssen neue Fertigkeiten lernen oder einen ganz neuen Beruf.«

»Die Nichtwahrnehmung neuer Möglichkeiten aufgrund veralteter Rahmenbedingungen«, schreibt auch Professor Kocka, Historiker an der Freien Universität Berlin, »ist ein Problem, das im Interesse optimaler Lebensqualität der Individuen im Alter wie im Hinblick auf die Leistungsfähigkeit und die Gerechtigkeit der Gesellschaft als ganzer gelöst werden müsste.«

### Die Rente ist sicher – ganz sicher – nicht sicher

Unser Rentensystem ist überholt und zum heutigen Zeitpunkt eine Fehlkalkulation. Ich weiß, ich sage da nichts Neues – ein Allgemeinplatz.

Vor mehr als 100 Jahren, am 1. Januar 1891, führte Otto von Bismarck die gesetzliche Rentenversicherung für Arbeiter ein. Jeder Arbeiter zahlte damals Beiträge auf ein Rentenkonto ein, der Beitragssatz betrug 1,7 Prozent, der zu je einem

Drittel vom Arbeitnehmer, dem Arbeitgeber und durch steuerliche Zuschüsse finanziert wurde. Die Altersrente wurde ab dem 70. Lebensjahr ausbezahlt. Die Lebenserwartung war damals wesentlich geringer als heute, sie lag um 1900 bei circa 45 Jahren, und gerade zwei Prozent erreichten das Alter von 70 Jahren.

1911 wurden auch die Angestellten versicherungspflichtig, und am 1. Januar desselben Jahres trat das Versicherungsgesetz für Angestellte in Kraft.

1916 wurde das Renteneintrittsalter auf 65 Jahre gesenkt.

1957 erfolgte dann die grundlegende Rentenreform vom Kapitaldeckungsverfahren zur noch heute bestehenden Umlagefinanzierung. Statt Rücklagen zu bilden und einen Kapitalstock aufzubauen, aus dem dann die Beiträge ausbezahlt werden, ist durch das Umlageverfahren die folgende Generation dazu verpflichtet, die Rente der aktuellen Rentenbezieher zu sichern.

Adenauer dachte: »Kinder kriegen die Menschen immer.« Welch ein Irrtum!

Im europäischen Vergleich wurden in Deutschland im Jahr 2008 die wenigsten Kinder geboren. Das Statistische Amt Eurostat in Brüssel nennt die Zahl 8,2 Neugeborene auf 1000 Einwohner. Gleichzeitig werden die Menschen älter und beziehen länger Rente. Es wird also weniger einbezahlt und mehr entnommen. Auf Dauer kann das nicht gutgehen.

Ich will mich jetzt nicht zu weit aus dem Fenster lehnen, ich weiß, zu diesem Thema werden dicke Bücher geschrieben, aber zwei Anregungen hätte ich doch:

Erstens: Die Kassen werden immer leerer. Wäre nicht ein Wechsel vom Umlageverfahren zum Einzahlen in einen Kapitalstock für die eigene Altersversorgung dringend erforderlich? Denn besonders erschwerend kommt ja noch hinzu, dass seit 1957 auch für versicherungsfremde Leistungen Geld aus der Rentenkasse entnommen wurde.

Kürzlich unterhielt ich mich mit unserem Freund Thomas Hoffmeier, der Finanzfachwirt ist. Er erklärte mir Folgendes: Im Versicherungswesen ist Spartentrennung ein Grundgesetz. Das heißt, Lebensversicherungen, Krankenversicherungen wie auch Schaden- und Unfallversicherungen müssen laut Gesetz getrennt sein und in jeweils eigenständigen Unternehmen betrieben werden. Irreführend ist, dass diese Unternehmen alle einen Namen tragen (zum Beispiel Allianz).

Wenn also beispielsweise durch einen großen Hagelschaden in Bayern vier Millionen Autos beschädigt sind, darf zur Schadensregulierung kein Geld aus der Lebensversicherungssparte des gleichen Unternehmens entnommen werden.

Auf den Punkt gebracht heißt das: Man darf niemals aus dem einen Topf nehmen, um den anderen zu stopfen. Und so frage ich mich: Wäre dies nicht übertragbar auf ein Rentensystem?

Zweitens: Ich denke noch an eine andere Möglichkeit der Versorgung, die auch Altersarmut verhindern könnte: Ab einem bestimmten Renteneintrittsalter bekommt jeder Bürger, ohne dafür Beiträge eingezahlt zu haben, einen einheitlich festgesetzten Betrag, der vom Staat aus Steuergeldern finanziert wird. So eine Art Grundsicherung, die durch zusätzliche private Vorsorge ergänzt werden müsste.

Wer auch immer sich in hoffentlich nicht allzu ferner Zukunft an die Lösung heranwagt, möge bedenken: Das System ist für die Menschen da und nicht die Menschen für das System!

## Ein Milchmädchen-Märchen

Es war einmal ein kleines Milchmädchen, das sehr arm war. Von einem alten Schatzmeister bekam das Milchmädchen ein Schatzkästchen mit einem kleinen Schlüssel und ein Beutelchen voller Goldmünzen geschenkt.

Der alte Schatzmeister sagte zu dem armen kleinen Mädchen: »Wenn du aus diesem Beutel jeden Abend nach getaner Arbeit eine Münze in den Schlitz des Schatzkästchens wirfst und erst dann den Schlüssel betätigen und etwas daraus entnehmen wirst, wenn du einst so alt sein wirst wie ich jetzt, dann wird es dir eines Tages sehr, sehr gut ergehen, du wirst ohne Sorgen dein Leben leben können! Aber du musst mir versprechen, das Schatzkästchen niemals zu öffnen, um eine Münze daraus zu entnehmen. In dem Beutelchen sind genug Münzen, du wirst ein gutes, bescheidenes Leben führen können, teil dir alles schön ein, sei klug und nicht verschwenderisch!«

Das kleine arme Milchmädchen war sehr dankbar und war nun kein armes Milchmädchen mehr, es warf täglich am Abend nach seiner Arbeit eine Münze in das Schatzkästchen, wie es der alte Schatzmeister geheißen hatte, und es lebte glücklich, sparsam und bescheiden.

Eines Tages tauchte ein hübscher Jüngling auf, die beiden sahen einander, verliebten sich augenblicklich, der Jüngling versprach, auf ewig bei dem Milchmädchen zu bleiben, und es schenkte ihm viele, viele Kinder. Die Zeit ging ins Land, das Milchmädchen wurde von der liebenden Mutter zur Großmutter, es wurde Witwe, aber niemals vergaß es, abendlich eine Münze in die Truhe zu stecken. All die Kinder und Freunde wussten von dem Schatzkästchen.

»Ach, liebe Milchfrau, gib uns doch etwas ab von deinem

Ersparten! Du brauchst doch nicht mehr so viel, wenn du alt sein wirst!«

Die Milchfrau hatte ein gutes Herz, und immer wieder drehte sie das Schatzkästchen um, und eine Münze nach der anderen fiel durch den Schlitz, und sie gab mal hier, mal da und dachte, ich muss doch meinen Kindern und Freunden helfen.

Eines Tages, als dann die Milchfrau alt und einsam war, sagte sie sich: »So, jetzt ist es an der Zeit, jetzt werde ich meine Truhe öffnen und reich sein und einen sorgenfreien Lebensabend haben. Und dort leben, wo Milch und Honig fließen.«

Sie nahm den Schlüssel, öffnete ihre Schatztruhe und siehe da – in der Schatzkiste war kaum mehr eine Münze. Ihre Träume zerflossen, und wenn sie nicht gestorben ist, dann lebt sie heute noch – ohne Rente.

## Arbeiten ist gesund

Der Bestsellerautor Frank Schätzing antwortete auf die Frage, warum er sich nicht zur Ruhe setze und seinen Reichtum genieße: »Das würde mir nicht gut bekommen. Ich will ja hundert Jahre alt werden, und würde ich bis dahin nichts mehr tun, würde ich doch auf sehr niedrigem Niveau vergreisen. Darum will und muss ich weiter arbeiten.« (Das Zitat habe ich Anfang Oktober 2009 in der Sendung *druckfrisch* gehört, in der Denis Scheck den 52 Jahre alten Frank Schätzing interviewte.)

»Für Menschen, denen ihr Beruf ein Greuel ist, mag Rente etwas Phantastisches sein. Aber bei dem, was wir tun, ist Rente

undenkbar. Ich sterbe sofort, wenn ich aufhöre, zu singen.«
(Herman van Veen in der NDR-Talkshow, September 2009.
Der Sänger ist 65 Jahre alt.)

»Der schlimmste Tod für einen Menschen ist der Verlust dessen, was den Mittelpunkt seines Lebens bildet und ihn zu dem macht, was er wirklich ist. Ruhestand ist das abstoßendste Wort der Sprache. Ob man sich freiwillig dazu entschließt oder ob er einem aufgezwungen wird: In den Ruhestand zu treten und seine Beschäftigung aufzugeben – diese Beschäftigung, die uns zu dem macht, was wir sind – ist gleichbedeutend mit dem Abstieg ins Grab.« (Ernest Hemingway, zitiert nach Simone de Beauvoir, *Das Alter*.)

## »Von hundert auf null – Ruhestand ist Stillstand«
Gespräch mit Professor Eberhard Pfister

Ein Hochschulprofessor im Ruhestand, Eberhard Alexander Pfister, kommt zum Gespräch. Allerlei Klischees gehen mir durch den Kopf: von einem chaotischen Professor, einem strengen Professor, auf jeden Fall aber von einem älteren, gesetzten, vorzugsweise konservativen Herrn. Doch der Mann, der kurze Zeit später an der Tür klingelt, will in keines dieser Klischees so richtig reinpassen. Ein Mann, der keinesfalls aussieht, als habe er das Rentenalter erreicht. Leger gekleidet, ein offenes, freundliches Lachen und im Arm: weißen Flieder.

»Den habe ich unterwegs für Sie abgeschnitten«, sagt er, und ich bin so überrascht von dieser spontanen Geste, dass ich beschließe, sämtliche Professorenklischees in meinem Kopf abzuschaffen.

*Herr Pfister, wie alt sind Sie?*
Im September letzten Jahres bin ich 65 Jahre alt geworden und musste Ende September dann in meinem Beruf aufhören.

*Welchen Beruf haben Sie ausgeübt?*
Ich bin Institutsdirektor gewesen, also Hochschulprofessor. Ich war Beamter. Und es gibt ein deutsches Beamtenrecht, da gibt es fast keine Ausnahmen, dass man mit 65 in den Ruhestand gehen muss. Das war bei mir tatsächlich im Monat September 2008 erreicht.

*Welches war Ihr Fachgebiet?*
Ich war in der Medizin tätig. Ich bin selber kein Arzt, sondern studierter Physiker. Zeit meines Lebens habe ich aber immer auf dem Zwischengebiet Medizin-Naturwissenschaft-Physik gearbeitet. Also in der Biophysik und Biokybernetik, und ich bin dann in der Arbeitsmedizin gelandet.

Ich habe promoviert und habilitiert und bin dann als Naturwissenschaftler Institutsdirektor geworden, was in der Medizin eine Besonderheit ist.

Während der letzten 18 Jahre in meinem Beruf habe ich sehr viele Vorlesungen gehalten, etwas, was ich sehr gern gemacht habe und nach wie vor gerne machen würde. Ich arbeite gern mit jungen Menschen. Lehre ist mir immer noch ein Bedürfnis. Natürlich gehörte auch die Forschung dazu. Ich habe mehrere Forschungsprojekte geleitet. Meine Arbeit hat mir sehr viel Spaß gemacht, und es ist mir schon schwergefallen, aufzuhören. Meinem alten Team und dem Institut bin ich noch sehr verbunden. Ich habe eine Nachfolgerin, die ich aufgebaut habe, ein junge Frau, Anfang 40, und die habe ich sehr gefördert. Sie ist in meine Fußstapfen getreten, und ich habe gesagt: »Jetzt musst du dich freischwimmen. Ich bin im Hintergrund, wenn du mich brauchst, ruf an.« Manchmal wird meine Hilfe von außen schon gewünscht. Aber ich dränge mich nicht auf.

*Umso schöner, wenn Ihr Rat und Ihr Wissen dann trotzdem gefragt sind. Sie sind ja erst nach der Wende Institutsleiter geworden. Waren Sie denn vorher schon verbeamtet?*
Nein. Erst mit der Ernennung zum Professor dann.

*Wären Sie aber nicht verbeamtet worden, hätten Sie dann trotzdem aufhören müssen?*
Na ja, im Grunde genommen schon. Es gibt eine Ausnahme bei uns an der Universität, unser Rektor. Er ist 68 Jahre alt. Da hat man die Möglichkeit gefunden, ihm einen neuen Arbeitsvertrag als Angestellter zu geben. Und damit gleicht man die Differenz zwischen seiner Beamtenpension und seinem vorherigen Gehalt aus. Aber er musste aus dem Beamtenstatus raus.

*Wäre das für Sie in Frage gekommen? Muss man sich das erkämpfen?*
Das wäre für mich nicht in Frage gekommen. Das geht nur für ganz ausgewählte Persönlichkeiten, die eine Leitungsfunktion an der Universität hatten. Dekan, Rektor, ärztlicher Direktor …

*Gut, die hierarchischen Gründe mal ausgeklammert: Für Sie persönlich – wäre das eine Möglichkeit gewesen? Hätten Sie das gemacht?*
Ich hätte es vielleicht für zwei Jahre noch gern gemacht. Denn es war sehr viel angeschoben. Ich bin noch sehr gesund und fühle mich sehr leistungsfähig.

*Sie haben gerade erzählt, dass Sie sich gefreut haben, den Beamtenstatus anzunehmen. Obwohl Sie doch wussten, mit 65 ist Schluss. War Ihnen das zu dem Zeitpunkt bewusst?*
Ja, das war mir bewusst.

*Hatten Sie dass Gefühl, dass Sie in Ihrer Arbeit Einbußen hinnehmen müssen. Also in dem Sinne, dass Sie Defizite an sich selbst wahrgenommen haben, dass Ihnen Dinge schwerer fielen als vorher …*
Nein.

*Dass Sie sich zu bestimmten Dingen schwerer aufraffen können?*
Nein, nein.

*Also, Sie waren beziehungsweise sind von Ihrer geistigen und körperlichen Konstitution voll in der Lage, Ihre Arbeit zu tun?*
Ja. Es ging – wenn Sie so wollen – mit dem 65. Geburtstag von hundert auf null. (Macht eine Handbewegung, als würde er einen Schalter umlegen.) Aber so ist das in Deutschland. Ich finde das so ungesund.

Ein Kollege, Leiter der Kardiologie bei uns, Professor Klein, ist jetzt in Amerika. Mit 67 Jahren. Und arbeitet dort. Denn hier musste er aufhören. Man hat ihn noch, weil er auch Dekan war und ärztlicher Direktor, ein Jahr verlängert. Er musste also nicht mit 65, sondern mit 66 gehen. Da war dann aber wirklich Schluss. Und er hat seinen Wohnsitz jetzt in die Vereinigten Staaten verlegt.

*Er ist also richtig ausgewandert?*
Ja, mit seiner Frau. Die Kinder sind schon erwachsen. Und nun arbeitet er als Subchef in einer Herzklinik.

*Großartig!*

Ja, das sind Ressourcen, die man hier in Deutschland vergeudet. Und das Ganze auf dem Boden der demographischen Situation.

*Sicher haben Sie auch Kollegen, die sich auf ihren »wohlverdienten Ruhestand« freuen. Und das sei auch jedem gegönnt, der das gerne möchte. Aber es gibt doch auch eine Reihe von Menschen, die einfach gerne weiterarbeiten würden und nicht können beziehungsweise nicht dürfen.*

In China gibt es diese sogenannten Senior Profs. Das heißt, diese älteren Hochschulprofessoren, die aus dem Unibetrieb ausgestiegen sind, haben dann dort noch ein Zimmerchen. Da können sie gehen und kommen, wie sie wollen, können noch an ihren Forschungen werkeln, können Doktoranden betreuen oder schreiben. Viele nutzen das gerne. Das fehlt in Deutschland völlig.

*Wenn es die Möglichkeit gegeben hätte, hätten Sie sie auch gerne angenommen?*

Die hätte ich angenommen. Freilich. Es kommt natürlich dann die Frage: Wenn man sehr lange Verantwortung hatte und dann nur kommt, um sich letzten Endes in ein Kämmerchen einzuschließen ... Das könnte natürlich auch ein Problem sein. Wissen Sie, was ich meine?

*Ja sicher. Worauf hätten Sie, wenn Sie hätten weiterarbeiten können, eher verzichtet: auf Geld oder auf Kompetenzen?*

Auf Geld. Weniger Kompetenz – das könnte schon schwierig werden. Wenn man lange Chef war und der Neue oder die Neue doch zwangsläufig etwas umkrempelt. Das könnte sein, dass mir das schwergefallen wäre.

*Nun gibt es ja die Chance gar nicht, auszuprobieren, wie man
sich damit fühlen würde. Denn vielleicht ist es ja besser, als gar
keine Kompetenz mehr zu haben, den Beruf also gar nicht mehr
auszuüben.*

Das stimmt.

*Und wie war dann der erste Tag zu Hause? Der erste Tag im
Ruhestand?*

Na ja, komisch war es schon. Wir sind nach wie vor zur gleichen Zeit aufgestanden wie jetzt immer noch. Dann habe ich
ein sehr großes Grundstück, um das ich mich kümmere. Ich
male auch.

*Ach ja? Haben Sie das vorher schon gemacht?*

Als junger Mensch hatte ich mal gemalt. Habe das dann aber
aus Zeitgründen aufgegeben. Und jetzt habe ich an der Volkshochschule noch mal einen Kurs in Acrylmalerei belegt, wo
ich jede Woche hingehe, zu einer Künstlerin in ihr Atelier.
Das macht mir Spaß. Dann treibe ich auch ein bisschen Sport,
fahre Fahrrad.

*Grundsätzlich ist es ja so, dass es in den kreativen Berufen, sei es
in der bildenden oder darstellenden Kunst oder in der Musik,
keine Altersgrenzen gibt. Da stellen sich diese Fragen nicht.
Könnte das nicht in der Wissenschaft genauso sein?*

Ich habe ja auch ein Buch geschrieben, *Arbeitsmedizin von
A bis Z*. Es ist 2009 erschienen. Da gibt es auch einen Abschnitt zu »älteren Arbeitnehmern«. Da ist aufgeführt, womit
man rechnen muss, wenn man älter wird, und dass das Defi-
zitmodell, von dem man lange Zeit ausgegangen ist, gar nicht
stimmt.

*Daran schließt sich gleich die nächste Frage an: Beim Bücher-schreiben gibt es auch keine Altersgrenzen, oder? Könnten Sie sich vorstellen, noch ein Buch zu schreiben?*

Darüber habe ich noch nicht nachgedacht. Dieses hier will ich weiter pflegen, wenn Fortsetzungen oder Neuauflagen kommen.

Und ich bin ja auch federführend verantwortlich für zwei deutsche Leitlinien in der Arbeitsmedizin. Und die pflege ich auch nach wie vor.

*Was bedeutet das konkret? Sie müssen schreiben? Forschen?*

Ich muss am Ball bleiben. Ich muss neue Veröffentlichungen lesen. Ich muss mich per Internet immer auf den neuesten Stand der Wissenschaft bringen. Überhaupt muss man am Ball bleiben. Ich fahre zu Tagungen, betreue noch Doktoranden, schreibe Gutachten für Doktorarbeiten. Momentan habe ich auch eine auf dem Tisch. Von einem jungen Mann aus Rostock. Die Rostocker Universität hat mich angeschrieben wegen eines Gutachtens.

*Machen Sie das ehrenamtlich?*

Ja, ehrenamtlich. Da gibt es kein Geld dafür.

*Finden Sie das in Ordnung?*

(Denkt kurz nach.) Na ja …

*Es geht mir nicht darum, ob Sie das Geld brauchen oder nicht. Ich versuche herauszufinden, ob es richtig ist, dass solche Aufgaben ohne Honorierung vergeben werden.*

Wissen Sie, ich sehe das wirklich fast wie ein *Ehren*amt an. Das Land hat etwas für mich getan. Man hat mich in den Beamtenstatus versetzt. Ich war unkündbar, was ja heutzutage auch ein großer Vorzug ist. Gerade im Osten, wo wir leben, mit der hohen Arbeitslosigkeit, ist so eine Sicherheit nicht zu unterschätzen. Und insofern, denke ich, habe ich auch eine gewisse Verpflichtung gegenüber dem Land und überhaupt gegenüber der Wissenschaft, die es gut mit mir gemeint hat.

*Ich will Ihnen um Gottes willen nichts in den Mund legen, aber Sie fühlen sich nicht auf eine Weise ausgenutzt?*
Nein. Ich könnte es ja ablehnen. Ich könnte sagen, nein, sucht euch einen anderen. Nein, nein. Es ist ja freiwillig.

Ich bin auch der Otto-von-Guericke-Gesellschaft beigetreten. Sie ist in Magdeburg angesiedelt, agiert aber deutschlandweit.-

*Erst nach Ihrer Pensionierung?*
Erst danach. Ich hatte vorher schon immer mal mit dem Gedanken gespielt. Aber ich hatte keine Zeit. Man ist ja auch so zugeschüttet mit täglichen Dingen. Und jetzt am Wochenende haben wir zum Beispiel eine Tagung, wo ich mich auch einbringe.

*Das ist eine wissenschaftliche Gesellschaft. Welche Themen werden da behandelt?*
Astronomie zum Beispiel. Otto von Guericke ist es ja zu verdanken, dass man weiß, dass das Weltall luftleer ist. Er ist durch reines Überlegen darauf gekommen.

*Das heißt, Sie haben Ihr eigenes Wissenschaftsgebiet ja teilweise verlassen beziehungsweise erweitern Ihr Wissen.*
Ja, genau.

*Ist das die positive Seite des Ruhestands, dass man Dinge in die Tat umsetzt, an die man vorher zwar gedacht hat, für die aber immer die Zeit fehlte?*
Ja, man war doch froh, wenn man abends einigermaßen abgearbeitet hatte, womit man tagsüber zugeschüttet wurde.

*Dauerte es eine Zeit, als Ihr Ruhestand anfing, bis Sie ihm auch etwas Positives abgewinnen konnten? Was ist eigentlich Ruhestand? Was heißt das für Sie?*

Tja, Ruhestand.

*Ist das ein gutes Wort?*

Ich finde nicht. Ruhestand ist Stillstand. Und für mich ist das jetzt nach wie vor eine dynamische Zeit. Die ihre Dynamik allerdings auf einem anderen Gebiet hat als nur auf dem Beruflichen. Ich versuche immer und habe immer versucht, aus statischen Situationen herauszukommen. Und *Ruhestand* ist doppelt falsch. Weder ist man ruhend, noch steht man.

*Aber noch mal zurück zu meiner Frage von vorhin. Als Sie dann pensioniert wurden, sagen wir es jetzt so, dauerte es da eine Weile, bis Ihre Aktivitäten, von denen Sie heute erzählen, in Gang gekommen sind? Hatten Sie einfach erst mal gar keine Motivation, oder geschah alles übergangslos?*

Ich hatte die ersten zwei Wochen zunächst mal Luft geholt und musste mich neu sortieren. Den Alltag neu sortieren. Und dann habe ich erst die Kraft dazu gehabt zu sagen, so kann es nicht weitergehen. Jetzt musst du mal etwas anderes tun.

*Und das haben Sie aus eigener Kraft getan? Das war Ihre eigene Erkenntnis?*

Ja, es war mein Antrieb. Ich wusste, dass ich mich nicht in die Hängematte legen kann, sondern weiter aktiv sein muss.

*Man spürt doch auch, dass man die Energie hat. Die verschwindet ja nicht einfach.*

Genau. Ich bin auch sehr dankbar für meine robuste Gesundheit. Als ich jünger war, hatte ich ernstere Magenprobleme. Ich hatte mich in der Zeit übernommen, habe neben dem Beruf noch ein Haus gebaut. Das musste man in der DDR ja mehr oder weniger selbst machen.

*Aber haben Sie denn ab dem Moment, als Sie krank waren, mehr auf Ihre Gesundheit geachtet – auch präventiv fürs Alter?*
Nein. Gar nicht. Ich lebe sogar relativ ungesund. Das dürfte ich ja gar nicht so erzählen, da ich aus der Medizin komme. Und gerade in den letzten Jahren habe ich mich vermehrt mit Herz-Kreislauf-Prävention beschäftigt, Vorträge gehalten und Papers geschrieben. Aber ich selber habe mich gar nicht so stark danach gerichtet. Ich rauche zwar nicht, habe früher geraucht, jetzt vielleicht ab und zu mal eine Zigarre. Aber von der Ernährung her – ich esse relativ viel …

*Was man nicht sieht …*
… auch gerne ein oder zwei Steaks. Also in der Weise richte ich mich gar nicht so sehr danach. Ich sage mir, wenn ich Probleme bekomme, kann ich immer noch gegensteuern. Wichtig ist, dass das Leben in Balance ist. Auch familiär. Unsere Ehe ist harmonisch …

*Ihre Frau ist ja noch berufstätig. Darf ich fragen, wie alt sie ist?*
Genauso alt wie ich, einen Monat jünger.

*Und möchte noch eine Zeit weiterarbeiten?*
Nein, sie will jetzt auch ihre Praxis verkaufen. Das ist das nächste, was ansteht.

*Und danach beginnt ja für Sie beide wieder eine ganz neue Lebensphase, oder?*
Ja. Wir haben uns vorgenommen, viel zu reisen. Unser Reisen sieht ja so aus, dass wir mit dem Caravan losfahren und dort bleiben, wo es uns gefällt.

*Sind Ihre sozialen Kontakte generationenübergreifend? Oder überwiegend in Ihrem Alter?*

Es ist wichtig, dass sich Generationen begegnen und sich gegenseitig befruchten. Nur so ist eine Gesellschaft gesund.

*In Altersheimen oder Altersresidenzen ist das ja kaum noch der Fall. Wie denken Sie darüber?*

Als meine Mutter sehr alt wurde und leider auch dement, haben mein Bruder und ich uns schweren Herzens dazu entschlossen, sie in ein Pflegeheim zu bringen. Wir konnten uns beide nicht so kümmern, wie es hätte sein müssen. Und da Sie mich direkt danach fragen: Es wäre verkehrt zu sagen, es beschäftigt mich nicht. Man denkt schon darüber nach. Aber man verdrängt es. Wenn man nicht depressiv werden möchte, kann man nicht dauernd darüber nachdenken. Aber ich möchte nicht, dass meine Töchter ihr Leben ändern müssen, weil sie sich um mich kümmern müssen.

*Die Frage ist doch: Entscheidet man sich für eine Einrichtung – da meine ich jetzt nicht ein Pflegeheim –, solange man es eben selbst aussuchen und entscheiden kann? Und tritt dann nicht eben das ein, was Sie sagten: Es fehlt der gegenseitige Austausch unter den Generationen.*

Ja, das stimmt sicher. Aber auf keinen Fall möchte ich meinen Kindern zur Last fallen. Da muss ich dann sehen, wie ich mich arrangiere, aber darüber will ich jetzt nicht nachdenken.

*Wenn Sie politischen Einfluss hätten, würden Sie die Ruhestandsregelung in Deutschland verändern, die Altersgrenzen öffnen, flexibel halten?*

Das hat auch mit meiner Grundphilosophie einer offenen Gesellschaft zu tun: Wenn jemand da ist, der sich noch einbringen will für die Gesellschaft und dazu auch noch die Kraft hat – so wie ich eben –, dann halte ich es für eine Verschwendung, wenn man ihm das nicht ermöglicht. Ganz einfach.

## Arbeiten bis ans Lebensende? Wenn man kann!

Schon seit über 25 Jahren, also etwa seit er 80 ist, wird mein Mann in schöner Regelmäßigkeit gefragt, warum er denn immer noch arbeitet. Mittlerweile ist er so frei und beantwortet diese Frage nur noch mit einem Lächeln, doch anfangs hat er – fast schon einem Missionar gleich – erklärt: »Soll ich mich etwa zu Hause in den Lehnstuhl setzen und nichts tun? Es dauert ein paar Monate, dann fangen die Wehwehchen an.«

Es gibt ein geflügeltes Wort unter Ärzten: Wer gesund ist, wurde nur noch nicht gründlich genug untersucht. Ein Scherz. Trotzdem, ich finde, es ist etwas dran: Wer lange genug in sich hineinhorcht, entdeckt ein Wehwehchen und dann noch eines und noch eines und so fort. Ganz sicher. Oder anders ausgedrückt: Wenn wir jedem Zwicken und Zwacken unseres Körpers nur genug Zeit und Aufmerksamkeit widmen, dann sind wir ziemlich sicher über kurz oder lang krank. Davon bin ich überzeugt, wobei ich keinesfalls jemanden dazu anhalten möchte, ernsthafte Krankheitsanzeichen zu ignorieren. Aber ich denke, jeder kennt sich selbst gut genug, um das eine vom anderen zu unterscheiden.

## Krank sein oder gesund sein – das ist hier die Frage

Nicht jung oder alt, sondern gesund oder krank – das sollte das Unterscheidungskriterium sein, wenn es darum geht, ob jemand in den Ruhestand geht beziehungsweise gehen muss oder nicht. Der Historiker Professor Jürgen Kocka zitiert in einer wissenschaftlichen Veröffentlichung eine österreichische Statistik, nach der sich etwa 37 Prozent der Männer krank fühlen, wenn sie in Rente gehen. Das belegt, was ja jeder eigentlich weiß: Arbeit kann krank machen. Typischerweise fallen in der öffentlichen Wahrnehmung die 63 Prozent, die sich vor dem Eintritt in den Ruhestand nicht krank fühlen, unter den Tisch. Für mich stellt sich die Frage: Ist es wirklich nur die Arbeit, die krank macht? Oder andersrum: Ist Ruhestand gesund?

Dazu ein paar Schreckensnachrichten, die ich in den Zeitungen gelesen habe: Der Ruhestand überfordert die Männer. – Männer, die in Pension gehen, geraten oft in eine Identitätskrise. – In keiner Altersgruppe ist die Suizidrate so hoch wie bei Rentnern. – Ein Drittel der Manager, die in Ruhestand gehen, stirbt innerhalb des ersten Jahres. – Jeder zehnte Mensch über 65 trinkt zu viel und ist suchtgefährdet, die große Mehrheit sind Männer.

Ich muss zugeben, es war mir nicht bewusst, dass der »wohlverdiente« Ruhestand für Männer so viel schlimmere Folgen haben kann als für Frauen. Wenngleich mir die Erklärung dafür doch einleuchtet. Denn viel stärker als Frauen definieren sich Männer über ihren Beruf und ihre Karriere. Der berufliche Status bestimmt das Leben einer Frau weniger als das Leben eines Mannes. Oder um es mit Simone de Beauvoir zu sagen: »Ein ehemaliger Mechaniker ist kein Mechaniker mehr: Er ist nichts.«

Selbst emanzipierte berufstätige Frauen sind nach der Arbeit noch mit einer ganzen Reihe außerberuflicher Aufgaben beschäftigt, die vorwiegend natürlich mit Kindern und Hausarbeit zu tun haben. Ich bin ziemlich sicher, dass die Haushalte, in denen diese Arbeiten gleichmäßig verteilt sind, nach wie vor in der Minderheit sind. Und dieses Muster scheint sich im Ruhestand fortzusetzen. Eine Studie in der Schweiz kam zu dem Ergebnis, dass ein Drittel der männlichen Ruheständler schon mit Alltagsaufgaben im Haushalt völlig überfordert ist: Weder können sie eine einfache Mahlzeit zubereiten noch Wäsche waschen.

Ein ähnliches Bild zeigt sich in Deutschland. Fast ein Drittel der Männer im Ruhestand sitzt bereits am Nachmittag vor dem Fernseher und bringt es so täglich auf sechs Stunden TV-Konsum. Ich stelle mir vor, dass auf diese Weise mit der Zeit alles den Bach runtergeht: die sozialen Kontakte, die Kommunikation mit der Ehefrau, das äußere Erscheinungsbild – einfach alles. Ist das nun gesund?

Professor Eckart Hammer, Buchautor und Leiter des Instituts für Fort- und Weiterbildung an der Evangelischen Hochschule in Ludwigsburg, hält es für möglich, dass Depressionen die Folge eines solch »entpflichteten Lebens« sein können. Ich würde gerne einige dieser Männer fragen, ob sie nicht lieber weitergearbeitet hätten oder ob sie sogar wieder anfangen würden zu arbeiten. Eine ganze Reihe von ihnen würde bestimmt JA sagen.

In meinen Augen ist der Schlüssel für gesundes Altern ohnehin die Arbeit. Ich plädiere dafür, nicht in den Ruhestand zu gehen, sondern weiter zu arbeiten, und zwar aus gesundheitlichen Gründen. »Durch den Beruf werden wir gezwungen, körperlich aktiv zu sein, wir werden gezwungen, unsere grauen Zellen zu bewegen, und wir haben soziale Kontakte. Körperliche und soziale Aktivität sind die besten Voraussetzungen, um gesund zu altern.« Die das sagt, weiß, wovon sie spricht: Professorin Ursula Lehr. Schon mehrfach habe ich sie in diesem Buch zitiert und mich auf sie berufen. Meine Bemühungen, Wiederholungen zu vermeiden, scheitern in ihrem Fall, denn nicht nur ihre Arbeit als Gerontologin prägt die Alternsforschung nachhaltig. Sie steht auch selbst für das, was sie lehrt: Wer länger arbeitet, bleibt auch länger gesund. Mit mittlerweile 79 Jahren ist sie so beschäftigt wie eh und je. Auch über die Grenzen Deutschlands hinaus ist sie im Dienste ihrer Forschungen und ihrer Überzeugungen tätig.

Wenn ich mich hier dafür einsetze, lebenslanges Arbeiten für jeden zu ermöglichen, der das möchte und unter gesundheitlichen Gesichtspunkten auch kann, denke ich natürlich an ein dem Alter angemessenes Arbeiten. »Humanisierung der Arbeitswelt« nennt es der Historiker Professor Kocka. Idealerweise müssten Arbeitsverhältnisse so gestaltet sein, dass immer weniger Menschen den Wunsch verspüren, sie zu beenden. Dazu gehört, dass Arbeitsplätze unter gesundheitlichen Aspekten neu überprüft werden müssen. Gegebenenfalls muss es auch möglich sein, sie gesundheitsschonend umzugestalten.

Zudem halte ich es für wichtig, dass ältere Arbeitnehmer, wenn nötig, den Arbeitsplatz wechseln können, ohne dabei auf allzu große Schwierigkeiten zu stoßen. Überforderung wirkt sich ebenso negativ aus wie Unterforderung. Voraussetzung ist mit Sicherheit eine realistische Selbsteinschätzung. Jeder Mensch ist anders, jeder altert anders. Und so kann auch nur jeder für sich entscheiden, ob, in welchem Umfang und unter welchen äußeren Bedingungen er weiter arbeiten kann.

**Müller Klaus: »Die Tafel – des is für die armen Leut. Ich weiß net, warum des nur an einem Tag ist. Die Leut ham doch net nur am Donnerstag Hunger.«**

Auf dem Recyclinghof höre ich mich um, ob es da vielleicht jemanden gibt, der bald in Rente gehen wird.

»Ja, geh da mal zur Kartonagenpresse, das ist einer.«

Und da steht er, in rotem Overall. Ich erkläre ihm kurz, was ich vorhabe und ob er mich unterstützen würde.

»Ja, ja, des mach i scho! I bin der Müller Klaus. Aber i ko nur am Montag, da is hier zu.«

Und so treffe ich ihn in seiner kleinen, sehr aufgeräumten Wohnung. Klaus Müller sagt: »Ich heiß' Müller Klaus«, und er erzählt mir, dass er am 12. November 1949 in Tutzing am Starnberger See geboren wurde und seit ungefähr 15 Jahren in Starnberg lebt. Er hat eine Wohnung von der Stadt Starnberg bekommen, damit er näher an der Arbeit ist. Sein Arbeitgeber ist das Unternehmen Awista-Abfallwirtschaftverband-Starnberg. Er will jetzt in Vorruhestand gehen – allerdings mit 10,5 Prozent Abzügen.

*Und warum gehen Sie dann jetzt schon in Ruhestand?*
Teilweise bin ich gesundheitlich a bissel angeschlagen und da ist es mir unmöglich, so wie sie's jetzt wollen, bis 67 weiterarbeiten.

*Haben Sie immer bei dem Entsorgungsunternehmen gearbeitet?*
Des is jetzt 16 Jahr, wo ich dabei bin.

*Und was haben Sie vorher gemacht?*
Na, früher war ich in München beim Lebensmittelgroßhandel. Und dann bin ich hierher kommen. Ja, aber vorher hab

ich ein Jahr eine Auszeit gnomma, und da hab ich an schönen Urlaub gmacht, in die Karibik runter und so. Also, wenn's mir finanziell a bissel nausgeht, möchte ich auch in der Rente Ausflüge machen, nicht in die Karibik runter, aber nach Mittenwald oder Tölz geht schon, das ist eine Geldsache.

*Sie haben keine Ehefrau?*
Na!

*Sie freuen sich auf diese Zeit?*
Ja, ich gehe gern spazieren, wir haben hier eine Supergegend, da, wo andre Urlaub machen, da wohn i. Ich hab viele Freunde, aber viel in Lokale gehn, des tu i net, also gurgeln mag i net.

*Was ist gurgeln?*
(Er lacht.) Na ja, schlucken!

*Und beim Recyclinghof, gibt es da Leute, mit denen Sie befreundet sind?*
Na ja, man kann sagen mit 99 Prozent von die Leut ist man per du, ob es ein bekannter Anwalt ist oder a Buchautor, es verkehrt ja alles draußen. I kenn den Ballack, i kenn den ehemaligen Manager von Bayern München, i kenn sie ja alle.

*Glauben Sie, dass Sie später nichts anderes machen wollen?*
Des ist noch gar nicht mal gesagt. Vielleicht suche ich mir so einen 400-Euro-Job, halt was dazuverdienen, oder ich mach was Ehrenamtliches. Vielleicht würd i bei der Starnberger Tafel mithelfen. Des is für die armen Leut. Ich weiß net, warum des nur an einem Tag ist. Die Leut ham doch net nur am Donnerstag Hunger. Da kommen manche mit ihrem BMW vorgfahren und parken um die Ecke und gehen dann da essen. Des find i net gut.

*Sie hören auch auf, weil Sie gesundheitlich nicht so gut beieinander sind?*
Ja, im Winter ist es grausam, bei minus 15 bis 20 Grad Kälte da draußen stehen und arbeiten, da hab ich am Abend Hände, die bis hinter zur Schulter durch die Kälte blau sind. Also, im Sommer ist es wunderbar zu arbeiten, man wird schön braun da draußen. Wir fangen morgens um acht Uhr dreißig an, und dann geht's bis Viertel nach sechs, aber da bin ich noch nicht heraus. Es gehört dazu, dass man den Hof saubermacht. Des gehört dazu, des verlangen die, die Sauberkeit.

*Ihr seid doch sicher mehr als fünf Leut?*
Ah wo! Da stehn nur so viel umeinand, die da rumgschaffteln, die gehen zu die Leut ans Auto und schauen als erstes, was die dabei haben. Des is ganz gefährlich, der oane hat sich einen nagelneuen Kühlschrank g'kauft, hat ihn zufällig im Auto, und so ein paar Ausländer haben scho angfangen zum ausladen.

*Lesen Sie eigentlich Zeitungen?*
Ja, die Tageszeitungen, die hol ich bei uns aus dem Papiercontainer raus, da brauch i ka Geld ausgeben, da ist alles drin: die *Süddeutsche Zeitung, Merkur* …

*Könnten Sie, wenn sie wollten, bei Ihrem alten Arbeitgeber wieder anfangen?*
Das möchte ich nicht, denn wenn ich mal wo weg bin, wo ich amal gearbeitet hab, da möcht ich nie wieder ofangen!

# Arbeiten bis ans Lebensende? Wenn man will!

## Einige Beispiele

Am 1. August 2008 beginnt für *Burkhard Rauhut*, 67 Jahre alt und ehemaliger Rektor der Rheinisch-Westfälischen Technischen Hochschule Aachen, noch einmal ein ganz neues Leben. Es ist sein erster Arbeitstag als Gründungsdirektor der German University of Technology, kurz GU-Tech, im Sultanat Oman, das an der Südostecke der Arabischen Halbinsel liegt. Er wird die GU-Tech mit aufbauen und leiten. Das Sultanat, das fast so groß ist wie Deutschland, will im Land die Bildung fördern. Öl und Erdgas sind inzwischen begrenzt. Rauhut sitzt, wie er sagt, »von sieben bis sieben am Schreibtisch, um zu übersetzen«, und das bei einem Klima von 50 Grad im Sommer und bei einer Luftfeuchtigkeit bis zu 80 Prozent.

»Wir müssen international etwas tun«, betont er und hofft sogar, seinen Zweijahresvertrag mindestens ein Jahr zu verlängern. Burkhard Rauhut scheint dieses neue Leben zu genießen.

Im Juli 2009 erhält *Artur Fischer* für sein Lebenswerk den Deutschen Gründerpreis. Artur Fischer, der Ende 2003 bereits 1080 Patente und 5867 Schutzrechte hielt, gilt als einer der erfolgreichsten Erfinder weltweit. Zu den bekanntesten Erfindungen Fischers zählt der 1958 von ihm entwickelte Spreiz-Dübel aus Polyamid – der berühmte Fischer-Dübel, das »fischertechnik«-Baukastensystem und ein Blitzlichtgerät für Fotoapparate mit synchroner Auslösung (1949). Anlässlich der Auszeichnung mit dem Deutschen Gründerpreis wurde im Fernsehen ein Film über sein Leben gezeigt. Artur

Fischer ist zu diesem Zeitpunkt 89 Jahre alt. Sein Geschäft hat er seinem Sohn übergeben, geht aber nach wie vor noch jeden Tag in die Firma. Er meldet noch immer jedes Jahr neue Patente an, ans Aufhören denkt er nicht.

Er sagt: »Das geht nicht, weil, wenn mir was einfällt, kann ich das doch nicht vernichten, nein (er lacht), ich will's auch nicht!« Seine Lebensfreude mit 89 hat mir imponiert und mich begeistert!

Am 21. Februar 2009 ist *Hans Erni* 100 Jahre alt geworden. Er ist einer der bedeutendsten Maler, Grafiker und Bildhauer der Schweiz. Er sagt, er habe derzeit so viel zu tun wie in seinem ganzen Leben vorher nicht. Er habe einen Auftrag der Stadt Genf, ein großes Keramik-Wandbild für die UNO zu entwerfen. Mit hundert Jahren!

»Das Vergangene ist nicht so wichtig, ich schaue in die Zukunft!«, sagt er bei einem Interview, ganz in Weiß gekleidet.

1927 begann er sein Kunststudium in Luzern. 1928 reiste er nach Paris, wo er den Jahreswettbewerb der Académie Julian gewann. Von 1930 bis 1933 hielt er sich abwechselnd in Luzern und Paris auf. In dieser Zeit machte er Bekanntschaft mit der zeitgenössischen französischen Malerei – er war tief beeindruckt von Picasso und Braque und organisierte für sie im Auftrag des Kunstmuseums Luzern eine Ausstellung. Picasso war ihm sehr dankbar, dass er die Gelegenheit bekam, seine Bilder in der Schweiz auszustellen. Berühmt wurde Erni mit dem monumentalen, 100 Meter langen und fünf Meter hohen Wandbild für die »Landi« (Schweizerische Landesausstellung) 1939, an dem er mit zwei Mitarbeitern zwei Jahre arbeitete. Er hat über 200 Bücher illustriert und zahlreiche Briefmarken für die UNO, die Schweiz und Liechtenstein gestaltet. Hans Erni will mit seinen Werken die

Würde des Menschen und den Respekt gegenüber der Natur darstellen.

Zu seinem 100. Geburtstag sagt Hans Erni: »Feiern? Ich male lieber!«

Jeden Tag arbeitet er noch bis zu zehn Stunden.

»Für einen Kunsthistoriker ist jedes Werkverzeichnis ein Sargnagel, meine Kollegen haben meist das erste nicht überlebt«, sagt *Professor Siegfried Wichmann.* Der hochangesehene Kunsthistoriker ist heute 89 Jahre alt und hat inzwischen drei Werkverzeichnisse herausgebracht – von Wilhelm von Kobell, Carl Spitzweg und Eduard Schleich dem Älteren.

Unter anderem war Professor Wichmann 1961 Oberkonservator an den Bayerischen Gemäldesammlungen, von 1967 bis 1971 Professor für Kunstgeschichte an der Staatlichen Akademie der Bildenden Künste Karlsruhe, von 1971 bis 1974 Lehrtätigkeit und Forschungsarbeit in Japan, 1983 bis 1989 Direktor am Bayerischen Nationalmuseum. Seine Ausstellungen im Haus der Kunst in München waren Glanzlichter. Unter anderem 1958: »Aufbruch zur modernen Kunst«, die größte Ausstellung nach dem Zweiten Weltkrieg; 1964 die Ausstellung »Secession. Europäische Kunst um die Jahrhundertwende«; und zur Olympiade 1972 die herausragende Ausstellung: »Weltkulturen und Moderne Kunst«, die ein bedeutender Beitrag war zur Analyse moderner Kunstformen.

Er hat 46 international anerkannte Kunstbücher herausgebracht, gilt unter Fachleuten als einer der besten Kenner der Kunst der Jahrhundertwende des letzten Jahrhunderts.

2007 veröffentlichte er ein Buch mit dem Titel *Die Tötung des Königs Ludwig II. von Bayern.* Darin stellt er die These auf, König Ludwig II. sei ermordet/erschossen worden. Zu dem

Thema kann und will ich gar nicht Stellung nehmen, weil ich viel zu wenig darüber weiß. Was mich aber ärgert, ist die Respektlosigkeit, mit der ihm in den Medien begegnet wird. In zynischen Artikeln wird er als »»Verschwörungstheoretiker« bezeichnet und auch nur darauf reduziert. Sein eindrucksvolles Lebenswerk wird dabei völlig ausgeblendet. Ich finde es empörend, dass die Verfasser solcher Artikel überhaupt keine Achtung vor dem immensen Wissen dieses alten Mannes erkennen lassen. Wohl weil sie selbst wenig darüber wissen.

Professor Wichmann hat mir die Zeit geschenkt, ihn für mein Buch zu interviewen. Fast vier Stunden war ich bei ihm. In dieser Zeit ist es mir nicht gelungen, ihm auch nur eine einzige Frage von meiner Liste zu stellen. Als ich kam, erwartete er mich schon auf der Straße. Sofort sprudelte er los. In seinem Arbeitszimmer saß ich ihm schließlich staunend und sprachlos gegenüber, zwischen uns ein riesiger Schreibtisch, Stapel von Büchern, Bildern und Kunstobjekten. Und er erzählte und erzählte. Ich war bewegt und überwältigt von seinen Kenntnissen, seinen Geschichten, seinem Leben. Aber auch das Temperament dieses nicht mehr ganz jungen Herrn beeindruckte mich – und seine Verletzlichkeit.

Irgendwann klingelte das Telefon, und er erzählte dem Anrufer ganz nebenbei, er trinke morgens drei Liter Wasser und esse ein bisschen Müsli. Abends esse er nichts (!), er habe im Garten einen Uhu, der ihn besuche, und ein Rotkehlchen, das käme sogar auf sein Knie geflogen, dann legte er auf. Er sagte mir, dass er jeden Tag an seinem Schreibtisch arbeite, er habe noch ganz neue Aufgaben und so viel zu tun! Im Moment beschäftige er sich mit Hermann Obrist (1862–1927), Bildhauer und einer der Begründer des Jugendstils. Irgendwann dachte ich, es sei Zeit, mich zu verabschieden.

Von einem gemeinsamen Bekannten habe ich später erfahren, dass er ganz erstaunt war, weil ich »schon nach nur vier Stunden« gegangen wäre!

Noch ein paar Beispiele in Kürze

Der deutsch-amerikanische Medienwissenschaftler und Publizist Gundolf Freyermuth erzählt in seinem Artikel »Im Unruhestand«[41] unter anderem von Walter B. Wriston, einem ehemaligen Bankdirektor. Er verstarb 2005 86-jährig und war weit über seinen 80. Geburtstag hinaus als Berater für Firmengründer viel beschäftigt.

Der streitbare, im Jahr 2003 gestorbene US-Senator Storm Thurmond wurde in einem Nachruf mit den Worten zitiert: »Wenn ich morgens aufwache, zwicke ich mich manchmal und stehe dann lachend auf – weil ich noch immer da bin.« 48 Jahre lang war Thurmond als Senator tätig, ging einen Monat nach seinem hundertsten Geburtstag freiwillig in Rente. Wenige Monate später starb er.

100-jährig starb auch Stanley Kunitz. Er war Pulitzer-Preisträger und galt als einer der bedeutendsten amerikanischen Lyriker des 20. Jahrhunderts. Seine literarische Schaffenskraft hielt bis zuletzt an, noch kurz vor seinem Tod im Jahr 2006 veröffentlichte er ein neues Werk.

Oscar Niemeyer, weltberühmter Architekt aus Brasilien, ist 102 Jahre alt und nach wie vor voller Visionen für moderne, bahnbrechende Gebäude.

Voller Visionen für Literatur ist Ilse Pohl, auch sie 102 Jahre alt und damit die älteste Schriftstellerin der Welt. Als ihr Verleger sie »entdeckte«, war sie 90 und hat seitdem eine dreibändige Autobiographie veröffentlicht und mehrere Bände literarischer Miniaturen.

Alles »Einzelschicksale«? Nein. Obgleich ich schon einräumen will, dass sogenannte Freiberufler, also Menschen die selbständig arbeiten, sich natürlich die Freiheit erlauben, selbst zu entscheiden, wie lange sie arbeiten.

Und doch, es gibt auch Unternehmen – leider habe ich nicht viele gefunden –, die von der gesetzlich vorgeschriebenen Abschiebung älterer und alter Menschen in die Berufslosigkeit nichts halten.

Der Schweizer Nobeluhrenhersteller Hublot mit Sitz in Nyon stellt seit 2006 Menschen im Pensionsalter ein. Das Unternehmen will damit einerseits das Know-how und die Erfahrung der Fachkräfte nutzen, andererseits aber auch das Selbstwertgefühl der älteren Leute stärken, ihre gesellschaftliche Position verbessern. Das Programm bietet den Mitarbeitern flexible Arbeitszeiten: Sie können ebenso fünf Tage die Woche arbeiten wie auch nur einzelne Tage. Nur am Vormittag oder nur am Nachmittag. Individuelle Lebensgestaltung wird großgeschrieben.

Geschäftsführer Jean-Claude Biver ist 60 Jahre alt und sagt in einem Interview mit dem Schweizer Managementjournal *HR Today*: »Viele 65-Jährige sind sehr gesund und geistig fit, diese Menschen haben noch etwas zu bieten, sie bringen 30 oder 40 Jahre Berufserfahrung mit. Ich bin überzeugt, dass wir es uns nicht leisten können, darauf einfach zu verzichten.«

Das Konzept sieht vor, dass immer ein junger Arbeitnehmer mit einem Rentner zusammenarbeitet, wobei der ältere als Berater und Ausbilder eingesetzt wird. Schnell würde man aber vergessen, so Biver, dass es sich um einen Rentner handle. »Diese Leute sind sehr aktiv und vif.« Außerdem seien sie 100-prozentig zufrieden, ja sogar begeistert.

... und Hublot ist kein Einzelfall

Der US-amerikanischen Firma Vita Needle in Needham bei Boston, ein Familienunternehmen in fünfter Generation, ist es gelungen, ihren Gewinn innerhalb weniger Jahre von drei auf sechs Millionen Dollar zu verdoppeln. Hergestellt werden unter anderem Nadeln für den medizinischen Bedarf, für die Raumfahrt und andere Bereiche. Den Grund für diesen Erfolg sieht Firmeninhaber Fred Hartman weniger im guten Marketing oder im zufällig guten Timing.

Dem *Boston Business Journal* sagte er: »Wir haben einen starken Businessplan, großartige Produkte und motivierte Mitarbeiter.«

Das klingt nach einer engagierten und aktiven Belegschaft. Das wird sie wohl auch sein, doch ich würde dieses Beispiel hier nicht aufführen, wenn an dieser Belegschaft nicht etwas Besonderes wäre – etwas, was man sich hierzulande nur schwer vorstellen kann: Die Mitarbeiter von Vita Needle sind im Durchschnitt 74 Jahre alt. Auf der Internetseite des Unternehmens kann man sinngemäß lesen: Die international anerkannte Arbeitsmoral und die Erfahrung der Mitarbeiter schaffen ein Umfeld, in dem man sich sowohl der Qualität widmen kann als auch der gesellschaftlichen Verantwortung eines Unternehmens gerecht wird.

Jeder Mitarbeiter erhält von Vita Needle die bindende Zusage, so lange beschäftigt zu bleiben, wie er arbeiten möchte. Ein Instrument, um den Bedürfnissen aller Firmenangehöriger entgegenzukommen, sind flexible Arbeitszeiten. Ein weiteres das sogenannte Cross Training, was bedeutet, dass ein Mitarbeiter nicht nur in einem eingegrenzten Bereich arbeiten kann, sondern auch in anderen Funktionen und Aufgaben geschult wird. Dies ermöglicht dem Unternehmen, auch bei Ausfällen in der Belegschaft seine Aufträge zu erfüllen.

Es klingt so einfach und folgerichtig und scheint für Deutschland doch so weit entfernt.

Gegenbeispiele
Die gegenwärtige Realität hierzulande sieht leider ganz anders aus, wie ein Bericht des Magazins *Monitor* im September 2009 auf sehr bedrückende Weise klarmacht.

»Ab 50 zu teuer?« hieß das Thema, und es ging um ältere Arbeitnehmer als Mobbingopfer. In dem Beitrag beschreiben zwei Betroffene, was sie durchgemacht haben. Sie erzählen von Arbeitsentzug, Demütigung und Schikane – und das alles nur mit dem Ziel, sie dazu zu bringen, selbst zu kündigen. In Krisen steht Kostensenken an erster Stelle, und manchen Unternehmen scheint dazu auch das Mittel der psychischen Grausamkeit recht. Otto Berg, Mitarbeiter der Mobbingberatung Konsens e.V. in München gibt telefonisch Hilfestellung und erzählt in dem *Monitor*-Beitrag, er habe bislang etwa 60 bis 80 Anrufe pro Monat gehabt. Diese Zahl sei nun auf 100 bis 120 gestiegen, überwiegend ältere Leute.

»Für mich steckt einfach dahinter«, sagt er, »dass man diese Leute gerne loshaben würde, ohne dass hier Kosten entstehen. Es ist ja für den Arbeitgeber der billigste Weg, wenn der Mensch dem Druck nicht mehr standhält und von sich aus kündigt.«

Eine Studie des Markt- und Sozialforschungsinstituts IFAK zeigt einen merklichen Anstieg von Mobbingopfern in der Altersgruppe von 50 bis 65. Der Soziologe Professor Gerhard Bosch von der Universität Duisburg-Essen begründet dies mit deutlichen Einsparmöglichkeiten bei den Lohnkosten: »Man hofft, durch das Herausdrängen von Älteren Kosten zu sparen, weil man teilweise für einen Älteren anderthalb Jüngere einstellen kann.«

Und Professor Klaus Michael Alenfelder von der Forschungsstelle für Arbeits- und Antidiskriminierungsrecht ergänzt: »Das Problem ist, weiche Faktoren wie Motivation der Mitarbeiter, wie Erfahrungswerte der Mitarbeiter, die man dadurch verliert, all das wird nicht berücksichtigt.«

Was kann man Chefs, die so etwas zulassen, anordnen oder die gar selbst ihre Mitarbeiter mobben, wünschen? Mitarbeiter mit Rückgrat, die sich von ihnen abwenden. Arbeitsrichter mit Menschenkenntnis, die mehr als nur Geldstrafen verhängen oder Abfindungszahlungen vereinbaren. Und schließlich eine Unternehmenskultur, die die Erfahrungen und Potentiale aller Mitarbeiter kennt und schätzt und die auf solche Chefs verzichten kann.

Aber es ist nicht so, dass ich gar keine Beispiele gefunden habe, die Mut – und hoffentlich auch Schule – machen.

Dr. Jürgen Pfister, Personalleiter des großen Handelskonzerns Metro, berichtet in einem Interview mit der *Frankfurter Allgemeinen Zeitung*[42], wie sein Unternehmen dem demographischen Wandel begegnet. »Das entscheidende Signal, mit dem wir uns auf die alternde Gesellschaft eingestellt haben, war (…) der konsequente Abschied von der Frühverrentung. Als die (…) noch die Regel war, bestand wenig Anlass, sich konsequent mit der Erhaltung der Beschäftigungsfähigkeit der Mitarbeiter auseinanderzusetzen.« Seit fünf Jahren sei dies nun anders: Ein betriebliches Gesundheitsmanagement habe man eingeführt, die Arbeitsbedingungen angepasst und die betriebliche Weiterbildung ausgebaut.

»Allerdings wollen wir keine Bildungsangebote nach dem Seniorentellerprinzip machen«, erklärt Pfister. »Wir beziehen unsere Älteren lieber in das normale Angebot mit ein.«

Was im Umkehrschluss wohl bedeutet, dass das vorher nicht der Fall war.

Dass nun wieder etwa jeder Zweite über 55 berufstätig ist, hält der Personalchef für einen Erfolg – und, objektiv betrachtet, ist es wohl auch einer, denn noch vor wenigen Jahren waren fast zwei Drittel der über 55-Jährigen bereits im Ruhestand.

Aber ich kann mir nicht helfen. Mir erscheint das geradezu absurd: Unsere Lebenserwartung ist so hoch wie nie zuvor, und noch nie hatten wir die Chance, so gesund alt zu werden. Doch was passiert? Selbst Menschen, die nach offiziellen Altersgrenzen noch zehn Jahre bis zum Renteneintritt ihrer Arbeit nachgehen könnten, werden in Scharen aus dem Berufsleben entfernt. Zehn Jahre! Gar nicht zu reden von denen, die auch nach ihrem 65. Geburtstag noch willens und fähig sind, weiter zu arbeiten.

An dem Beispiel, das ich Ihnen nun vorstellen möchte, lässt sich gut erkennen, was ich meine. Nach Jahrzehnten der Berufstätigkeit freuen sich die Menschen auf die Zeit danach. Doch von den Tücken der nachberuflichen Lebensphase wissen sie oft noch nichts …

### »… und auf einmal war er da!«

Heute fahre ich zur Haus- und Mietverwaltung Immobilien Estate5, die sich offensichtlich darauf spezialisiert hat, ältere Menschen einzustellen. Die Gespräche finden in einem Konferenzzimmer der Büroräume statt, Kaffee, Wasser und Kekse sind vorbereitet. Zunächst erwarten mich zwei sogenannte Senioren, Burkhard Scholz, 64, und Alois Weiss. Im Laufe des Gesprächs stellt sich heraus, dass Burkhard Scholz wortführend ist, Alois Weiss etwas zurückhaltender, dennoch haben beide zu unserem Thema wichtige Dinge beizutragen.

*Herr Scholz, darf ich Sie nach Ihrem Alter fragen?*

Ich bin 1944 geboren, in Schlesien, mein erstes Lebensjahr habe ich auf der Flucht verbracht beziehungsweise meine Mutter mit mir, dann ganz normal Schule, Lehre, nach der Lehre Bundeswehrzeit, dann Studium, Elektrotechnik, Nachrichtentechnik hier in München im Oskar-von-Miller-Polytechnikum. Während des Studiums hab ich schon bei Siemens gearbeitet im Bereich Nachrichtentechnik, Fernschreibtechnik, und dann wurden wir von der Firma EADS übernommen. Das ist ein weltweit führendes Unternehmen der Luft-, Rüstungs- und Raumfahrt, baut auch den Airbus. Ich war da im Bereich Elektronik, am Schluss Defence-Elektronik, habe alle Bereiche in der Firma mitgemacht von Entwicklung bis hin zum Projektmanagement. Ganz am Schluss habe ich an einem Großprojekt gearbeitet, da waren wir in einem internationalen Konsortium in Wiesbaden, da ging es um ein Angebot für sechs Milliarden Euro.

*Donnerwetter!*

Dann, wie überall in den Firmen, griff der sogenannte Jugendwahn um sich. Das entstand so: In der früheren Zeit ist man ins Berufsleben gegangen, man hat wenig verdient, und man bekam erklärt, jetzt fängst du an, machst dies und das und dienst dich hoch. Schließlich wirst du beispielsweise außertariflicher Angestellter, machst ein bisschen berufliche Karriere, während du eine Familie gründest. Man hat zu dieser Zeit eigentlich zu wenig Geld, später sind dann die Kinder aus dem Haus, da hat man eigentlich zu viel Geld, und die Leute will dann die Firma auch gerne loswerden. Dann kommt man ins Rentenalter, in meinem Fall war es so, ich habe einen Altersteilzeitvertrag angeboten bekommen.

*Was heißt das?*

Man arbeitet eine gewisse Zeit weiter, kriegt weniger Gehalt, das fehlende Gehalt wird aufgestockt durch Zuschüsse der Regierung, und dann ist man die andere Zeit zu Hause und bekommt das gleiche Gehalt weiter und geht dann in Rente. Als meine Rente begann, war ich 62, ich hatte auch die Voraussetzung, ich war ja lange im Berufsleben. Ich war dann zu Hause, natürlich durch die Altersteilzeit noch länger. Ich hatte mir das eigentlich so schön vorgestellt, nur Freizeit, Tennis spielen, Rad fahren, windsurfen, wandern, Ski fahren. Ich dachte, jetzt kannst du endlich mal machen, was du willst. Aber man kann nicht nur die ganze Zeit verreisen oder nur Sport machen. Man ist viel zu Hause, und nun kommt auch der Blickwinkel der Ehefrau dazu.

Meine Frau hatte ihr Berufsleben beendet, als die Kinder kamen, sie hat die Kinder erzogen, hat sich um die Kinder gekümmert, eben die klassische Variante. Sie hatte dann auch ihre Freiheiten wirklich genutzt, und auf einmal war er da! Früher ging ich um sieben aus dem Haus, und abends kurz vor sieben war ich wieder zu Hause. Wenn ich nun mit ihr zusammen beim Einkaufen war, und ich stand so daneben, die Frauen unterhielten sich, da hatte ich so mitgekriegt: Ach ja, jetzt hast du ihn daheim. So, jetzt ist er da, was macht man mit ihm?

*(Wir lachen.)*

Eine gute Sache macht meine Firma, sie bieten, bevor man in Ruhestand geht, ein Wochenendseminar mit der Ehefrau zusammen an, mit dem Thema: Übergang in die Rente. Wir haben dieses Seminar leider nicht besucht.

Ich habe dann Aufgaben im Haus übernommen: Jetzt machst du oben sauber und unten ich. Aber ich habe dann auch schon gemerkt, wenn ich mit Bekannten und Freunden zusammengekommen bin, die Gespräche handelten nur noch von Krankheiten. Das hat mir alles nicht mehr zugesagt. Da dachte ich mir: Haben die sich so verändert, oder hast du dich so verändert? Kurz und gut, ich habe verschiedene Annoncen angeschaut und habe mich entschlossen, wieder was zu tun. So, da ich noch keine 65 bin, brauche ich eine Beschäftigung, die für mich einigermaßen anspruchsvoll ist, viel verdienen darf ich nicht, weil sich das rentenmindernd auswirkt. Bis 65 darf man nur bis zu 400 Euro dazuverdienen, sonst wird die Rente gekürzt.

*Über 65 darf man verdienen, so viel man will?*
Ja, aber ein Fulltimejob soll es auch nicht werden. So habe ich mich hingesetzt und eine Bewerbung geschrieben und hier in den Briefkasten geworfen. Kurze Zeit später rief mich Frau Hartmann an und sagte: »Mit Ihrer Qualifikation werden wir uns Sie gar nicht leisten können.«

Da sagte ich: »Hoppla, das ist ganz anders, haben Sie gelesen, was ich geschrieben habe? Der Übergang von einem Fulltimejob im Beruf auf ein Nichtstun ist knallhart, und ich möchte den für mich weicher machen.«

Übrigens, die Firmen könnten das auch weicher gestalten. Nein, es ist knallhart: Abschiedsparty. Auf Wiedersehen. Rentenausweis. Du darfst in die Kantine kommen zum Essen, und du darfst in der Bücherei lesen, aber mehr nicht.

*Das erste Bewerbungsschreiben hat gleich geklappt?*
Ja, denn für mich steht nicht das Geldverdienen im Vordergrund, sondern die Tätigkeit.

*Käme für Sie auch ein Ehrenamt in Frage?*
Nein, ich habe mich mein ganzes Leben im Verein und überall ehrenamtlich betätigt. Das will ich nicht mehr. Jetzt im

Ruhestand will ich mich nicht mehr ehrenamtlich engagieren, denn wenn man etwas umsonst tut, ist es nichts wert. Diesen Eindruck habe ich gewonnen, als ich in einem Sportverein eine Abteilung ehrenamtlich geleitet hatte. Ich wurde nur beschimpft und kleingemacht.

*Ist diese Firma hier spezialisiert, ältere Menschen einzustellen?*
Ich nehme an, die Firma hat erkannt, wenn sie sich jemanden einstellen, der voll durcharbeitet, wird das für sie zu teuer. Wenn sie aber ältere Menschen einstellen, wird das nicht so teuer, sie zahlen ein bisschen an die Krankenkasse, sparen dabei etwas Kosten und haben dafür sehr engagierte Ruheständler. Dabei habe ich festgestellt, ich bin jetzt seit Oktober hier, arbeite zwei Tage in der Woche, manchmal auch öfter, manchmal auch weniger – ich bin da ganz frei –, mir ist es einfach gut bekommen, wieder zu arbeiten. Anfangs, die ersten Tage, fiel es mir schwer, wieder zu telefonieren, da musste ich nachdenken, Moment, was wirst du jetzt sagen? Was früher im Berufsleben ganz routinemäßig funktionierte, war auf einmal weg. Das waren Vorgänge, die man neu trainieren musste.

*So schnell verlernt man das? Wie lang war Ihre Pause?*
Das waren vier Jahre. Obwohl ich in den vier Jahren viel gesportelt habe, habe ich in all der Zeit nichts Produktives gemacht. Aber das eben fordert einen. Jetzt merke ich, dass ich in den Gesprächen wieder aktiv bin, ich rede mit den Menschen, ich versuche, mit ihnen Probleme zu lösen, und das kommt mir geistig wirklich zugute. Man kann Anerkennung ernten, und man ist gefordert.

*Wie lange können Sie das weitermachen?*
Solange es mir Spaß macht, es darf mich nicht belasten. Das hab ich nicht mehr nötig.

*Könnten Sie sich vorstellen, eines Tages in ein Seniorenheim zu gehen?*

Darüber spricht man natürlich in meinem Alter mit Bekannten, ich habe ehemalige Arbeitskollegen, die haben sich in einem Seniorenheim eingekauft. Ich aber bin noch nicht so weit, mich mit dem Gedanken vertraut zu machen, dort leben zu können. Ich strebe an, so lange wie möglich in meinen eigenen vier Wänden zu wohnen. Ich habe auch Bekannte, die haben ihr Haus so umgebaut, dass später mal die Pflegerinnen dort wohnen können. Um im eigenen Haushalt seinen Lebensabend zu erleben, das wäre doch vielleicht auch eine Lösung.

*Herr Weiss:* Ich finde, man sollte die Altenheime ins Zentrum einer Stadt bauen und nicht in die Natur raus. Die Alten haben doch nicht mehr die Möglichkeit, mit dem Auto herumzufahren, und auch nicht mehr die Kraft, große Spaziergänge zu machen, um an der Kultur und überhaupt am Leben teilzunehmen.

*Da haben Sie recht, Herr Weiss, erzählen Sie doch bitte auch Ihre Geschichte,.*

Ich bin 1946 geboren und in Tutzing aufgewachsen und lebe auch nach wie vor in Tutzing. Mein Vater ist 1954 gestorben, das heißt, meine Mutter musste zwei Kinder allein durchbringen, was natürlich nicht einfach war. Ich bin dann Bankkaufmann geworden und dies bis zu meiner Pensionierung mit 63 geblieben. Ja, und dann bin ich etliche Monate allein zu Hause gewesen, meine Frau arbeitet, sie ist Lehrerin und ist auch ein gutes Stück jünger als ich. Ja, was macht man da? Früher hatte ich alles geschafft, Rasenmähen, Haus renovieren, das wurde immer am Samstag schön erledigt, und plötzlich hat man eine ganze Woche Zeit dafür. Das Einteilen des

Tages wurde das Schwierigste. Gott sei Dank habe ich meine Begeisterung fürs Tanzen, aktiver Volkstanz. Da kann ich mit jungen Leuten zusammen sein und fühle mich nicht so alt, wie ich eigentlich bin. Das Durchschnittsalter meines Bekanntenkreises liegt zwischen 30 und 40, und ich glaube, das hält mich jung. Bei mir ist die Gemeinschaft wichtig.

*Das ist überhaupt ganz wichtig, dass man, gerade wenn man älter wird, Freunde um sich hat. Sagen Sie, als Sie aufhörten, hatten Sie da eine gewisse Krisenzeit?*
Ich hatte zu viel Zeit, und ich wusste mit mir selber nichts mehr anzufangen. Ich hatte mir Aufgaben gestellt, um sie abzuarbeiten, aber das wurde zum Problem, weil plötzlich kein Druck mehr da war. So kam die Entscheidung, irgendetwas musst du wieder tun, du musst wieder arbeiten. Für mich war wichtig, eine Aufgabe zu haben, bei der ich zeigen kann, was ich noch kann. Meine Frau sagt, seit ich wieder arbeiten würde, sei ich wesentlich ruhiger geworden. Endlich könne sie wieder mit mir über alles reden, ich würde keine Hektik mehr ausstrahlen und auch keine Unruhe.

*Es wäre für Sie beide nicht in Frage gekommen, gar nichts mehr zu tun?*
Mit Verlaub, das wäre für mich tödlich.
*Herr Scholz wirft ein:* Ich glaube auch, wir Älteren sind ein Gewinn für diese Firma. Wir sind es gewohnt von früher, eine Aufgabe anzunehmen und sie auch dann zu erledigen, sie wirklich bis zum Schluss durchzuziehen. Die Zeit sinnvoll zu verbringen, das ist ganz entscheidend. Nutze die Zeit!
In einer Herz-Kreislauf-Trainingskur wurde gesagt, ihr habt jetzt ein bestimmtes Alter erreicht, eure Kinder haben die Ausbildung, die sind aus dem Haus, jetzt ist die Zeit, an euch zu denken, klappt die Scheuklappen zu, der Blick mehr für

euch, Ihr habt nicht mehr so viel Zeit, denkt nicht mehr an die andern, denkt an euch.

*Danke für die guten Schlussworte.*

Nun kommen die Eltern der Arbeitgeberin mit einem großen, schwarzen Hund ins Konferenzzimmer und setzen sich mir gegenüber.

*Danke, dass auch Sie sich Zeit nehmen. Sie wissen, worum es in unserem Buch geht? Wir wollen hier Menschen zeigen, die vorleben, dass man nicht nur im Ohrensessel sitzen muss, wenn man älter wird. Ich weiß nun, dass Sie das in der Form vorleben, Ihre Tochter zu unterstützen. Würden Sie mir bitte sagen, wie alt Sie sind und wie Sie heißen?*

Mein Name ist Hannelore Hartmann, ich bin 64 und war früher bei einer Bank. Als die zwei Kinder geboren waren, hatte ich mich selbständig gemacht als Hausverwalterin, weil ich da eben ein Großteil zu Hause sein konnte, und habe dann die Firma 25 Jahre geleitet. Unserer Tochter, die Diplomingenieurin ist, haben wir vor drei Jahren gesagt, dass wir aufhören wollen und uns gerne zurückziehen würden. So hat sie sich entschlossen, ins kalte Wasser zu springen und hier weiterzumachen. Wir hatten uns vorgestellt, noch zwei Jahre unterstützend mitzuhelfen, bis sie eingearbeitet ist. Aber es läuft jetzt so gut, dass sie unsere Mitarbeit weiter braucht. Es ist nicht so einfach, jemanden zu bekommen, der wirklich engagiert mithilft. Sie hat nun einige ältere Mitarbeiter, und wir sind sehr froh, dass es sich jetzt auf mehr Schultern verteilt. Wobei wir beobachten, dass gerade die älteren Mitarbeiter es ähnlich sehen wie wir: Man muss ganz konstant dabeibleiben.

*Arbeiten Sie jetzt auch aus Freude für sich oder aus Pflichtgefühl Ihrer Tochter gegenüber?*

*Herr Hartmann wendet ein:* Also, um ehrlich zu sein, wir könnten auch ein bisschen weniger tun, zum Beispiel nur die halbe Woche, aber zurzeit geht das noch nicht. Das möchten wir aber etwas abbauen.

*Darf ich kurz fragen, wie alt Sie sind?*
Ich bin 68 und heiße Wilhelm Hartmann. Ich war vorher beim TÜV, im Kerntechnikbereich, hauptsächlich Sicherheitstechnik, im Bereich der elektrischen Energieversorgung von Kernkraftwerken, ich war dort Abteilungsleiter.

*Sie möchten irgendwann mal ganz aufhören?*
Nein, ganz nicht, aber wir möchten reduziert arbeiten. So zwei- oder dreimal in der Woche. Und zwar dann, wenn die entsprechenden Mitarbeiter genügend eingearbeitet sind. Ganz aufhören wollen wir nicht, weil es Spaß macht.

*Wie sind Sie darauf gekommen, ältere Menschen einzustellen?*
Das hat sich aufgrund von Annoncen so ergeben. Zu unserer Überraschung haben sich gerade viele ältere Menschen gemeldet. Wir hatten zwar nicht bevorzugt nach Älteren gesucht, waren dann aber sehr froh, dass sich so viele Ältere beworben haben, zum Teil sogar Doktoren. Alle sagten, sie würden gerne wieder arbeiten, ihnen fiele die Decke auf den Kopf, sie wären fit und interessiert, und sie möchten gerne nicht nur zu Hause »Lichtschächte saubermachen«.

Die Tochter kommt, erzählt in einem Fluss, und ich brauche kaum eine Frage zu stellen.

Ich bin Angela Hartmann, ich bin 42 und habe nach dem Studium zwölf Jahre in einem Konzern gearbeitet, bin vor viereinhalb Jahren nach Starnberg gekommen, um in das damalige Unternehmen meiner Mutti einzusteigen. Vor gut drei Jahren haben wir uns entschieden, unser Unternehmen als Aktiengesellschaft zu führen und weiter auszubauen. Im Rahmen des Wachstums haben wir Mitarbeiter gesucht und im Stapel der Bewerbungen ist mir die Bewerbung von Herrn Scholz aufgefallen, der, jetzt verkürzt gesagt, geschrieben hat, er sei im Ruhestand und es sei ihm langweilig. Das war so spannend für uns, dass wir ihn zu einem Vorstellungsgespräch an einem Freitag eingeladen haben, und am Montag hat er gleich in einem Projekt angefangen. Dann haben wir die ursprüngliche Stellenausschreibung in zwei Kräfte geteilt, eben Herrn Scholz und Herrn Weiss.

Vorteil bei älteren Mitarbeitern für uns als Arbeitgeber ist zum einen die extremst gegen null tendierende Einarbeitungszeit – sie sind gewohnt, mit Kunden umzugehen, sie sind vertraut mit Software, sie sind gewohnt, sich in neue Arbeitsumfelder einzuarbeiten, also die legen, salopp gesagt, einfach los. Das ist ein riesiger Vorteil. Zum anderen, dass sie auf Minijob-Basis arbeiten, relativ viele Stunden hier sind bei einem Stundenlohn, der im aktiven Berufsleben sicher deutlich höher war. Für mich als Arbeitgeber habe ich außerdem den Vorteil, dass ich Know-how von einem Mitarbeiter bekomme, den ich mir von einem aktiv im Berufsleben stehenden Mitarbeiter so nicht leisten könnte.

*Lässt sich ein Mensch, der einmal eine Führungskraft war, auch alles sagen?*
Beide Herren haben gesagt, dass sie keine Verantwortung mehr haben wollen, auch keine Führungskraft mehr sein wollen, sie möchten einfach nur aus Spaß arbeiten.

# Arbeiten bis ans Lebensende? Wenn man darf!

Als in München die »Schwabinger Krawalle« stattfanden, war ich gerade dreizehn Jahre alt. Ich bin im tiefsten Schwabing aufgewachsen und kann mich noch genau an den Höllenlärm erinnern. Jede Nacht, fast eine Woche lang. Wir alle waren sehr aufgeregt. Dabei war der konkrete Auslöser der Krawalle eigentlich harmlos: Eine Gruppe von jugendlichen Straßenmusikanten hatte am späten Abend des 21. Juni 1962 noch Musik auf der Leopoldstraße gemacht. Die Anwohner riefen die Polizei, um endlich für Ruhe zu sorgen.

Bei dem Versuch, die Gruppe aufzulösen und die fünf Musiker vorläufig festzunehmen, kam es zu Rangeleien zwischen den Polizisten und den Jugendlichen. Die Situation eskalierte in dieser und den vier folgenden Nächten immer mehr. Menschen aus anderen Städten reisten an, um an den Protesten teilzunehmen, die sich inzwischen zu Straßenschlachten ausgewachsen hatten: berittene Polizei und an die 40.000, vor allem jugendliche Protestteilnehmer. Bei diesen Zusammenstößen wurden Schlagstöcke eingesetzt, und es entstand ein hoher Sachschaden. Insgesamt wurden etwa 200 Personen festgenommen, einige von ihnen später zu Gefängnisstrafen verurteilt.

Das abrupte Ende der Schwabinger Krawalle war sozusagen meteorologisch begründet: Das Wetter änderte sich. Es fing an zu regnen, und bei Regen hatte keiner der aufgeregten Protestler mehr Lust, auf die Straße zu gehen.

Manch einer sieht in den Schwabinger Krawallen gewissermaßen »Vorboten« der Studentenrevolten von 1968. Andreas Baader, der spätere RAF-Terrorist, war bei den Unruhen in München auch beteiligt, und es wurde immer wieder darüber diskutiert, ob das Einfluss auf seine politische Entwicklung hatte. Baaders Mutter berichtete, er habe unter dem Eindruck der Krawalle gesagt: »Weißt du, Mutter, in einem Staat, wo die Polizei mit Gummiknüppeln gegen singende junge Leute vorgeht, da ist etwas nicht in Ordnung.«

Ich selbst gehörte den 68ern eigentlich nicht an. Vielleicht weil ich in dieser Zeit als sogenanntes Filmkind bereits mit dem Schauspielberuf angefangen hatte, weil ich meine ersten Theaterengagements antrat und mehr an »Ophelia und Hamlet« dachte als an Revolution. Vielleicht aber auch, weil es in meinem Leben nichts gab, wogegen ich mich auflehnen sollte. Meine Eltern hatten mich damals schon antiautoritär erzogen. Und während sie selbst heftig gegen ihre Eltern rebelliert hatten, gab es für mich nichts zu protestieren. Meine Eltern lasen Sartre und Simone de Beauvoir (ich wurde deshalb auch nach ihr benannt). Meine Schulfreunde kamen zu meinen modernen, aufgeschlossenen Eltern und wurden damals schon von ihnen als erwachsene Freunde behandelt.

Mehr und mehr erreicht die sogenannte 68er-Generation in den letzten Jahren das Renteneintrittsalter. Und in einigen erwacht wieder der Protestgeist – vielleicht war er ja auch die ganze Zeit hellwach. Damals war es der Protest gegen Autoritäten in all ihren Ausprägungen und der Kampf *gegen* die Alten – »Trau keinem über 30!«.

Jetzt wird es ein Kampf *für* die Alten sein.

Ein Kampf für eine neue Sicht des Alters.

Ein Kampf gegen die »Stilllegung« von Menschen jenseits der 65.

Ein Kampf für die Selbstbestimmung des eigenen Lebenslaufs.

Ein Kampf für die Selbstbestimmung des eigenen Alters.

Vielleicht sollte ich die Proteste, für die es damals in meinem Leben keinen Platz und keinen Anlass gab, heute nachholen.

Ich protestiere dagegen, dass wir per Gesetz für alt erklärt werden, dass Menschen ab einem gewissen Alter aus dem gesellschaftlichen Leben verbannt werden. Denn nichts anderes ist der Eintritt in den Ruhestand: die Zäsur zwischen dem Leben und dem Alter. Wer nicht arbeitet, keine Aufgabe hat, nicht wahrgenommen wird, nimmt am Leben nicht mehr teil.

Ich protestiere dagegen, dass in Stellenanzeigen deutscher Tageszeitungen nach wie vor nach engagierten, motivierten, aktiven Mitarbeitern gesucht wird, die höchstens 45 Jahre alt sein dürfen.

Ich protestiere dagegen, dass berufstätige Menschen über fünfzig von ihren Arbeitgebern aussortiert werden und danach keine Chance auf eine Neuanstellung haben, denn sie tragen den Stempel »Problemfall – schwer vermittelbar« auf der Stirn.

Ich protestiere dagegen, dass unsere Ruhestandsregelung immer noch als der Weisheit letzter Schluss angesehen und gelobt wird. Zweifellos war das einmal so. Zu einer Zeit, als die Menschen viel früher im Leben anfingen zu arbeiten und damit auch nicht aufhörten, bis sie 65, oft 70 Jahre oder älter waren. Durch die damals viel kürzere Lebenserwartung folgte dem Berufsleben eine Ruhestandsphase, die nicht länger als ein paar Jahre war. Doch diese Zeiten sind vorbei. Nach neuesten Zahlen ist nur die Hälfte der 55- bis 65-Jährigen heute noch berufstätig. Die andere Hälfte ist im Ruhestand und hat im Durchschnitt noch rund ein Vierteljahrhundert Leben vor sich! »Personen«, definiert der Historiker Professor Jürgen Kocka, »die jedenfalls zwischen 60 und 80 Jahren noch relativ gesund und leistungsfähig sind, sind zumindest viel gesünder und leistungsfähiger als früher.«

Ich protestiere dagegen, dass Menschen ab einem willkürlich festgesetzten Punkt ihres Lebens nicht mehr die Freiheit haben, selbst über ihr Leben zu bestimmen. Ich halte die hochgepriesene Freiheit, im Ruhestand alles tun und lassen zu können, was man möchte, für sehr trügerisch. Und ich halte sie auch für verlogen, denn kaum einer über 65 darf so frei sein, wieder arbeiten zu wollen.

»Es ist ein System«, schreibt Professor Kocka, »das es – aufgrund der scharf gesetzten Zäsur zwischen Arbeit und Nichtarbeit an einem kalendarischen Punkt im Lebenslauf – den Älteren und Alten erschwert, die Möglichkeiten und Chancen eines tätigen Lebens auszuschöpfen, die mit längerer Lebenszeit und Gesundheit eigentlich hinzugekommen sind.«

Ich protestiere dagegen, dass die Glorifizierung des Ruhestands stets an dem von Politikern vielzitierten 55-jährigen Dachdecker festgemacht wird, dem seine körperlich fordernde Arbeit nicht mehr zuzumuten ist. Tatsache ist doch, dass mehr als die Hälfte der Bundesbeamten schon vor ihrem 55. Geburtstag in den Ruhestand geht und das Durchschnittsalter der Beschäftigten in der Bundesverwaltung bei 45 Jahren liegt[43]. »Vorreiter für den modernen Ruhestand waren in Österreich und Deutschland die Beamten«, erklärt Professor Kocka, »an ihnen orientierten sich die Angestellten mit ihren Forderungen und Erfolgen, und die Angestellten fungierten als Rollenmodell für die Arbeiter.«

Ich protestiere dagegen, dass den Menschen, die nicht in den Ruhestand treten wollen, sondern versuchen weiterzuarbeiten, nachgesagt wird, sie könnten nicht loslassen.

Ich protestiere dagegen, dass das Einzige, was uns einfällt, wenn es um Beschäftigung älterer und alter Menschen geht, das Ehrenamt ist, das zivilgesellschaftliche Engagement, welches in Deutschland traditionell sehr verbreitet ist. So sehr ich das in vielen Bereichen unterstützenswert finde, so wenig will ich verschweigen, dass ich auch Zweifel habe. Da ist zum einen der Umstand, dass es beispielsweise bei der ehrenamtlichen Tätigkeit für die Telefonseelsorge eine Altersgrenze gibt, die irgendwo zwischen 60 und Mitte 60 liegt. Das finde ich wirklich skandalös. Und zum anderen beschleicht mich hin und wieder das Gefühl, dass Menschen auch ausgenutzt werden, die sich mit großem Engagement einbringen. Ich weiß, es ist ein sehr schmaler Grat, den ich da gerade beschreite. Denn im Grunde genommen habe ich nichts gegen das Ehrenamt an sich, sondern ich habe etwas dagegen, dass es für die nicht mehr berufstätigen Menschen in unserer Gesellschaft die einzige Alternative zum »Ruhestand der Untätigkeit« ist.

Und so lassen sich die Zustände und Gegebenheiten, gegen die ich vehement ankämpfe, zu folgenden existentiellen Forderungen zusammenfassen:

- Ich bin für die Abschaffung der Altersgrenzen.
- Ich bin dafür, dass jeder einzelne selbst entscheiden kann, wie lange er arbeiten möchte.
- Ich bin dafür, dass niemand mehr verpflichtet wird, sich mit 65 aus dem (Berufs-)Leben zurückzuziehen.
- Ich bin dafür, dass niemand mehr die Worte hören muss: »Du bist zu alt, du musst gehen.«
- Kurz und gut: Ich bin dafür, den Ruhestand abzuschaffen und damit die vorprogrammierte und vorzeitige Stigmatisierung des Alters.

Die 68er waren »anti…«: antiautoritär, antibürgerlich, antikapitalistisch. Und antialt. Heute sind die Alt-68er anti-antialt. So wie ich.

Damit aber keinesfalls antijung. So wenig wie ich.

Denn es geht nicht darum, Gräben aufzureißen zwischen Jung und Alt. Ganz im Gegenteil. Solche Veränderungen müssen von der ganzen Gesellschaft getragen werden, und es wird seine Zeit dauern, bis sie spürbar sind. Insofern werden es vor allem die jungen Generationen sein, die hoffentlich einmal selbst entscheiden können, wie lange sie arbeiten möchten. Die hoffentlich einmal selbst entscheiden können, ob und wann sie für etwas zu alt sind. Und die hoffentlich einmal erleben werden, dass wir uns in diesem Land freuen, mehrheitlich gesund alt zu werden, und dass wir gelernt haben, die Chancen, die darin liegen, zu erkennen und zu ergreifen.

So weit meine Hoffnungen. Doch da Hoffen allein nicht reicht, mache ich mich auf, die Menschen zu überzeugen …

# Darum habe ich dieses Buch geschrieben

Niemals zuvor in der Geschichte der Menschheit hatten wir eine so hohe Lebenserwartung wie heute. Und sie wird weiter steigen: pro Jahr um drei Monate, wie Statistiker errechnet haben.

Ob wir es »demographischer Wandel« nennen oder »(Über-)Alterung der Bevölkerung«, spielt keine Rolle. Wichtig ist: Für das, was sich in unserer Gesellschaft heute bereits vollzieht und in den kommenden Jahrzehnten weiter vollziehen wird, gibt es keine Vorbilder. Einzelfälle ja, aber noch zu keiner Zeit konnten so viele Menschen damit rechnen, bei guter Gesundheit und hoher Lebensqualität so alt zu werden. Wir sind alle Pioniere. Wie der erste Mensch auf dem Mond. Jeder noch so kleine Schritt, den wir heute in die richtige Richtung gehen, wird nicht nur für uns selbst, sondern auch für die nachfolgenden Generationen von größter Bedeutung sein.

Vieles, was ich in diesem Buch geschrieben habe, hat sich aus meinem Leben entwickelt, aus meinen Erfahrungen und Beobachtungen. Von Anfang an ging es mir darum, ein positives Bewusstsein für das Altern und das Altsein zu schaffen. Jeder, der das Alter weiterhin nur als Problem, als Belastung sieht, als etwas, was es zu verdrängen gilt, sollte sich überlegen, was er nicht zuletzt sich selbst und seiner eigenen Zukunft damit antut.

Von der britischen Psychologin Sarah Harper habe ich

einen wunderbaren Satz gelesen: »Older people are no longer the other« – alte Menschen sind nicht mehr nur die anderen. Und ich möchte sogar hinzufügen: Die Alten sind wir alle.

\* \* \*

»Ich schreibe kein Buch über meinen Mann«, habe ich dem Verleger gleich bei unserem ersten Treffen gesagt. Das ist – denke ich – auch ganz gut geglückt. Aber jetzt, am Ende dieses Buches, werde ich ihn doch noch einmal zitieren. Denn auf seine unnachahmliche Art hat er in einem einzigen Satz das gesagt, wofür ich jetzt 260 Seiten gebraucht habe.

Vor einigen Monaten hatte er Theaterpremiere in Stuttgart. Dutzende von Interviews gab er im Vorfeld. Und natürlich fehlte auch diesmal nicht die immer wiederkehrende Frage: »Herr Heesters, warum tun Sie sich das an? Ist es nicht alles zu viel und zu anstrengend?«

Worauf mein Mann entgegnete: »Solange ich noch jung bin – warum nicht?«

# Dank

Ich danke Freunden und Bekannten, besonders meinen Interviewpartnern, die alle zum Gelingen dieses Buches beigetragen haben:

Roland Bach
Bodo Benneckenstein
Dr. Rainer Braunschweig
Mechthild Engel
Johannes Fischer
Thorsten Groneberg
Hannelore und Wilhelm Hartmann
Angela Hartmann
Thomas Hoffmeier
Dr. Daniela Jopp
Hermann Klauke
Dr. Rüdiger Kuntz
Dine Lechner
Professor Ursula Lehr
Klaus Müller
Professor Eberhard Pfister
Rita Posmik
Norbert Schachner
Burkhard Scholz
Alois Weiss
Professor Siegfried Wichmann

Und meinem Mann für seine Geduld

# Anmerkungen

1 Schönheit des Alters – Johannes Heesters fotografiert von Simone Rethel, Burgschmiet Verlag, Nürnberg 1998
2 abenteuer wissen, ZDF Leben! Alt wie Methusalem, 25. 03. 2009
3 Odysso, SWR, 23. 07. 2009
4 Badische Zeitung, 28. 04. 2004
5 »Die Hundertjährigen – wer kennt das Methusalem-Geheimnis?«, 31. 03. 2009, ARD
6 abenteuer wissen, 25. 03. 2009, und Süddeutsche Zeitung WISSEN, März 2006
7 nach: Süddeutsche Zeitung WISSEN, Ausgabe März 2006
8 abenteuer wissen, 25. 03. 2009
9 Simone de Beauvoir, Das Alter, Reinbek 1972 (Originalausgabe: La Vieillesse, Paris 1970)
10 fundiert – Das Wissenschaftsmagazin der Freien Universität Berlin, Ausgabe 1/2004
11 Aus: Mittelalter Lexikon, freie Wissensdatenbank
12 ebd.
13 Quelle: Über das Leben, mit freundlicher Genehmigung: Süddeutsches Institut für Logotherapie GmbH
14 Karin Steinberger, »Insel der Alten«, Süddeutsche Zeitung WISSEN, März 2006
15 Paul B. Baltes: »Zukunft ist Alter«, Max-Planck-Institut für Bildungsforschung, Berlin, Vortrag vom 24. April 2005, Zürich, Schauspielhaus. Zitat aus Die Zeit, Das Lexikon in 20 Bänden, Hamburg 2005
16 Betty Friedan, Mythos Alter, Reinbek 1995, Das Ruhestandsparadox, Seite 267 ff. (englische Originalausgabe: The fountain of age, 1993)
17 Herausgegeben vom Bundesministerium für Familie, Senioren, Frauen und Jugend (BMFSFJ), 2000
18 Silvia Bovenschen, Älter werden, Frankfurt am Main 2006
19 Erma Bombeck: »Erma Bombecks Lebensrat«, Welt am Sonntag Nr. 4, Seite 38
20 Siehe Anmerkung 17

21 Professorin Ursula Lehr: »Altersbilder unserer Gesellschaft – ein Beitrag zu Prävention und Gesundheitsförderung?«, Vortrag vom 30. 04. 2004 beim 1. Kongress des Deutschen Forums Prävention nd Gesundheitsförderung

22 Ausgabe vom 4./5. Juni 2009, Autor des Artikels: Werner Bartens

23 Bernd Hontschik, Körper, Seele, Mensch, Frankfurt 2006

24 www.gero.uni-heidelberg.de/forschung/hd100.html

25 Jörg Albrecht: »Mit hundert hat man noch Träume«, Frankfurter Allgemeine Zeitung, 1. September 2009

26 Süddeutsche Zeitung WISSEN, März 2006 (Philip Wolff); Odysso, SWR, 23. 07. 2009 (Hilmar Liebsch)

27 Der Bericht von Hilmar Liebsch, 23. 07. 2009

28 Dieter Otten, Die 50+-Studie: Wie die jungen Alten die Gesellschaft revolutionieren, Reinbek 2008

29 siehe Anmerkung 15

30 Filip Mess, Damir Dugandzic, Alexander Woll (Hg.), Erfolgreiches Altern durch Sport, Konstanz 2008

31 www.gesundheitsfoerderung-zh.ch/fileadmin/user_upload/ publikationen/Publikationen_BEE/Seniorenflyer_2_Web.pdf

32 Deutsche Forschungsgemeinschaft

33 abenteuer wissen, 25. 03. 2009

34 ebd.

35 ebd.

36 Quarks und Co, WDR, 22. 04. 2008 und 25. 08. 2009

37 ebd.

38 Strenggenommen hat in der Wissenschaft das Modell des Arbeitsgedächtnisses die bisher geläufige Definition als Kurzzeitgedächtnis abgelöst.

39 Monika Fauss, Lernen ist Leben. Know-how für die zweite Lebenshälfte, Düsseldorf 2007

40 Gottfried Benn hielt diesen Vortrag am 7. März 1954 in der Bayrischen Akademie in München und am 8. März 1954 in der Villa Berg, Stuttgart. Publiziert wurde der Text 1954 in der J. G. Cotta'sche Buchhandlung Nachf., Stuttgart, und 2006 im Alexander Verlag, Berlin

41 Gundolf Freyermuth: »Im Unruhestand«, erschienen in der Zeitschrift c't 25/99, Seite 90

42 »Die Politik scheint vom Kurs abgekommen zu sein«, Frankfurter Allgemeine Zeitung, 30. 06. 2008

43 »Mehr Beamte gehen in Frühpension«, www.focus.de, 11. 01. 2009

## Walter Möbius

### *Menschlichkeit ist die beste Medizin*

*Ein Wegweiser für Ärzte und Patienten. 240 Seiten. Piper Taschenbuch*

Nie war die Medizin so gut wie heute, nie war das Vertrauen in die Ärzte so gering. Immer weniger Patienten fühlen sich von ihrem Arzt verstanden, die Ärzte wiederum stehen unter hohem Kosten- und Zeitdruck. Walter Möbius, seit vierzig Jahren Arzt, zeigt, was Ärzte und Patienten tun können, damit der Mensch geheilt wird, nicht nur die Krankheit. Nur wenn Hinsehen, Zuhören und Mitfühlen mit moderner Medizin und Technik zusammengebracht werden, bekommen wir wirklich die beste medizinische Versorgung, die wir jemals hatten.

Hinsehen, Zuhören, Mitfühlen – erst kommt der Mensch, dann die Medizin.

## Susanna Schwager

### *Das volle Leben*

*Frauen über 80 erzählen. Mit 12 Fotos von Marcel Studer. 272 Seiten. Piper Taschenbuch*

Zwölf Schweizer Frauen über achtzig blicken in diesem Buch auf ihr Leben zurück und erzählen von den Höhen und Tiefen, von Sehnsüchten und Kämpfen, von gefundenen und verlorenen Lieben. Susanna Schwager hat die Frauen in ihrem Zuhause besucht und aus ihren Schilderungen ein schillerndes Kaleidoskop weiblicher Lebensentwürfe gewoben. Entstanden ist kein Lob des Alters, sondern ein Hohelied auf das Leben.

»Dies ist ein Geschichtenbuch – aber nicht nur das: es ist Geschichtslektion, Lebensberatung und Soap in einem.«

Tages-Anzeiger, Zürich

## Hademar Bankhofer

### 50 einfache Dinge, die Sie über Ihre Gesundheit wissen sollten

*208 Seiten. Piper Taschenbuch*

Oft sind die einfachen Dinge die effektivsten, wenn es darum geht, gesund und fit zu sein. Gerade sie helfen uns, länger zu leben sowie geistig und körperlich in Hochform zu bleiben. Egal, ob es um Stressabbau, die heilenden Kräfte von Wärme oder das natürliche Absenken eines zu hohen Cholesterinspiegels geht: Gesundheitsprofessor Hademar Bankhofer fasst in 50 Tipps den aktuellen Stand der Wissenschaft zusammen und zeigt, wie leicht es sein kann, etwas für die eigene Gesundheit zu tun. Alle Tipps lassen sich problemlos und ohne große Veränderungen im Alltag umsetzen.

## Dr. Peter J. D'Adamo, Catherine Whitney

### 4 Blutgruppen
#### Richtig leben

*Das individuelle Konzept für körperliches und seelisches Wohlbefinden. Aus dem Amerikanischen von Christa Broermann, Erica Mertens-Feldbausch, Elsbeth Ranke und Werner Roller. 559 Seiten. Piper Taschenbuch*

Mit seinem Bestseller zum Blutgruppen-Konzept hat Dr. Peter J. D'Adamo schon zahllose Menschen überzeugt. Hier erklärt er auf der Basis von neuesten Forschungsergebnissen und Patientenberichten, daß es für beinahe jeden Lebensaspekt ein blutgruppenspezifisches Profil gibt. Unsere Blutgruppe gibt uns Hinweise dazu, wie wir besser und gesünder leben können. Dr. D'Adamo zeigt geeignete Strategien für die richtige Lebensweise und den emotionalen Ausgleich, beschreibt die passende Zwei-Stufen-Diät für jede Blutgruppe und erklärt individuelle Diätrichtlinien und Therapien für chronische Krankheiten.

## Andreas Lehmann

### Heiraten ist gut gegen Depressionen

*... und was amerikanische Wissenschaftler sonst noch herausgefunden haben.*
*176 Seiten. Piper Taschenbuch*

Endlich, die gesammelten Erkenntnisse der so oft zitierten »Amerikanischen Wissenschaftler«. Absolut wahr und höchst amüsant erklärt dieses Buch, warum schöne Menschen öfter Mädchen bekommen, Schokolade gegen Schmerzen hilft oder Ehen an nicht ausgewechselten Klopapierrollen scheitern können.

Außerdem haben amerikanische Wissenschaftler über amerikanische Wissenschaftler herausgefunden, dass sie für alles eine Erklärung haben. Wirklich, für gar alles.

## Douwe Draaisma

### Warum das Leben schneller vergeht, wenn man älter wird

*Von den Rätseln unserer Erinnerung. Aus dem Niederländischen von Verena Kiefer. 336 Seiten. Piper Taschenbuch.*

Warum verschwinden in der Erinnerung manche Tage, während wir auch in vielen Jahren noch sagen können, was wir am 11. September getan haben? Wie funktioniert das Gedächtnis? Und warum vergeht das Leben schneller, wenn man älter wird? In seinem Meisterwerk über das Erinnern und Vergessen liefert Douwe Draaisma die Antwort auf diese und viele andere Fragen – ein Buch, so überraschend und vielschichtig wie das menschliche Gedächtnis selbst.

»Von einem Wissenschaftler mit so viel Sinn für die Poesie und für die Unergründlichkeiten des Lebens läßt man sich gern die Rätsel der Erinnerung erklären.«
Badische Zeitung

## Marie-Luise von der Leyen

### *Berühmte Väter und ihre Kinder*

*240 Seiten. Piper Taschenbuch*

Den einen liebevolles Vorbild, den anderen gefürchteter Tyrann. Immer jedoch eine prägende Figur. Die Soziologin und Journalistin Marie-Luise von der Leyen beleuchtet hier mit viel psychologischem Feingefühl das mal destruktiv-quälende, mal freundschaftlich-heitere Verhältnis berühmter Väter und ihrer Kinder: Von Napoleon Bonaparte und dem König von Rom über Hermann und Franz Kafka bis zu Frank und Nancy Sinatra. Ein ungewöhnlicher Blick auf die Biografien berühmter Künstler, Politiker und Persönlichkeiten.

## Julian Baggini

### *Der Sinn des Lebens*

*Philosophie im Alltag. Aus dem Englischen von Sonja Hauser.*
*208 Seiten. Piper Taschenbuch*

Der englische Philosoph Julian Baggini zeigt: Philosophie kann großen Spaß machen. Wir können sie leicht verstehen und mit ihr die großen Fragen wie die nach dem Sinn des Lebens beantworten. Damit wir mit ihm über die Natur des Menschen nachdenken können, bemüht Baggini nicht einfach nur Thomas Hobbes, sondern den Italowestern eines Sergio Leone. Mit Madonna erläutert er das Selbst und die Seele. Sei es Tschechows »Möwe«, der Film »Sunset Boulevard« oder Aristoteles und »Rain Main« – Bagginis außergewöhnliches Talent, Philosophie lebendig werden zu lassen, schafft ein Lesevergnügen der besonderen Art.

»Ein überaus kluges, kurzweiliges und auch für Laien verständliches Buch zum Thema Sinnsuche.«
Oberösterreichische Nachrichten

## Matthias Horx

### *Wie wir leben werden*

*Unsere Zukunft beginnt jetzt.*
*400 Seiten. Piper Taschenbuch*

Wie sieht unsere Zukunft aus? Werden wir Menschen klonen? Enden wir alle als Singles? Wie entwickeln sich die Religionen? Werden wir den Tod besiegen? Auf der Grundlage umfangreicher Studien entwirft Matthias Horx, der profilierteste Trendforscher Deutschlands, ein fundiertes und optimistisches Bild unseres Lebens in den nächsten Jahrzehnten. Seine Botschaft lautet: Wir können jetzt die Weichen stellen, um in Zukunft freier und selbstbestimmter zu leben.

»Ein leicht zu verstehendes und dennoch kluges Kompendium. Wer es liest, lernt eine Menge und darf sich gleichzeitig ein wenig von den ansonsten so beliebten Weltuntergangs-Szenarien erholen. Mehr kann der Leser von einem seriösen Zukunftsforscher wohl kaum erwarten.«
Süddeutsche Zeitung

## Konrad Franke

### *Gut leben im Heim*

*Unsere Alten- und Pflegeheime sind viel besser als ihr Ruf. 224 Seiten.*
*Piper Taschenbuch*

»Unsere Alten- und Pflegeheime sind viel besser als ihr Ruf«, sagt Konrad Franke, der sich seit mehr als acht Jahren mit der Beurteilung und Verbesserung von Alters- und Pflegeeinrichtungen beschäftigt. Er kann zeigen, dass die Medien schlecht recherchierte Ausnahmefälle zu Skandalen hochspielen und dass niemand Angst oder ein schlechtes Gewissen zu haben braucht, wenn man sich für ein Heim entscheidet. Im Gegenteil. Frankes sachkundige Recherchen ergeben ein ganz anderes Bild, als die »Heimlüge« der Medien uns glauben machen will. Sein Buch zeigt, worauf es bei der Entscheidung fürs Heim wirklich ankommt und warum es nichts Besseres gibt, wenn man sich nicht mehr alleine versorgen kann oder möchte.
In unseren Altenheimen ist gut alt werden!

05/2328/02/L                    05/2286/02/R